지지옥션 경매
상담사례 100선

지지옥션 경매
상담사례 100선

1판 1쇄 발행 2016년 12월 6일
1판 3쇄 발행 2021년 6월 15일

글·편집 경매분석센터 강은 外, 법무팀 김부철 外
감수 강민 변호사
발행 지지옥션
발행인 강명주
기획·마케팅 이주현

디자인 All design group
인쇄 올인피앤비

전화 02-711-9114
등록일자 2010년 4월 16일 제2008-000021호
주소 서울 용산구 청파로 49길 3, 지지옥션 빌딩 3층
ISBN 979-11-959514-0-6 03320
가격 16,700원

지지옥션 경매

경매계의 구글

지지옥션의 35년
회원 상담의 결정체

경매분석센터 강은 外 | 법무팀 김부철 外 | 강민 변호사 감수

상담사례 100선

지지옥션

지지옥션 상담사례집 발간에 맞춰…

35년 전 경매정보 사업을 처음 시작할 때만 해도 경매시장은 경매를 진행하는 당사자와 브로커, 그리고 일부 일반인들의 시장이었습니다. 특히 경매정보의 편중과 비공정성은 수많은 편법과 불신을 야기하고, 이는 고스란히 대중의 피해로 전가되는 일도 비일비재했습니다.

법원경매 현장에서 처음 배포한 '경매정보지(계약경제일보)'는 바로 이러한 불합리와 독점에 대한 도전이었습니다. 물론 수많은 시련과 어려움이 있었지만 좋은 정보, 올바른 정보의 힘이 대중의 지지를 이끌어 냈고, 결국 올바른 경매정보를 통해 경매 부동산의 정당한 가치를 만들고, 채권자 및 채무자, 낙찰자 모두에게 이익이 돌아가는 공정한 시스템으로 발전하는 데 일조하게 되었습니다. 이제 부동산 분야에서 당당하게 한 영역을 차지하고 있는 경매를 돌아보며, 경매 대중화를 위한 지난 노력들이 헛되지 않았다는 자부심을 느낍니다.

인터넷이 활성화되면서 이제 이런 정보의 독점은 정말 과거의 이야기가 되었습니다. 법원을 방문하지 않더라도 경매정보를 쉽게 찾아볼 수 있고, 부가적인 각종 서류나 정보들도 몇 가지 과정만 거친다면 누구나 얻을 수 있습니다. 이제는 정보가 오히려 너무 많아져서 문제가 발생합니다. 정보의 독점 문제에서 올바른 정보를 취사·선택할 수 있는 정보의 '질' 문제로 가치가 변경된 것입니다.

이러한 패러다임의 변화 속에서 지지옥션이 가장 노력한 분야는 '살아 있는 경매정보'를 만들자는 것이었습니다. 단순한 정보의 나열이 아닌 전문가들의 손을 거쳐 가치를 부여하고, 정보를 필요로 하는 사람에게 유용한 정보로 가공하는 일이 우리의 다음 단계라고 확신했습니다.

그러기 위해 경매정보 업계에서는 보기 드물게 상설법무팀을 신설하고, 법률 지식과 현장 경험이 풍부한 인력을 대거 채용해 유치권, 법정지상권 등 경매에서 터부시되는 각종 특수조건 물건을 일일이 살펴보고 분석 의견을 달았습니다.

사실 '유치권은 이런저런 사항들이 일반적이고 유의해야 한다' 식으로 특수조건에 맞는 유의 사항 등을 적어서 프로그래밍 하는 방법도 있습니다. 하지만 개별 경매물건마다 다른 조건과 상황, 그리고 서류로는 알 수 없는 경험자만의 노하우는 결코 프로그래밍 할 수 없는 부분이 많기에, 전문가들이 직접 살펴보고 판단하며 느낀 부분을 회원에게 제공하고 싶었습니다.

결과적으로 유치권부터 시작해서 모든 특수물건에 분석 의견을 달 때까지 무려 5년이라는 시간이 소요되었고, 지금도 매일매일 나오는 새로운 경매물건에 분석 의견을 달고 있습니다. 회원들에게 단 한 줄의 의미 있는 정보를 제공하기 위한 노력이었고, 지금도 그 노력은 이어지고 있습니다.

이번에 발간되는 첫 상담사례집은 그간 법무팀이 진행해 온 상담 및 특수물건 분석 노하우를 기반으로 이론서에는 나오지도 않고 설명하기 힘든 다양한 사례들의 대처 방법과 노하우를 대중에게 전달하기 위해 기획되었습니다. 시중에 출간되어 있는 수많은 이론서들과 경매 성공담이 아닌, 정말로 실전 사례에서 발생하는 다양한 변수들과 함정들을 공개하고, 그 해법을 나눔으로써 조금이나마 더 경매의 대중화와 발전에 기여할 수 있기를 바랍니다. 이번 상담사례집 발간은 출판 분야에서도 독자들에게 '좋은 경매정보'를 만들고 전달하기 위해 정진하는 계기가 될 것입니다.

끝으로 본 상담사례집 발간을 위해 노력해 주신 법무팀 김부철 팀장을 비롯한 모든 전문상담사들과 경매분석센터 강은 팀장 및 직원들, 그리고 기꺼이 감수를 맡아준 강민 변호사에게 깊은 감사의 마음을 전합니다.

2016년 12월

지지옥션 회장 강 명 주

차 례

01 임차인과 임대차보호법

03 등기에 나오지 않는 특수권리

04 배당 · 명도 · 재매각

05 절차 · 용어 · 공매 · 기타

쌍권총 갖는 선순위 전세권자

01

임차인과
임대차보호법

동일 임차인 재계약과
보증금 증액에 따른 대항력 분석

Q/ 동소에 대항력 있는 임차인이 있는데, 애초에 보증금은 4,500만 원이고 압류와 근저당이 설정되기 이전에 500만 원을 증액해 주었습니다. 이후에 증액해 준 선순위 임차인의 보증금을 낙찰자가 인수해야 하는지요?

A 대항력 있는 임차인이 임대인과 계약을 체결한 후, 일정 기간 거주하다가 재계약을 하면서 보증금을 증액해 준 경우가 문제 될 수 있는데, 보증금을 증액한 시점이 중요합니다.

말소기준권리(2015.5.11자 압류) 전에 보증금을 증액하게 되면 그 증액된 보증금을 포함하여 대항력을 주장할 수 있고, 그 증액된 계약서에 확정일자까지 앞선다면 순위배당에서 임차인이 보증금 전액을 우선배당 받을 수 있습니다.

다만 말소기준권리(최초 압류일자) 이후에 보증금을 증액한 경우에는 그 증액한 보증금은 우선변제권이 늦기 때문에 순위배당에서 증액분을 배당받을 가능성이 낮고, 배당받지 못하는 증액 보증금은 매수인(낙찰자)에게 대항력도 없습니다.

그런데 이 사건 임차인 이○하는 등기사항전부증명서상 말소기준권리인 2015년 5월 11일자 압류등기(인천시 강화군)보다 주민등록상 전입신고가 앞서므로 대항력 있는 임차인에 해당합니다. 또한 보증금 증액일자가 말소기준권리보다 앞서기 때문에 증액분을 포함, 총 보증금 5,000만 원에 대하여 순위배당에서 1순위로 보증금 전액을 배당받을 것으로 판단됩니다. 즉 매수인이 인수하는 보증금은 없습니다.

조 회 수	(단순조회 / 5분이상 열람) ·금일 **2** / 1 ·금회차공고후 **91** / 15 ·누적 **179** / 30	조회통계

소 재 지	인천 강화군 강화읍 남산리 348-2 ,349 현태빌 A동 1층 101호 (23037) 인천 강화군 강화읍 충렬사로 59-3	

용 도	다세대	감 정 가	**79,000,000**
토지 면적	93㎡ (28평)	최 저 가	**55,300,000** (70%)
건물 면적	68㎡ (21평)	보 증 금	5,530,000 (10%)
경매 구분	임의경매	소 유 자	황⬛민외1
청 구 액	40,000,000	채 무 자	황⬛민외1
채 권 자	황⬛영		

■ 등기부현황 (열람일자:2015-11-10)

접수일자	권리종류	권리자	채권금액 예상배당액	말소	비고
2011-09-30	소유권	황⬛민외1			
2015-05-11	압류	인천시강화군		말소	말소기준등기
2015-05-11	압류	인천시강화군		말소	
2015-08-26	근저당권	황⬛영	40,000,000 13,652,820	말소	
2015-11-02	임의	황⬛영		말소	경매기입등기
등기부채권총액 : 40,000,000					

■ 임차인현황

임차인/대항력		점유현황	전입/확정/배당	보증금/월세	예상배당액 예상인수액	인수
이⬛하	有	[주거] 전부 점유2008.07.21-	전입 2008-07-21 확정 2008-07-22 배당 2015-11-16	보 50,000,000	45,000,000	소멸
이기하(증액분)			2 차 2010-06-30		5,000,000	
임차인수 : 1명 / 보증금합계 : 50,000,000 / 월세합계 : 0						
임차인점유. 현황조사차 현장에 임하여 임차인을 면대한 바, 임차인 가족이 점유 사용하고 있다고 진술						

■ 지지옥션 세대조사 (주민센터확인 : 2016.01.29)

세대주	전입일	비고	세대주	전입일	비고
이○○	2008.07.21				

■ 예상배당순서

종류	배당자	예상배당액	배당후잔액	배당사유
경매비용		1,447,180	63,652,820	
임차인	이⬛하	45,000,000	18,652,820	임차인
임차인	이⬛하(증액분)	5,000,000	13,652,820	임차인
근저당권	황⬛영	13,652,820	0	근저당권

※ 본 표는 예상내역으로 실제와 차이가 있을 수 있습니다.

보증금 증액분이 말소기준권리보다
늦은 경우의 인수 여부

Q/ 이 사건에서 등기사항전부증명서상 선순위 전세권자 겸 대항력 있는 임차인(박○순)이 있는데, 이 임차인은 1989년 8월경 최초 임대차계약 당시 5,000만 원으로 점유를 시작하다가 총 3회에 걸쳐 보증금을 증액한 사실이 있습니다. 등기사항전부증명서상 2013년 8월 22일자 말소기준권리인 근저당권(양○축협)을 기준으로 1·2·3차 보증금 총액 7,500만 원에 대한 확정일자가 앞서므로 전부 배당받을 것으로 예상됩니다.

그런데 4차 증액분 1,000만 원은 등기사항전부증명서상 말소기준권리보다 늦기 때문에 배당받지 못할 것으로 예상되는데, 이 증액분은 매수인이 인수해야 하는지 궁금합니다.

A 임차건물에 관한 저당권설정등기 전에 대항력을 갖춘 임차인이 저당권설정등기 후 임대인과 합의하여 임차보증금을 증액한 경우, 그 증액한 보증금으로 위 저당권에 기하여 건물을 경락받은 소유자에게 대항할 수 없다는 것이 판례(대법원 2010다12753 판결)입니다.

이 경우 임차인은 위 저당권에 기하여 건물을 경락받은 소유자의 건물인도청구에 대해 증액 전 임대차보증금을 상환받을 때까지 그 건물을 인도할 수 없다고 주장할 수 있을 뿐이고, 저당권설정등기 이후에 증액한 임대차 보증금으로써는 소유자에게 대항할 수 없는 것입니다.

그러므로 이 사건에 선순위 대항력이 있는 임차인 박○순(공동 전세권자)의 경우, 보증금(전세금 포함)이 8,500만 원이라고 배당신청을 했는데, 그중에서 7,500만 원은 우선배당 받을 수 있고, 배당받지 못하는 경우 매수인이 이를 인수해야 하나 저당권설정등기 이후 증액된 1,000만 원에 대해서는 대항력이 인정되는 않는바, 이 부분에 대해서는 매수인이 인수할 위험은 없습니다.

북부9계 2015-8483 정릉동 다가구주택

병합/중복	2015-9684(중복-양주축협)

조 회 수	(단순조회 / 5분이상 열람) ·금일 2 / 1 ·금회차공고후 280 / 57 ·누적 1,297 / 194	조회통계

소 재 지	서울 성북구 정릉동 349-7 (02709) 서울 성북구 솔샘로6길 53-3		
용 도	다가구주택	감 정 가	840,030,000
토지 면적	238㎡ (72평)	최 저 가	537,619,000 (64%)
건물 면적	228㎡ (69평)	보 증 금	107,523,800 (20%)
경매 구분	임의경매	소 유 자	유⬛숙
청 구 액	325,000,000	채 무 자	유⬛숙
채 권 자	문⬛선		
주의 사항	·재매각물건 ·선순위전세권 [특수件분석신청]		

■ **건물등기부** (열람일자:2016-06-00) ※ 건물의 권리관계로만 분석되었으므로, 실제와 차이가 있을 수 있습니다. (토지등기부 확인필)

접수일자	권리종류	권리자	채권금액 예상배당액	말소	비고
1995-05-10	전세권	손⬛우외1	50,000,000 50,000,000	말소	
2013-08-22	근저당권	양주축협 가능동	360,000,000 360,000,000	말소	말소기준등기
2014-08-18	소유권	유⬛숙			
2014-08-18	근저당권	문⬛선	325,000,000 157,283,718	말소	
2015-04-29	임의	문⬛선		말소	경매기입등기
2015-05-20	임의	양주축협		말소	
등기부채권총액 : 735,000,000					

■ **임차인현황** ※ 건물의 권리관계로만 분석되었으므로, 실제와 차이가 있을 수 있습니다. (토지등기부 확인필)

임차인/대항력		점유현황	전입/확정/배당	보증금/월세	예상배당액 예상인수액	인수
박⬛순	有	[주거] 2층방3 전세권자 등기부상: 존속기간 1996.03.26 반환기 1996.03.26 5000만 점유1995.03.11-	전입 1989-08-17 확정 1995-05-10 배당 2015-06-15	보 85,000,000	50,000,000	소멸
인⬛기	有	[주거] 1층방3 2차:6000만 3차:7000만 4차:8000만 점유2001.03.24-	전입 2001-03-24 확정 2001-03-24 배당 2015-06-05	보 50,000,000	50,000,000	소멸
박⬛순(증액분)			2 차 2006-08-04		15,000,000	
박⬛순(증액분)			3 차 2008-07-03		10,000,000	
박⬛애	有	[주거] 지층방3 점유2012.01.13-	전입 2012-01-18 확정 2012-01-17 배당 2015-06-02	보 66,000,000	66,000,000	소멸
박⬛순(증액분) 경매등기후 전입			4 차 2015-05-20		-	
임차인수: 5명 / 보증금합계 : 371,000,000 / 월세합계 : 0						

증액한 보증금을 배당받지 못할 경우 인도명령 대상이 되는가?

Q. 선순위 임차인이 말소기준권리 이후에 보증금을 500만 원에서 3,500만 원으로 증액했는데, 확정일자가 늦어서 소액임차인으로 일부(2,700만 원)만 배당받을 수 있고 나머지 800만 원은 배당받지 못할 것으로 예상되는바, 인도명령 대상자가 될 수 있는지요?

A. 집행법원은 매수인이 매각대금을 완납한 뒤 6개월 이내에 인도명령을 신청하면 채무자나 소유자 또는 부동산 점유자에 대하여 매각 부동산을 매수인에게 인도하도록 명하게 됩니다. 다만 임차인 등 점유자가 매수인에게 대항할 수 있는 권원에 의하여 점유하는 것으로 인정되는 경우에는 그러하지 않습니다(민사집행법 제136조).

만약 임차인이 사정하는 등의 이유로 6개월 이내에 인도명령을 신청하지 않았는데 부동산을 인도해 주지 않을 경우에는 부득이 명도소송을 제기하여 대응할 수밖에 없기 때문에 가능한 한 6개월 이내에 인도명령을 신청해야 합니다.

매수인이 인도명령을 신청했을 경우에 집행법원은 채무자와 소유자 외의 점유자(임차인 포함)에 대하여 인도명령을 하려면 그 점유자를 심문하는 것이 원칙입니다. 이때 임차인 등 그 점유자가 매수인에게 대항할 수 있는 권원에 의하여 점유하고 있는지에 대하여 심문하게 되는데, 말소기준권리 이후에 보증금을 증액해 준 것이 명백하다면 보증금 중 배당받지 못한 금액이 있어도 인도명령 대상자가 됩니다.

따라서 이 사건의 임차인(전○숙)은 최초 보증금 500만 원에 대하여 전액 배당받게 되면 임차권은 소멸되고, 500만 원 중 배당받지 못하는 보증금이 발생하면 500만 원을 변제받을 때까지만 대항할 수 있습니다. 즉 증액분 3,000만 원은 말소기준권리 후에 증액한 보증금이므로 배당절차에서 배당 여부와 상관없이 매수인에게 대항할 수 없을 것으로 판단됩니다.

수원14계 2015-20086 지동 단독주택

조 회 수	(단순조회 / 5분이상 열람) ·금일 2 / 0 ·금회차공고후 405 / 102 ·누적 824 / 155		조회통계

소 재 지	경기 수원시 팔달구 지동 320-16 (16245) 경기 수원시 팔달구 팔달문로32번길 7-1		
용 도	단독주택	감 정 가	**335,404,700**
토지 면적	178㎡ (54평)	최 저 가	**234,783,000 (70%)**
건물 면적	198㎡ (60평) 제시외 34.4㎡ (10.41평)	보 증 금	23,478,300 (10%)
경매 구분	임의경매	소 유 자	김⬤자
청 구 액	280,000,000	채 무 자	김⬤자
채 권 자	서⬤현		
주의 사항	·유치권 [특수件분석신청]		

■ 건물등기부 (열람일자:2016-02-23) ※ 건물의 권리관계로만 분석되었으므로, 실제와 차이가 있을 수 있습니다. (토지등기부 확인필)

접수일자	권리종류	권리자	채권금액 예상배당액	말소	비고
2009-03-25	소유권	김⬤자			
2013-04-01	근저당권	팔달[새]	39,000,000 39,000,000	말소	말소기준등기
2015-01-20	근저당권	서⬤현	310,000,000 178,526,084	말소	
2015-05-21	임의	서⬤현		말소	경매기입등기
등기부채권총액 : 349,000,000					

■ 임차인현황 ※ 건물의 권리관계로만 분석되었으므로, 실제와 차이가 있을 수 있습니다. (토지등기부 확인필)

임차인/대항력		점유현황	전입/확정/배당	보증금/월세	예상배당액 예상인수액	인수
이⬤숙	無	[주거] 1층 점유2015.03.19-24개월	전입 2015-03-18 확정 2015-03-18 배당 2015-07-13	보 40,000,000	27,000,000	소멸
김⬤관	無	[주거] 지하일부방1 점유2015.03.18-24개월	전입 2015-03-18 확정 2015-03-18 배당 2015-07-13	보 30,000,000	27,000,000	소멸
전⬤숙	有	[주거] 지층비2호 1차:500만/25만 2차:3500만 점유2015.03.05-2017.03.04	전입 2011-02-07 확정 2015-06-02 배당 2015-07-14	보 35,000,000	27,000,000 8,000,000	일부 인수
한⬤회	無	[주거] 2층 조사서상	전입 2014-12-01		-	소멸
임차인수 : 4명 / 보증금합계 : 105,000,000 / 월세합계 : 0						

채무자(소유자)점유.1층 1가구, 2층 1가구, 지층 2가구로 총 4가구로 분리되어 있음.1층은 임차인 이⬤숙세대가 거주하고, 2층은 채무자겸 소유자 김⬤자세대와 자녀 한⬤회세대가 거주하고 있음. 지하층은 임차인 전⬤숙세대와 김⬤관세대가 거주하고 있음(채무자겸소유자 김 ⬤자 및 임차인의 각 진술).전입세대열람결과 김⬤자세대, 한⬤회세대, 이⬤숙세대, 전⬤숙세대, 김⬤관세대가 전입되어 있음. 전⬤숙 : 임 차인 전⬤숙으로부터 보증금 500만원 월세 25만원에 거주하다가 2015년 3월 5일 30,000,000원을 추가하여 35,000,000에 살고 있다는 보정 서가 제출됨.

한 세대 내에 전입일자가 다른 세대원이 있는 경우의 대항력 분석

Q. 1. 이 사건 임차인 연○혁은 배당요구종기일까지 권리신고 및 배당요구를 신청했는데, 전입신고가 말소기준권리보다 늦은 2012년 2월 24일자로 되어 있습니다. 그런데 최초전입자인 '최○○'의 전입일자가 말소기준권리보다 빠른 2001년 7월 3일인데 대항력이 인정되는지 궁금합니다.
2. 지지옥션 세대열람내역에 세대주 '동거인 최○○(2001.7.3자)'도 등재되어 있는데, 이 사람을 어떻게 분석해야 하나요?

A. 1. 이 사건의 법원 현황조사내역을 보면 임차인 연○혁이 2012년 2월 24일자로 전입신고가 되었지만, 세대열람내역에는 세대주 연○○(연○혁으로 추정)과 최초전입자 최○○(2001.7.3자)이 등재되어 있습니다.

최초전입자란 세대합가 등의 사유로 동일세대원 중에서 가장 빠른 전입세대원을 뜻하는데, 임차인의 대항력은 '최초전입자'를 기준으로 판단해야 합니다. 따라서 '연○혁 세대'의 최초전입자인 '최○○'의 전입일자가 말소기준권리보다 빠르다는 점을 감안하면 대항력 있는 임차인으로 추정되고, 임차인으로서 배당(변제)받지 못하는 보증금은 매수인이 인수해야 하므로 이를 감안하여 입찰가를 산정해야 합니다.

2. 세대열람상 '동거인 최○○' 씨가 또 있어서 혼란스러울 수 있는데, 최초전입자와 '동거인 최○○' 씨는 별개의 사람입니다. '동거인 최○○'과 관련하여, 주민등록법 시행령 제6조(주민등록표 등의 작성) 제2항에 따르면 "세대별 주민등록표의 등재순위는 세대주, 배우자, 세대주의 직계존비속의 순위로 하고, 그 외에는 세대주의 신고에 따른다. 다만 민법 제779조에 따른 가족의 범위에 속하지 아니하는 사람은 '동거인'란에 기록한다"고 명시되어 있습니다.

따라서 '동거인 최○○'은 임차인 '연○혁'의 가족범위에 속하지 않는 친척 등이 전입된 것으로 추정되므로 단순 전입자로 예상됩니다.

과거사건	의정부 2014-50282

조 회 수	(단순조회 / 5분이상 열람) · 금일 2 / 1 · 금회차공고후 170 / 54 · 누적 431 / 95	조회통계

소 재 지	경기 포천시 신읍동 307 , 299-4, 301-3, -5, -6, 325-1, 696-93, -95 일신 102동 6층 602호 (11141) 경기 포천시 호병골길 41-5		
용 도	아파트	감 정 가	89,000,000
토지 면적	28㎡ (9평)	최 저 가	62,300,000 (70%)
건물 면적	50㎡ (15평)	보 증 금	6,230,000 (10%)
경매 구분	임의경매	소 유 자	이●우
청 구 액	21,022,609	채 무 자	이●우
채 권 자	㈜국민은행		

■ 등기부현황 (열람일자:2016-04-25)

접수일자	권리종류	권리자	채권금액 예상배당액	말소	비고
2002-04-03	소유권	이●우			
2002-04-03	근저당권	국민은행 주택창동영업	39,000,000 39,000,000	말소	말소기준등기
2005-12-14	압류	의정부세무서		말소	
2010-04-05	가압류	포천제일신용협동조합	10,965,783 9,102,218	말소	2010 카단 196 의정부 포천시법원 GO
2015-09-09	임의	국민은행 특수여신관리		말소	경매기입등기
2016-04-07	근저당권	장●형	75,000,000	말소	
등기부채권총액 : 124,965,783					

■ 임차인현황

임차인/대항력		점유현황	전입/확정/배당	보증금/월세	예상배당액 예상인수액	인수
연●혁	無	[주거] 전부 조사서상전입: 2001.07.03 점유2012.02.06-2017.02.05	전입 2012-02-24 확정 2012-12-10 배당 2015-11-12	보 40,000,000	35,751,409	인수
최●용	無	[주거] 조사서상	전입 2014-07-02		-	소멸
임차인수 : 2명 / 보증금합계 : 40,000,000 / 월세합계 : 0						

현지 방문하여 아무도 만나지 못하였으나(폐문부재),주민등록 등재자가 있어 임차인으로 조사를 하였지만 정확한 것을 알 수 없으므로 별도의 확인이 필요함

■ 지지옥션 세대조사 (주민센터확인 : 2016.01.11)

세대주	전입일	비고	세대주	전입일	비고
연○○	2012.02.24	최 2001.07.03 최○○ 동 2001.07.03 최○○	최○○	2014.07.02	

무상거주확인서를 제출한
선순위 임차인의 대항력은?

Q 이 사건에서 등기사항전부증명서상 말소기준권리보다 먼저 전입신고가 된 선순위 임차인이 있는데, 이 경우 매수인이 인수해야 하는지요?

A 대법원 판례에 따르면 "채무자가 동생 소유의 아파트에 관하여 근저당권을 설정하고 대출을 받으면서 채권자에게 자신은 임차인이 아니고 위 아파트에 관하여 일체의 권리를 주장하지 않겠다는 내용의 확인서를 작성하여 준 경우, 그 후 대항력을 갖춘 임차인임을 내세워 이를 낙찰받은 채권자의 인도명령을 다투는 것은 금반언의 원칙 및 신의성실의 원칙에 위배되어 허용되지 않는다"고 판시한 바 있습니다(대법원 99마4307 결정).

이 사건의 매각물건명세서를 보면 신청채권자(통○림가공수협)로부터 임차인 조○일에 대하여 무상거주각서를 첨부한 권리배제신청서가 제출된 사실이 있습니다. 즉 임차인(조○일)은 주택임대차보호법(이하 주임법)에 따라 주거임차인으로서 대항요건인 주택의 인도와 주민등록상 전입신고를 갖춘 다음 계속해서 거주하는 등 주거임차인이라고 하더라도, 대출 당시 임대인의 부탁으로 무상거주확인서(인감증명서 첨부)를 제출한 경우에는 민법 제2조(신의성실의 원칙)에 따라 매수인에게 대항할 수 없습니다.

그러므로 매수인은 이 임차인을 상대로 협의를 통하여 통상적인 이사비용을 지급하는 선에서 해결하거나, 합의가 안 될 경우 인도명령결정문을 집행권원으로 강제집행을 신청하여 해결하시기 바랍니다.

※ 참고사항

위 사례는 낙찰받은 자가 무상거주각서를 받은 채권자(은행)인 경우의 판례이며, '낙찰받은 자 ≠ 무상거주각서를 받은 채권자'인 경우에는 성립하지 않는다는 견해도 있습니다. 이 경우 임차인은 낙찰자에게 무상거주를 확인해 준 것이 아니므로 낙찰자는 신의성실 원칙에 따라 보호받지 못하고, 대항력 있는 임차인인 경우 낙찰자에게 대항력이 발생할 수도 있습니다.

병합/중복	2012-40208(중복-김█미), 2013-19638(중복-이█선), 2015-11799(중복-통조림가공수협외2), 2015-13160(중복-통조림가공수협)
과거사건	고양9계 2012-40208

조 회 수	(단순조회 / 5분이상 열람) ·금일 2 / 0 ·금회차공고후 86 / 8 ·누적 86 / 8	조회통계

관련 물건번호	<	1 매각	2 매각	3 매각	4 매각	5 매각	6 매각	7 매각	8 매각	9 매각	10 매각	>

소 재 지	경기 파주시 파주읍 연풍리 3-1 , 1-3 두나미스이레빌 102동 1층 104호 (현:두양엘린빌) (10834) 경기 파주시 파주읍 술이홀로 569		
용 도	연립	감 정 가	115,000,000
토지 면적	122㎡ (37평)	최 저 가	27,612,000 (24%)
건물 면적	75㎡ (23평)	보 증 금	5,522,400 (20%)
경매 구분	임의경매	소 유 자	두█건설
청 구 액	389,279,759	채 무 자	박█희외4
채 권 자	통조림가공수산업협동조합 ▶more		
주의 사항	·유치권 ·토지별도등기 [특수件분석신청]		

■ 임차인현황

임차인/대항력		점유현황	전입/확정/배당	보증금/월세	예상배당액 예상인수액	인수
조█일	有	조사서상	전입 2006-05-01		-	인수
엄█경	無	조사서상	전입 2007-10-31		-	소멸
임차인수 : 2명 / 보증금합계 : 0 / 월세합계 : 0						

- 고양지원 2013-10891 [4] 매각물건명세서 -
경기 파주시 파주읍 연풍리 3-1 ,1-3 두나미스이레빌 102동 1층 104호 (현:두양엘린빌)

사건	2013타경10891 2012타경40208, 2013타경19638, 2015타경11799, 2015타경13160(중복)	매각물건번호	4	담임법관(사법보좌관)	정█석
작성일자	2016.03.15	최선순위 설정일자	2007.02.15. 근저당권		
부동산 및 감정평가액 최저매각가격의 표시	부동산표시목록 참조	배당요구종기	..		

점유자의 성명	점유부분	정보출처 구분	점유의 권원	임대차 기간 (점유기간)	보증금	차임	전입신고일 자.사업자등 록신청일자	확정일자	배당요구 여부 (배당요구 일자)
엄█경		현황조사	미상 임차인				2007.10.31.		
조█일		현황조사	미상 임차인				2006.05.01.		

<비고>
조█일 : 2014.03.11. 통조림가공수산업협동조합으로부터 권리배제신청서(무상거주각서) 제출됨.

외국인 · 재외동포 임차인의 대항력 여부

외국인과 재외동포(재외국민 제외)는 주임법 적용

외국인이나 재외동포 및 재외국민도 주임법상 대항력과 확정일자에 의한 우선변제권 및 소액
임차인으로서 최우선변제권을 적용받을 수 있는지 혼동을 초래하는 경우가 있다.

외국인이 주임법을 적용받을 수 있는지와 관련하여, '90일을 초과하여 국내에 체류하는 외국인'
의 경우 출입국관리법 제31조와 36조에 의하여 외국인등록(출입국관리사무소)을 해야 하고, 등록
외국인이 체류지를 변경할 때에는 신체류지에 전입신고를 해야 하므로, 외국인등록표 또는 거
류지 변경신고서로서 대항요건인 주민등록의 요건을 갖출 수 있다.

외국국적 동포(재외동포 중 재외국민 제외)는 재외동포법 제10조 제4항에 따르면 "대한민국 안의 거
소를 신고하거나 그 이전신고(移轉申告)를 한 외국국적 동포에 대하여는 출입국관리법 제31조에
따른 외국인등록과 같은 법 제36조에 따른 체류지 변경신고를 한 것으로 본다"라고 규정하여
거소신고로써 외국인과 같이 대항력을 인정하고 있다.

다만 재외국민의 경우에는 국내 국적을 가지고 있고, 주민등록 전입신고로써 대항력을 인정받
을 수 있으므로 거소신고 또는 그 이전신고로써 주민등록과 전입신고를 갈음할 수 없다(법원행정
처 발행《법원실무제요》2권 446쪽 참고).

권리신고 겸 배당요구신청서

권리신고 겸 배당요구신청을 함께 했는지 확인해야

임차인이 배당요구신청을 하는 방법(양식)은 '권리신고 겸 배당요구신청서'에 보증금액, 전입신고일자, 확정일자를 받은 날짜, 점유일자(입주일자), 계약기간 등을 기재하여 배당요구종기일까지 집행법원에 제출해야 하고, 위 양식은 정형화(법원에 비치)되어 있다.

그런데 무슨 이유에서인지 대항력 있는 임차인이 정형화된 양식의 '권리신고 겸 배당요구신청서'를 사용하지 않고, 별도의 문서로 작성된 '권리신고서'만 제출하면 어떻게 될까?

이 경우에는 임차인(선순위 전세권자)이 권리신고만 하고 배당요구신청을 하지 않은 것으로 간주하기 때문에 집행법원에서 보증금을 우선변제(배당) 받을 수는 없고, 매수인(낙찰자)이 그 보증금을 인수해야 한다.

토지 근저당권 이후 신축된 건물의 임차인 보증금 인수 여부

Q/ 이 사건은 토지와 건물의 일괄매각이지만 건물은 미사용승인 건물로서 임의경매개시결정등기의 촉탁으로 소유권보존등기가 된 상태입니다. 임차인 중에서 8인이 대항력이 있고, 이 임차인들이 소액 최우선 변제대상자이거나 확정일자에 의한 순위배당으로 각 보증금에 대하여 전액 배당받을 것으로 예상되는데, 경매절차상 매각불허가결정(1회)과 대금을 미납(1회)한 사실이 있습니다. 그 이유가 무엇인지 궁금합니다.

A 이 사건에 대항력 있는 임차인 6인(고○남 외 5인)과 선순위 전입세대 3인이 있습니다. 본 건은 대지에 근저당권을 설정(2006.6.22자)한 후에 건물이 임의경매개시결정등기의 촉탁으로 2014년 11월 13일자로 보존등기가 된 상태입니다.

이 경우 임차인들은 원칙적으로 토지의 매각(낙찰)대금에서 우선배당 받을 수 없고 건물에서만 우선배당 받을 수 있습니다. 즉 토지의 선순위 근저당권자에게 배당을 해주고 잉여금이 있으면 임차인이 배당받을 수 있습니다.

그런데 임차인들의 대항력은 건물을 기준으로 판단하게 되므로, 동소에 거주하는 대부분의 임차인들은 건물의 말소기준권리(2014.11.13 임의경매개시결정 기입등기) 이전에 전입하였고, 임차인 1인(김○찬)을 제외한 나머지 임차인(고○남 외 8인)들은 모두 대항력이 있으므로, 진정한 임차인들이 배당받지 못하는 보증금은 매수인이 인수해야 합니다.

즉 매각가격(낙찰가격)을 토지와 건물의 감정가격 기준으로 안분(비율)한 다음에 배당을 하는데, 건물의 감정가는 전체 감정가격의 18.5%에 불과하여 소액만 배당받을 수 있고, 임차인들이 배당받지 못하는 보증금을 매수인이 인수해야 하는데, 이 부분에 대한 착오로 인하여 대금을 미납한 것으로 판단됩니다. 향후 대항력 있는 임차인들이 배당받지 못하는 보증금을 매수인이 인수해야 하므로 각별히 주의하시기 바랍니다(대법원 2009다101275 판결).

성남7계 2012-22664 경안동 다가구주택

병합/중복	2014-24473(병합-엔에스제사차유동화전문)

소 재 지	경기 광주시 경안동 58-9 [도로명주소]		
용 도	다가구주택	감 정 가	623,592,500
토지 면적	334㎡ (101평)	최 저 가	213,893,000 (34%)
건물 면적	154㎡ (47평) 제시외 15㎡ (4.54평)	보 증 금	42,778,600 (20%)
경매 구분	임의경매	소 유 자	김⬤정
청 구 액	300,000,000	채 무 자	김⬤정
채 권 자	(양수인) 엔에스제사차유동화전문 유한회사		
주의 사항	·재매각물건 ·맹지 ·입찰외 [특수件분석신청]		

■ **임차인현황** ※ 건물의 권리관계로만 분석되었으므로, 실제와 차이가 있을 수 있습니다.(토지등기부 확인필)

임차인/대항력		점유현황	전입/확정/배당	보증금/월세	예상배당액 예상인수액	인수
고⬤남	有	[주거] 104호 점유2007.07.20-2012.07.20	전입 2007-07-18 확정 2007-07-18 배당 2012-10-30	보 37,000,000	37,000,000	소멸
원⬤연	有	[주거] 102호	전입 2010-01-27 확정 2010-01-27 배당 2012-11-01	보 25,000,000 월 100,000	25,000,000	소멸
홍⬤호	有	[주거] 103호 점유2011.06.10-2013.06.10	전입 2011-08-01 확정 2011-08-01 배당 2012-11-01	보 37,000,000	37,000,000	소멸
김⬤회	有	[주거] 106호 점유2011.09.02-2013.09.02	전입 2011-09-02 확정 2011-09-02 배당 2012-10-31	보 37,000,000	37,000,000	소멸
윤⬤남	無	[주거] 105호 점유2010.09.30-2012.11.	전입 2012-11-05 확정 2010-10-01 배당 2012-11-06	보 35,000,000	35,000,000	소멸
김⬤철 종기일후 배당신청	有	[주거] 106호방1 조사서상전입: 2009.09.03 점유2009.09.01-2015.09.03	전입 2009-09-01 배당 2015-01-19	보 45,000,000	– 45,000,000	인수
남⬤석	有	[주거] 104호 조사서상	전입 2012-03-06		–	인수
안⬤남	有	[주거] 105호 조사서상	전입 2012-03-14		–	인수
송⬤선	有	[주거] 101호 점유2012.08.08-2013.08.08	전입 2012-09-10 배당 2012-11-21	보 5,000,000 월 370,000	5,000,000	소멸
김⬤찬 종기일후 배당신청 경매등기후 전입	無	[주거] 102호 점유2014.05.12-2016.05.11	전입 2014-12-16 배당 2015-01-30	보 20,000,000 월 100,000	–	소멸

임차인수 : 10명 / 보증금합계 : 241,000,000 / 월세합계 : 570,000

제시외 단층주택이 소재하고 동사무소에서 전입세대 열람내역서 및 주민등록등본을 발급받음

지분경매의 매수인, 대항력 있는 임차인의 보증금 전액을 인수해야 하는가?

Q 이 사건은 부동산 전부가 아닌 일부 지분만의 경매사건으로, 경매절차에 따라 임차인이 보증금(5억 5,000만 원) 전부에 대하여 배당요구종기일까지 배당을 신청한 상태입니다. 이 경우 지분경매로 낙찰되면 대항력 있는 임차인이 배당요구를 하였지만 배당받지 못하는 보증금은 매수인(낙찰자)이 인수해야 하는지요?

A 아파트 공동 임대인 중 1인의 공유지분에 대한 경매절차에서 아파트 전체 임차인의 보증금은 경매법원의 지분비율에 해당하는 보증금만을 배당하는 것이 아니라 전액 배당하여야 합니다. 즉 이 사건의 임차인(강○수)이 2009년 8월 20일자 전후에 공동 소유자인 김○경과 강○수를 공동 임대인으로 하여 임대차계약을 체결하였을 것으로 판단됩니다.

이와 같이 공동 임대인이 임차인에 대하여 부담하는 임차보증금 반환의무는 그 성질상 불가분채권채무에 해당됩니다(대법원 67다328 판결). 즉 공동소유인 부동산 중 일부 지분에 대하여 경매절차가 진행되는 경우에 그 부동산의 임차인은 지분비율에 따라 배당요구를 신청하는 것이 아니라, 담보물권의 특질인 불가분성에 따라 보증금 전부 배당요구를 신청할 수 있습니다.

대항력 있는 임차인이 해당 경매사건에서 보증금 전부를 배당받지 못하게 되면, 매수인(낙찰자)은 그 배당받지 못한 보증금 차액을 인수하게 됩니다. 이때 매수인(낙찰자)이 다른 공유자를 대신하여 미배당되는 보증금을 임차인에게 반환(인수)할 경우에는 매수인(낙찰자)은 다른 공유자를 상대로 구상권을 행사하여 구제받을 수 있습니다.

과거사건	중앙8계 2010-21130

조 회 수	(단순조회 / 5분이상 열람) ·금일 1 / 0 ·금회차공고후 **286** / 49 ·누적 **750** / 94	조회통계

소 재 지	서울 서초구 방배동 3275 ,-1 동부센트레빌 101동 15층 1502호 (06574) 서울 서초구 방배로 278		
용 도	아파트	감 정 가	**480,000,000**
토지 면적	전체 58.19 ㎡ 중 지분 23.27 ㎡ (7.04평)	최 저 가	**307,200,000** (64%)
건물 면적	전체 134.04 ㎡ 중 지분 53.62 ㎡ (16.22평)	보 증 금	30,720,000 (10%)
경매 구분	강제경매	소 유 자	김●경외1
청 구 액	400,000,000	채 무 자	김●경
채 권 자	강●수		
주의 사항	·지분매각 [특수件분석신청]		

■ 등기부현황 (열람일자:2015-11-11)

접수일자	권리종류	권리자	채권금액 예상배당액	말소	비고
2009-09-04	가압류	김●영	409,622,690	말소	말소기준등기 2009 카단 8473 서울중앙 GO
2010-03-03	가압류	신용보증기금 평택	255,000,000	말소	2010 카단 676 수원 평택 GO
2010-03-10	가압류	중소기업은행 안성	700,000,000	말소	2010 카단 39995 서울중앙 GO
2010-11-19	압류	평택세무서		말소	
2011-12-05	압류	반포세무서		말소	
2011-12-19	압류	서울시서초구		말소	
2013-12-24	압류	국민건강보험공단 안성지사		말소	
2014-07-30	압류	안성시		말소	
2015-02-13	강제	강●수		말소	경매기입등기
등기부채권총액 : 1,364,622,690					

■ 임차인현황

임차인/대항력		점유현황	전입/확정/배당	보증금/월세	예상배당액 예상인수액	인수
강●수	有	[주거] 전부 조사서상:375,261,423원 점유2009.08.20~	전입 2009-08-20 확정 2009-08-20 배당 2015-03-09	보 550,000,000	302,463,540 247,536,460	일부 인수 일부 인수
임차인수 : 1명 / 보증금합계 : 550,000,000 / 월세합계 : 0						

본건 부동산에 임차인이 거주하고 있으며, 이미 실시된 본 부동산의 지분에 대한 위 경매사건의 경매로 인한 매각으로 본건 부동산 지분 중 100분의 60지분을 취득한 공유자라고 함. 임차보증금은 원래 5억 5천만원인데, 본 부동산의 지분에 대해 이미 실시된 당원 2010타경 21130[2011타경10618(중복)] 경매사건에서 위 임차보증금 중 174,738,577원을 배당받았다고 하므로 위 배당금을 제외한 나머지 보증금 (550,000,000-174,738,577)을 기재한 것임.(본건 부동산 임차인과 전화통화 및 그 배우자와 면담)

■ 지지옥션 세대조사 (주민센터확인 : 2015.11.11)

세대주	전입일	비고	세대주	전입일	비고
강○○	2009.08.20				

토지지분 경매에서 입찰 외 건물에
대항력 있는 임차인이 있는 경우

Q 이 사건은 건물을 제외한 토지 중 일부 공유지분만의 경매사건인데, 그 토지상에 소재하는 입찰 외 건물에 대항력 있는 임차인이 있습니다. 이 경우 토지 일부 매수인도 그 입찰 외 건물 임차인의 대항력을 인수해야 하는지요?

A 이 사건은 전체 토지 중에서 일부인 박○락과 박○성 지분(약 52.4%)에 대한 매각사건입니다. 주임법은 주거용 건물(전부 또는 일부)의 임대차에 관하여 적용되므로, 임차 중인 건물이 경매로 제3자인 낙찰자에게 소유권 이전된 경우에 그 건물 매수인을 상대로 대항할 수는 있어도, 토지 소유자(단독소유, 공동소유 불문)를 상대로 대항력을 주장할 수는 없을 것으로 판단됩니다.

법정지상권에 있어서는 공유지분 토지상에 소재하고 있는 지상건물 소유자에게 법정지상권을 인정할 경우, 다른 공유자의 권리행사를 제한할 수 있기 때문에 법정지상권이 성립할 수 없다는 판례(대법원 92다55756 판결)를 감안하면 성립하기 어려울 것으로 예상됩니다.

법정지상권이 성립하지 않는 등 토지사용권이 없는 건물 소유자에 대하여는 토지 소유자가 건물 철거 및 토지인도를 청구할 수 있습니다. 만약 건물 소유자가 아닌 대항력 있는 임차인이 점유하고 있다면, 임차인을 상대로 건물퇴거를 청구할 수 있습니다. 자신의 소유권에 기한 방해배제로서 건물 점유자인 대항력 있는 임차인을 상대로 건물로부터 퇴거를 청구할 수 있다는 것이 판례(대법원 2010다43801 판결)입니다.

조 회 수	(단순조회 / 5분이상 열람) · 금일 1 / 0 · 금회차공고후 89 / 23 · 누적 186 / 50			조회통계

관련 물건번호	‹	**1** 종결	**2** 종결	›

소 재 지	경기 안성시 대천동 143 (17580) 경기 안성시 백성1길 19		
용 도	대지	감 정 가	**114,075,000**
토지 면적	전체 96.8 m² 중 지분 50.7 m² (15.34평)	최 저 가	**79,853,000** (70%)
건물 면적	0m² (0평)	보 증 금	7,985,300 (10%)
경매 구분	강제경매	소 유 자	박◯락외5
청 구 액	241,687,663	채 무 자	박◯락외1
채 권 자	박◯순 ▶MORE		
주의 사항	· 지분매각 · 법정지상권 · 입찰외 특수件분석신청		

■ 등기부현황 (열람일자:2016-03-04) ※ 건물의 권리관계로만 분석되었으므로, 실제와 차이가 있을 수 있습니다. (토지등기부 확인필)

접수일자	권리종류	권리자	채권금액 예상배당액	말소	비고
2003-03-28	근저당권	박◯민	50,000,000 50,000,000	말소	말소기준등기
2009-03-09	가처분	박◯민외8		말소	2009 카단 709 평택 GO
2014-11-18	강제	박◯순외6	241,687,663 29,174,700	말소	경매기입등기

등기부채권총액 : 291,687,663

■ 임차인현황 ※ 건물의 권리관계로만 분석되었으므로, 실제와 차이가 있을 수 있습니다. (토지등기부 확인필)

임차인/대항력		점유현황	전입/확정/배당	보증금/월세	예상배당액 예상인수액	인수
임◯희	有	[점포] 23.13m² 이◯자기 조사서상 점유2002.10.20~2004.10.19	사업 2002-10-21 확정 2002-10-21	보 10,000,000 월 300,000 환산 40,000,000	– 10,000,000	인수
문◯희	無	[점포] 33.05m² 겐◯빌치킨 조사서상 점유2003.03.17~2005.03.16	사업 2003-05-06	보 5,000,000	–	소멸

임차인수 : 2명 / 보증금합계 : 15,000,000 / 월세합계 : 300,000
전입세대열람내역 열람결과 임차인1인 등재되어 있음.평택세무서 등록사항 등의 열람결과 임차인 2인 등재되어 있음.대법원 인터넷등기
소, 정부민원포털 전자민원G4C 열람결과 변오현의 소유의 건물 등재되어 있음.

■ 참고사항

· 특별매각조건있음(공유자 우선매수권행사에 따른 매수신고가 매수보증금의 미납으로 실효되는 경우에는 그 공유자는 그 이후 해당부
동산의 매각기일에서는 우선매수권을 행사 할 수 없음). 지상에 매각에서 제외되는 라멘조(철근콘크리트)스라브지붕 4층건 주상용건물
이 소재함.
· 매각에서 제외되는 지상건물을 위하여 법정지상권이 성립할 여지 있음.

주거와 비주거를 겸용해
점유하고 있는 임차인의 보호 여부

Q/ 이 사건에서 임차인 중 '오○우'의 경우 현황상 비주거용(교회)과 주거용(방)을 겸용하여 점유 사용하고 있는 만큼, 주임법(혹은 상가건물임대차보호법, 이하 상임법)상 대항력 있는 임차인인지 불분명한데, 배당받지 못한 보증금을 매수인(낙찰자)이 인수해야 하는지 궁금합니다.

A 건물의 일부가 임대차의 목적이 되어 주거용과 비주거용으로 겸용되는 경우에는 구체적인 사안에 따라서, 즉 그 임대차의 목적, 전체 건물과 임대차 목적물의 구조와 형태 및 임차인의 임대차 목적물의 이용관계 그리고 임차인이 그곳에서 일상적인 주거생활을 영위하는지 여부 등을 아울러 고려하여 합목적적(合目的的)으로 결정하여야 합니다.

방 2개와 주방이 딸린 다방은 영업용으로 비주거용 건물이라고 보이고, 설령 그중 방 및 다방의 주방을 주거목적에 사용한다고 하더라도 이는 어디까지나 다방의 영업에 부수적인 것으로서, 그러한 주거목적 사용은 비주거용 건물의 일부가 주거목적으로 사용되는 것일 뿐이므로 주임법 제2조 후문의 주거용 건물에 해당되지 아니한다는 것이 판례(대법원 95다51953 판결)입니다.

또한 신청채권자의 제보에 따르면 "임차인 오○우(보○자리 교회)가 점유하는 부분은 공부상 제2종 근린생활시설(교회)로 표시되어 있다는 점, 보○자리교회라는 간판이 부착되어 있는 등 교회시설로 외관까지 갖추고 있다는 점, 건축물대장에 임차 부분 외부에 공용 화장실만 있다는 점 등을 비추어 볼 때, 비주거용을 기본으로 하면서 주거 일부(방)를 함께 이용하는 것으로 추정된다"는 내용이 있습니다. 이 사건의 경우 비주거용 건물(교회)을 이용하기 위한 부수적인 용도로 주거(방)를 겸용한 것으로 추정된다는 점에서 주임법상 주거용 건물에 해당하기는 어려울 것으로 판단되며, 배당절차에서 미배당된 보증금이 있더라도 매수인에게 대항할 수 없을 것으로 판단됩니다.

조 회 수	(단순조회 / 5분이상 열람) ·금일 1 / 0 ·금회차공고후 469 / 102 ·누적 1,324 / 256		조회통계

소 재 지	경기 파주시 야동동 131-4 (10849) 경기 파주시 창곡동길 48			
용 도	근린시설	감 정 가	1,688,266,550	
토지면적	1,106㎡ (335평)	최 저 가	827,251,000 (49%)	
건물면적	983㎡ (297평) 제시외 60.24㎡ (18.22평)	보 증 금	82,725,100 (10%)	
경매구분	임의경매	소 유 자	조●범	
청 구 액	889,006,220	채 무 자	조●범	
채 권 자	유디제사차유동화전문유한회사(변경전:㈜ 우리은행)			
주의사항	·입찰외 [특수件분석신청]			

■ 이해관계인제보 ※당사의 의견이 아닌 단순 제보내용입니다. [제보하기]   첨부자료: 🖫

·연합자산관리(주), 2015.09.02 ☎ 02-2179-2480

1. 임차인 오●우(보●자리교회)는 공부상 제2종근린생활시설(교회)로 표시되어 있는 점, 보●자리교회라는 간판이 부착되어 있는 등 교회시설의 외관까지 갖추고 있는 점, 건출물관리대장에 임차부분 외부에 공용화장실만 있는 점 등을 볼 때 비주거용에 일부를 주거용으로 이용하고 있는 경

우로 주거용으로 볼 수 없어 주택임대차보호법 보호 대상이 아니며 또한 사업자 등록을 마치지 않아 상가임대차보호법 보호 대상도 아님

2. 임차인 한●억은 무상거주 임대확인서 있으며, 최초 임대차 계약일 2012.12.15, 한●억이 제출한 배당요구서상 주택인도일 2012.12.15.자로 근저당권설정일 2011.4.1자 보다 늦은 권리이므로 대항력 없음

■ 임차인현황 ※ 건물의 권리관계로만 분석되었으므로, 실제와 차이가 있을 수 있습니다. (토지등기부 확인필)

임차인/대항력		점유현황	전입/확정/배당	보증금/월세	예상배당액 예상인수액	인수
오●우	有	[주거및점포] 2층방4 조사서상확정: 2010.11.24 점유2010.11.24-	전입 2010-11-24 확정 2011-05-04 배당 2015-04-13	보 85,000,000	11,157,222 73,842,778	일부 인수

■ 예상배당순서 ※ 건물의 권리관계로만 분석되었으므로, 실제와 차이가 있을 수 있습니다. (토지등기부 확인필)

종류	배당자	예상배당액	배당후잔액	배당사유
경매비용		8,142,778	1,023,157,222	
임차인	전●수	14,000,000	1,009,157,222	소액임차금배당 (기준일:2011-04-01)
임차인	한●억	14,000,000	995,157,222	소액임차금배당 (기준일:2011-04-01)
근저당권	우리은행	744,000,000	251,157,222	근저당권
근저당권	우리은행	240,000,000	11,157,222	근저당권
임차인	오●우	11,157,222	0	임차인

※ 본 표는 예상내역으로 실제와 차이가 있을 수 있습니다.

공부상 비주거용을 현황상 주거용으로
사용할 경우의 주임법 적용 여부

Q 이 사건은 건축물대장상 주 용도가 '사무실'로 되어 있는데, 감정평가서 등 법원기록에 의하면 현황상 원룸으로 이용 중이고, 이 부동산에 다수의 임차인들이 주거용 임차인으로 권리신고 및 배당요구를 한 상태입니다. 위와 같이 공부상 비주거용 건물을 현황상 주거용으로 개조하여 이용하는 경우에도 주임법상 보호를 받을 수 있는지 궁금합니다.

A 대법원은 주임법 제2조 소정의 주거용 건물에 해당하는지 여부는 임대차 목적물의 공부상의 표시만을 기준으로 할 것이 아니라 그 실지용도에 따라 정하여야 한다고 판시한 바 있습니다(대법원 87다카2024 판결).

또한 주임법 제2조가 주거용 건물의 전부 또는 일부의 임대차에 관하여 적용된다고 규정하고 있을 뿐이고, 임차주택이 관할관청의 허가를 받은 건물인지, 등기를 마친 건물인지 아닌지를 구별하고 있지 아니하며, 건물 등기사항전부증명서상 '건물내역'을 제한하고 있지도 않다는 것이 판례입니다(대법원 2009다26879 판결).

그러므로 매각대상 건물이 공부상 사무실로 표시되었으나, 현황상 주거용으로 이용하기 위하여 불법 개조한 다음 주거용 부동산에 대하여 임대차계약을 체결하였다면, 주임법상 진정한 임차인으로서 법의 보호를 받을 수 있다고 할 것입니다.

북부5계 2015-6692[1] 정릉동 다세대

 지지옥션

관련 물건번호	‹	**1** 기각	**2** 기각		›

소 재 지	서울 성북구 정릉동 688-13 동욱빌라트 1층 101호 (02709) 서울 성북구 솔샘로 16-10		
용 도	다세대	감 정 가	**265,000,000**
토지 면적	38㎡ (12평)	최 저 가	**212,000,000** (80%)
건물 면적	85㎡ (26평)	보 증 금	21,200,000 (10%)
경매 구분	강제경매	소 유 자	이■진
청 구 액	21,809,534	채 무 자	이■진
채 권 자	허■희		

■ 감정서요약 (2015.04.10 이정희감정)

소재지	구분	용도/상태	경매면적	감정가
[136-100] 정릉동 688-13 1층 101호	토지	1층 대지권	422㎡ 중 38㎡ (11.5평)	71,550,000
	건물	1층 다세대 · 공용:41.79 대장상:사무소	84.8㎡ (25.6평)	193,450,000
			1㎡당 3,125,000 1평당 10,351,563	계 265,000,000

-*12세대
도시지역 / 2종일반주거지역(7층이하) / 가축사육제한구역 / 대공방어협조구역(위탁고도77-257m) / 제한
보호구역(후방지역500m) / 과밀억제권역 / 상대정화구역

· 남동향 계단식
· 총 5층 · 보존-2005.09.26

- ▶도시가스개별난방
- ▶근린생활시설및다세대주택
- ▶차량출입용이
- ▶대중교통사정무난
- ▶노폭약6m남측접함
- ▶철콘조철콘평슬래브지붕
- ▶정릉3동주민센터동측인근
- ▶버스(정)인근소재
- ▶사다리형토지
- ▶대장상근린시설(사무소)로기재되어있으나, 현황은1개호당6개의원룸으로불법개조되어사용되고있음
- ▶주위단독주택, 다세대주택, 연립주택과소규모의근린시설등소재하는후면주거지대

■ 참고사항

· 관련사건☞ 서울북부지방법원 2014차6969 (임대차보증금)
· 집합건축물관리대장상 용도가 근린생활시설(사무소)로 기재되어 있으나 현황은 6개의 원룸(101동의 101호, 102호, 103호, 104호, 105
호, 106호로 칭함)으로 불법 개조되어 주택으로 사용되고 있음.

북부 2015-6692 현황조사내역

■ 점유관계

소재지	1. 서울특별시 성북구 정릉동 688-13 동욱빌라트 1층101호
점유관계	임차인(별지)점유
기타	* 본 건 현황조사를 위하여 현장을 방문. 임차인 이■노(101동 101호), 김■희(101동 103호), 오■원(101동 104호), 이■경 (101동 105호), 김■래(101동 106호)를 제외한 점유자들은 폐문부재로 만나지 못하여 안내문을 투입하였으나 아무 연락이 없 어 점유자 확인 불능임 * 전입세대주 신■혜(101동 102호), 차■민(101동 102호)를 발견하여 주민등록 표에 의하여 작성하였음

상가 내 주거도 주임법 해당

상가 내에서 일부만 주거해도 주임법 적용

주임법 제2조에서 "이 법은 주거용 건물(주택)의 전부 또는 일부의 임대차에 관하여 적용하고, 그 임차주택의 일부가 주거 외의 목적으로 사용되는 경우에도 적용한다"고 규정하여, 원칙적으로 임차주택의 일부가 주거 외에 상가 등 다른 목적으로 사용되고 있는 경우에도 주임법을 적용한다.

궁극적으로 주거시설 여부의 판단은 등기의 유무, 공부상의 용도, 불법건축물 또는 가건물인지 여부 등이 기준이 되는 것이 아니라, 임차인들이 점유하여 사용하고 있는 공간이 "그들이 유일한 주거생활을 영위하고 있는 장소"인지 여부가 판단의 기준이 된다는 것이 판례(대법원 95다51953 판결)의 요지이다.

임차인의 대항력 유지와 상실

대항력은 배당요구종기까지 유지해야 한다

대항력과 확정일자를 갖춘 임차인에게 담보물권과 유사한 우선변제(배당)권을 인정하고 있는데, 경매나 공매 절차에서 대항력 요건을 언제까지 유지하고 있어야 하는지와 관련된 대법원 판례를 보면, "공시방법이 없는 주택임대차에 있어서 주택의 인도와 주민등록이라는 우선변제의 요건은 그 우선변제권 취득 시에만 구비하면 족한 것이 아니고, 민사집행법상 배당요구의 종기까지 계속 존속하고 있어야 한다(대법원 2007다17475 판결)"고 판시하고 있다.

즉 경매나 공매 절차에서 임차인이 대항력을 인정받기 위해서는 최소한 해당 경매사건의 배당(배분)요구종기일까지 전입신고 등 대항력 요건을 유지하여야 한다. 만약 부득이한 사정으로 인하여 배당요구종기일 전에 주민등록을 이전해야 한다면, 관할법원에 임차권등기명령을 신청한 후 그 결과가 임대인에게 통보된 다음에 이전하면 대항력은 유지된다.

재건축 이전과 이후, 각 등기상 근저당권이 존재할 때 말소권리 기준

Q 이 사건에 등기사항전부증명서상 말소기준권리보다 먼저 전입신고가 된 선순위 대항력 있는 임차인이 있는데, 매각대상 아파트는 재건축절차에 따른 신축 아파트이고, 그 아파트 등기사항전부증명서 을구 1, 2번에 의하면 '근저당권설정일자(접수일자 2015.7.17)와 등기원인일자(2006.11.10 설정계약 및 2015.6.13 도시 및 주거환경정비사업으로 인한 이전고시)'가 상이한 경우에는 말소기준권리를 무엇으로 정하여 임차인의 대항력 여부를 판단하게 되는지요?

A 이 사건의 임차인으로 추정되는 전입자(전○연, 하○철)는 2014년 2월 23일자로 전입신고를 하였고, 매각대상 아파트는 도시 및 주거환경정비법에 따라 건축된 재건축아파트로서, 동법 제55조에서 정하고 있는 것처럼 멸실된 구 집합건물의 등기사항전부증명서상 모든 권리는 신축된 집합건물로 이기된 것으로 명시하고 있습니다.

즉 폐쇄 등기부등본을 기준으로 보면 2006년 11월 10일자로 근저당권자 에○비아이저축은행과 근저당권 설정자 겸 채무자 강○록 사이에 근저당권이 설정되었고, 그 후에 2015년 6월 13일자로 도시 및 주거환경정비사업으로 인한 이전고시가 이루어진 사실을 확인할 수 있습니다.

또한 채권자가 제보한 매각물건명세서 정정요청서에 일명 말소기준권리인 최선순위 설정일자로 2006년 11월 10일 근저당권으로 기재된 사실까지 감안하면, 이 사건의 전입세대(전○연, 하○철)는 대항력 있는 임차인은 아닙니다.

중앙2계 2014-3628 논현동 아파트

병합/중복	2014-15713(중복-신한은행)

소 재 지	서울 강남구 논현동 276-1 아크로힐스논현 101동 28층 2803호 (06102) 서울 강남구 언주로 604			
용 도	아파트	감 정 가	**1,200,000,000**	
토지 면적	36㎡ (11평)	최 저 가	**960,000,000** (80%)	
건물 면적	84㎡ (25평)	보 증 금	96,000,000 (10%)	
경매 구분	임의경매	소 유 자	강 록	
청 구 액	1,200,000,000	채 무 자	신 제강	
채 권 자	에프아이1403유동화전문유한회사 (이전)			

■ **이해관계인제보** ※당사의 의견이 아닌 단순 제보내용입니다. [제보하기]   첨부자료: 🖫

· 대신에이엠씨(주), 2016.02.01 ☎ 02-399-0179
본 사건의 등재되어 있는 임차인에 관한 의견서입니다. 위 사건의 임차인들은
취득세 납부를 위한 단기임(전)대차의 임차인들 입니다.

■ **임차인현황**

임차인/대항력	점유현황	전입/확정/배당	보증금/월세	예상배당액 예상인수액	인수
전 연	無	[주거] 조사서상	전입 2015-03-26		–	소멸
하 철	無	[주거] 조사서상	전입 2015-05-21		–	소멸

【 을 구 】 (소유권 이외의 권리에 관한 사항)

순위번호	등 기 목 적	접 수	등 기 원 인	권 리 자 및 기 타 사 항
1	근저당권설정	2015년7월17일 제196257호	2006년11월10일 설정계약 및 2015년 6월 13일 도시및주거환경정비사업 으로 인한 이전고시	채권최고액 금120,000,000원 채무자 강 록 　서울특별시 강남구 논현동 276 경복아파트 에이동 　 호 근저당권자 주식회사에스비아이저축은행 110111-0121981 　서울특별시 강남구 청담동 41 청담벤처프라자 1층
2	근저당권설정	2015년7월17일 제196258호	2009년4월29일 설정계약 및 2015년 6월 13일 도시및주거환경정비사업 으로 인한 이전고시	채권최고액 금1,200,000,000원 채무자 주식회사신한제강 　인천광역시 남동구 고잔동 T 　 근저당권자 중소기업은행 110135-0000903 　서울특별시 중구 을지로2가 50 　(남동공단지점)

상임법 적용 여부와 배당의 조건

Q / 등기사항전부증명서상 말소기준권리보다 먼저 사업자등록을 신청한 (선순위) 대항력 있는 임차인(조ㅇ구)이 있는데, 이 상가임차인은 보증금 2,000만 원, 월세 50만 원으로 2012년 6월경부터 점유한다고 권리신고 및 배당요구를 신청한 상태입니다.

이 상가임차인이 소액 최우선변제 대상자로서 보증금 전부를 배당받고, 매수인에게는 인수되지 않는지가 궁금합니다.

A —— 주임법과 상임법 간의 차이점 중 하나가 환산보증금입니다. 주임법상 주거임차인이 보증금과 월세의 임대차계약조건으로 점유하는 부동산이 경매될 경우에는 그 임차인의 순수한 보증금만을 기준으로 소액임차인에 해당하는지를 판단합니다.

반면에 상임법상 임차인이 보증금과 월세의 임대차계약조건일 경우에는 월세에 100을 곱하고 여기에 보증금을 더한 금액을 환산보증금(보증금+[월세×100])이라고 하여, 이 환산보증금을 기준으로 소액 최우선변제 대상자에 해당하는지를 판단하게 됩니다.

그런데 상가임차인 중 '조ㅇ구(고ㅇ상사)'는 상가임대차계약조건이 보증금 2,000만 원, 월세 50만 원이므로 이에 대한 환산보증금은 7,000만 원(보증금 2,000만 원+[월세 50만 원×100])인데, 2014년 5월 근저당권(말소기준권리)을 기준으로 볼 때 경기도 용인시는 소액임차인의 기준이 되는 환산보증금이 3,800만 원 이하입니다. 즉 임차인 조ㅇ구는 소액 최우선변제 대상자에 해당하지 않고, 특히 확정일자도 없으므로 한 푼도 배당받지 못하며, 배당받지 못하는 보증금 2,000만 원은 매수인이 인수할수 있으므로 이를 감안하고 입찰하시기 바랍니다.

조 회 수	(단순조회 / 5분이상 열람) ·금일 2 / 0 ·금회차공고후 257 / 40 ·누적 771 / 100	조회통계

소 재 지	경기 용인시 처인구 김량장동 31-8 ,27-8 (감정서상:27-8지상) [일괄]27-8, (17063) 경기 용인시 처인구 백옥대로 1061-1		
용 도	점포	감 정 가	**620,964,500**
토지 면적	233㎡ (71평)	최 저 가	**434,675,000 (70%)**
건물 면적	123㎡ (37평)	보 증 금	43,467,500 (10%)
경매 구분	임의경매	소 유 자	김⬤근
청 구 액	462,314,816	채 무 자	김⬤근
채 권 자	㈜전북은행		

■ 건물등기부 (열람일자:2015-10-14) ※ 건물의 권리관계로만 분석되었으므로, 실제와 차이가 있을 수 있습니다. (토지등기부 확인필)

접수일자	권리종류	권리자	채권금액 예상배당액	말소	비고
2014-05-08	소유권	김⬤근			
2014-05-08	근저당권	전북은행 구월동	540,000,000 530,773,546	말소	말소기준등기
2015-01-15	근저당권	전북은행 구월동	72,000,000	말소	
2015-04-01	임의	전북은행 구월동		말소	경매기입등기
2015-04-07	가압류	전북은행	20,966,575	말소	2015 카단 231 용인시법원 GO
2015-05-15	가압류	기술신용보증기금 가산기술평가 센터	182,769,780	말소	2015 카단 201129 서울남부 GO

■ 임차인현황 ※ 건물의 권리관계로만 분석되었으므로, 실제와 차이가 있을 수 있습니다. (토지등기부 확인필)

임차인/대항력		점유현황	전입/확정/배당	보증금/월세	예상배당액 예상인수액	인수
조⬤구	有	[주거및점포] 61㎡ 고⬤상사 조사서상: 2000만/55만 점유2012.06.30-2014.06.29	전입 2012-06-26 사업 2012-06-26 배당 2015-06-16	보 20,000,000 월 500,000 환산 70,000,000	– 20,000,000	인수
최⬤선	無	[주거및점포] 69㎡ 원⬤스포츠 조사서상전입: 1차 2015.06.16 2차 2012.06.27 점유2015.03.10-2017.03.09	전입 2015-03-16 사업 2015-03-16 배당 2015-06-17	보 10,000,000 월 700,000 환산 80,000,000	–	소멸

■ 예상배당순서 ※ 건물의 권리관계로만 분석되었으므로, 실제와 차이가 있을 수 있습니다. (토지등기부 확인필)

종류	배당자	예상배당액	배당후잔액	배당사유
경매비용		5,116,454	530,773,546	
근저당권	전북은행	530,773,546	0	근저당권

※ 본 표는 예상내역으로 실제와 차이가 있을 수 있습니다.

상임법상 대항력과
최우선변제 판단방법

Q 이 사건의 임차인들 중에서 일부 임차인은 주택 및 상가 임차인으로서 배당요구를 신청하였는데, 점포에 대한 보증금 3,000만 원과 월세 100만 원의 경우 대전광역시는 소액임차인이 3,000만 원일 때 900만 원까지 소액 최우선변제 대상자에 해당된다고 하는데요. 이 임차인도 상가임차인의 소액 최우선변제 대상자에 해당되는지요?

A 임차인 중 '류○열'은 매각대상 부동산 중 점포(1층 편의점)에 대하여 보증금 3,000만 원, 월세 100만 원의 조건으로 계약하고 2011년 3월 2일자로 사업자등록을 신청한 다음, 같은 해 3월 18일자로 확정일자를 득하였습니다. 그리고 주거(201호)에 대하여 보증금 1,000만 원, 월세 25만 원의 조건으로 계약하여 2011년 3월 18일자로 주민등록상 전입신고를 한 다음, 같은 해 4월 11일자로 확정일자를 득하였습니다.

이 임차인은 경매절차가 진행되는 가운데 배당요구종기일 전까지 주거 및 상가건물 임차인으로서 2016년 3월 28일자로 각각 배당요구를 한 사실이 있습니다. 그런데 주임법과 상임법은 보증금과 월세 형식의 임대차계약조건에서 각각 소액임차인의 최우선변제 대상자 기준을 달리하고 있습니다.

주임법에서는 환산보증금이 적용되지 않고, 월세가 있더라도 순수한 '보증금'만을 기준으로 소액임차인에 해당하는지 여부를 가리게 되므로, 주거임차인으로서 소액 최우선변제 대상자에 해당되어 보증금 전부 배당받을 것으로 예상됩니다. 반면에 상임법은 보증금과 월세 조건일 때 환산보증금(보증금+[월세×100])으로 계산된 보증금액을 기준으로 소액임차인 해당 여부를 판단하게 됩니다.

즉 질문하신 임차인의 상임법상 환산보증금이 1억 3,000만 원(3,000만 원+[월세 100만 원×100])이므로, 확정일자에 따라 우선변제권을 행사하여 순위배당으로 배당받을 수는 있지만, 환산보증금으로 계산된 보증금액(1억 3,000만 원)이 소액 최우선변제금액(환산보증금 3,000만 원)을 초과하여 소액임차인으로서 최우선변제 대상자에는 해당하지 않습니다.

조 회 수	(단순조회 / 5분이상 열람) · 금일 2 / 0 · 금회차공고후 331 / 105 · 누적 780 / 224	조회통계

소 재 지	대전 유성구 원내동 92-13 (34227) 대전 유성구 진잠로106번길 86		
용 도	근린주택	감 정 가	1,251,069,850
토지 면적	440㎡ (133평)	최 저 가	875,749,000 (70%)
건물 면적	727㎡ (220평) 제시외 67.7㎡ (20.48평)	보 증 금	87,574,900 (10%)
경매 구분	임의경매	소 유 자	유●현
청 구 액	441,352,696	채 무 자	유●현
채 권 자	대전축산업협동조합		
주 의 사 항	· 유치권 [특수件분석신청]		

■ 임차인현황 ※ 건물의 권리관계로만 분석되었으므로, 실제와 차이가 있을 수 있습니다. (토지등기부 확인필)

임차인/대항력		점유현황	전입/확정/배당	보증금/월세	예상배당액 예상인수액	인수
히●예	無	[주거] 402호 점유2011.02.28-	전입 2011-03-17 확정 2011-03-18 배당 2016-03-16	보 120,000,000	120,000,000	소멸
류●열	有	[편의점] 1층 점유2011.03.23-	전입 2011-03-02 확정 2011-03-18 배당 2016-03-28	보 30,000,000 월 1,000,000	30,000,000	소멸
류●열	無	[주거] 201호 점유2011.04.10-	전입 2011-03-18 확정 2011-04-11 배당 2016-03-28	보 10,000,000 월 250,000	10,000,000	소멸
김●현 임차권자	無	[주거] 501호 점유2011.08.29-	전입 2011-08-22 확정 2011-08-22 배당 2016-03-28	보 20,000,000	20,000,000	소멸
정●숙	無	[주거] 205호 점유2012.09.21-	전입 2012-09-21 확정 2012-09-21 배당 2016-03-28	보 30,000,000	30,000,000	소멸
박●규	無	[주거] 304호 조사서상전입:2015.01.28 점유2013.03.27-2016.03.15	전입 2013-04-01 확정 2013-04-01 배당 2016-03-14	보 30,000,000	30,000,000	소멸
유●숙 전세권자	無	[주거] 202호 언니유●영거주 점유2013.05.09-	전입 2013-05-10 확정 2013-05-16 배당 2016-03-30	보 60,000,000	60,000,000	소멸
(주)리●건설		[주거] 207호 점유2014.09.12-2016.09.11	배당 2016-05-20	보 2,000,000 월 280,000	-	소멸

환산보증금 초과로
상가임차인의 대항력 불인정 사례

Q 등기사항전부증명서상 말소기준권리보다 먼저 사업자등록을 신청한 선순위 임차인(주식회사 스○일 모터스광주)이 있고, 이 임차인의 계약조건(보증금 1억 원, 월세 330만 원)이 환산보증금을 초과하는데, 매수인이 그 보증금을 인수하지 않아도 되는지 궁금합니다.

A 상임법 제2조를 보면 "이 법은 상가건물의 임대차에 대하여 적용한다. 다만 대통령령으로 정하는 보증금액을 초과하는 임대차에 대하여는 그러하지 아니하다"라고 규정하고 있습니다.

즉 등기사항전부증명서상 말소기준권리(근저당권 등)보다 먼저 사업자등록을 신청한 임차인은 대항력이 발생하기 때문에, 임차 중인 부동산이 경매될 경우에는 그 절차상 확정일자에 따른 순위배당으로 보증금 전부 또는 일부만 배당받더라도 배당받지 못한 보증금 전부 또는 일부를 변제받을 때까지 대항할 수 있는 것입니다. 다만 환산보증금을 초과하는 경우에는 대항력을 주장할 수 없습니다.

그러므로 등기사항전부증명서상 말소기준권리인 근저당권(광○시축협)이 상임법 개정(2015.5.13) 후인 2015년 7월 30일자로 설정되었지만, 매각대상 점포(상가) 임차인은 상임법 개정 전인 2015년 3월 3일자에 사업자등록을 신청하였기 때문에 대항력을 인정받기는 어려울 것으로 보입니다.

※ 참고사항

2015년 5월 13일자로 상임법이 개정, 시행됨에 따라 환산보증금을 초과하는 임차인도 매수인에게 대항력을 주장할 수 있게 되었습니다. 다만 법 개정일 이후에 최초로 계약을 체결하거나, 기존 임대차계약을 갱신한 경우에만 적용됩니다(상임법 부칙 2015.5.13자 제2조 참고).

병합/중복	2016-4288(중복-광주축협)

조 회 수	(단순조회 / 5분이상 열람) · 금일 1 / 0 · 금회차공고후 200 / 46 · 누적 490 / 111	조회통계

소 재 지	광주 북구 중흥동 693-18 ,-9 2동 [일괄]-9, (61228) 광주 북구 무등로 267		
용 도	점포	감 정 가	1,187,905,300
토지 면적	735㎡ (222평)	최 저 가	831,534,000 (70%)
건물 면적	445㎡ (135평) 제시외 4.8㎡ (1.45평)	보 증 금	83,153,400 (10%)
경매 구분	임의경매	소 유 자	엔 스트레이딩
청 구 액	220,000,000	채 무 자	엔 스트레이딩
채 권 자	(주) 글로벌넷 ▶more		

■ 건물등기부 (열람일자:2016-07-06) ※ 건물의 권리관계로만 분석되었으므로, 실제와 차이가 있을 수 있습니다. (토지등기부 확인필)

접수일자	권리종류	권리자	채권금액 예상배당액	말소	비고
2015-05-21	소유권	엔 스트레이딩			
2015-07-30	근저당권	광주시축협 중앙로	975,000,000 975,000,000	말소	말소기준등기
2015-08-12	근저당권	삼 글로벌넷	220,000,000 153,928,281	말소	
2016-02-03	가압류	초 식품외1	58,633,600	말소	2016 카단 68 춘천 GO
2016-02-12	근저당권	정 태	150,000,000	말소	
2016-02-16	가압류	농협은행 임동	300,705,680	말소	2016 카단 465 광주 GO
2016-02-17	가압류	삼 글로벌넷	58,813,145	말소	2016 카단 31193 서울중앙 GO
2016-03-03	임의	삼 글로벌넷		말소	경매기입등기
2016-03-17	임의	광주시축협 중앙로		말소	
등기부채권총액 : 1,763,152,425					

■ 토지등기부 [+建공동포함보기]

건물등기부와 일치합니다.

■ 임차인현황 ※ 건물의 권리관계로만 분석되었으므로, 실제와 차이가 있을 수 있습니다. (토지등기부 확인필)

임차인/대항력	점유현황	전입/확정/배당	보증금/월세	예상배당액 예상인수액	인수
(주)스 일모터스광주	無	[사무실] 전부 693-18번지포함 자동차수리점 조사서 상점유:2015.03 점유2015.02.20~2019.02.19	사업 2015-03-03 배당 2016-03-25	보 100,000,000 월 3,300,000 환산 430,000,000	-	소멸

임차인수 : 1명 / 보증금합계 : 100,000,000 / 월세합계 : 3,300,000

〈2동〉 임차인 (주)스 일모터스광주 대표자 김 배에게 문의함. 중흥동 693-18번지 1층과 중흥동 693-9번지 전체를 보증금 100,000,000원과 월 3,300,000원에 임차중이라고함.

〈693-9번지〉 채무자(소유자)점유

〈693-18번지〉 채무자(소유자)점유,임차인 (주)스 일모터스광주 대표자 김 배에게 문의함. 중흥동 693-18번지 1층과 중흥동 693-9번지 전체를 보증금 100,000,000원과 월3,300,000원에 임차중이라고함. 제시외건물은 소유자의 소유라고함.

실제 현황과 임대차계약서가
다른 경우의 대항력 인정 여부

Q 처음에 개인으로 사업자등록을 하였다가 중간에 법인으로 사업자변경을 하였는데, 임대차계약서는 변경하지 않고 보증금을 감액하여 환산보증금이 적용범위에 해당된다면, 변경시점을 기준으로 임차인이 매수인에게 대항력을 주장할 수 있는지 궁금합니다.

A 매각대상인 공장건물이 소재하는 경남 김해시 지역은 상임법상 적용되는 환산보증금액이 1억 5,000만 원(2013.8. 기타 지역 기준)입니다. 그런데 이 사건에서 공장임차인의 임대차계약 내역이 보증금 1,000만 원에 월차임 350만 원의 조건임을 감안할 때, 이 임차인의 환산보증금은 3억 6,000만 원(보증금 1,000만 원 + [350만 원×100])입니다.

환산보증금을 초과하면 상임법을 적용받을 수 없으므로, 임차인이 등기사항전부증명서상 말소기준권리보다 사업자등록신청일이 앞선다고 하더라도 매수인(낙찰자)에게 대항력을 주장할 수 없고, 확정일자에 의한 우선변제권으로 배당에 참여하여 배당받을 수도 없습니다.

또한 등록사항 등의 현황서에 기재되어 공시된 임대차보증금과 차임에 따라 환산된 보증금액이 상임법의 적용대상이 되는 보증금액 한도를 초과하는 경우에는 실제 임대차계약 내용에 따른 환산보증금을 충족하더라도 임차인은 대항력을 주장할 수 없으며, 임대차계약이 변경·갱신되었는데 사업자등록정정신고를 하지 않아 등록사항현황서 등에 기재된 공시내용과 실제 임대차계약 내용이 불일치하게 된 경우에도 마찬가지로 대항력을 주장할 수 없다는 것이 판례(대법원 2013다215676 판결)입니다.

이 사건 집행관의 현황조사 당시 나타난 등록사항 등의 현황서상으로 김○원 외에 법인 (주)케○티 명의로 사업자등록이 된 바가 없었고, 개인에서 법인으로 변경하는 과정에서 사업자등록정정신청(변경된 임대차계약서 첨부)도 하지 않은 것으로 추정된다는 점에서, 매수인에게 대항할 수 없고 인수하는 보증금은 없을 것으로 예상됩니다.

조 회 수	(단순조회 / 5분이상 열람) · 금일 1 / 0 · 금회차공고후 38 / 8 · 누적 73 / 18	조회통계

관련 물건번호	<	1 종결	2 종결		>

소 재 지	경남 김해시 주촌면 양동리 295-1 ,309-5 [일괄]309-5, 309-4, (50877) 경남 김해시 주촌면 서부로1295번길 49		
용　　도	공장	감 정 가	**2,252,186,840**
토지 면적	3,778㎡ (1,143평)	최 저 가	**1,801,749,000 (80%)**
건물 면적	1,325㎡ (401평) 제시외 749.2㎡ (226.63평)	보 증 금	180,174,900 (10%)
경매 구분	임의경매	소 유 자	세█플라텍
청 구 액	8,341,636,087	채 무 자	세█플라텍
채 권 자	중소기업은행		

■ 건물등기부 (열람일자:2016-06-07) ※ 건물의 권리관계로만 분석되었으므로, 실제와 차이가 있을 수 있습니다. (토지등기부 확인필)

접수일자	권리종류	권리자	채권금액 예상배당액	말소	비고
1998-11-04	소유권	세█플라텍			
2013-08-09	근저당권	중소기업은행 창원	9,200,000,000 1,798,094,219	말소	말소기준등기
2016-01-27	근저당권	현█포리텍김해	4,800,000,000	말소	
2016-02-02	임의	중소기업은행 창원		말소	경매기입등기
등기부채권총액 : 14,000,000,000					

■ 토지등기부 + 建공동포합보기

건물등기부와 일치합니다.

■ 임차인현황 ※ 건물의 권리관계로만 분석되었으므로, 실제와 차이가 있을 수 있습니다. (토지등기부 확인필)

임차인/대항력		점유현황	전입/확정/배당	보증금/월세	예상배당액 예상인수액	인수
김█원	無	[공장] 전부 점유2010.05.16-	사업 2010-06-29 배당 2016-04-18	보 10,000,000 월 3,500,000 환산 360,000,000	-	소멸
임차인수 : 1명 / 보증금합계 : 10,000,000 / 월세합계 : 3,500,000						

〈309-5번지,309-4번지〉 주민등록 전입세대열람 결과 본건에 전입된 세대가 존재하지 않음
〈295-1번지〉 주민등록 전입세대열람 결과 전입된 세대가 존재하지 않음
〈295-1번지〉 주민등록 전입세대열람 결과 전입된 세대가 존재하지 않음. 임차인(김█원) 말에 의하면 처음에 임대차계약을 개인으로 계약하고 점유하였으나 중간에 사업자를 법인((주) 케█피)으로 변경하였다고 함(임대차계약서는 변경하지 않음). 임차인이 보증금 전액에 관하여 배당을 받지 아니한 경우에는 배당받지 못한 잔액이 매수인에게 인수될 수 있음.

상임법 시행 전
임차인 적용 불가 사례

Q/ 등기사항전부증명서상 말소기준권리인 근저당권자 대○은행(2002.10.4)보다 먼저 사업자등록을 신청한 임차인이 있는데, 이 경우 매수인이 그 보증금(5,000만 원) 전부를 인수해야 하는지 궁금합니다.

A 상임법 제2조(적용범위) 1항에 따르면, "이 법은 상가건물(제3조제1항에 따른 사업자등록의 대상이 되는 건물을 말한다)의 임대차(임대차 목적물의 주된 부분을 영업용으로 사용하는 경우를 포함한다)에 대하여 적용한다"고 규정하고 있습니다.

동법 부칙 제6542호(2001.12.29) 제1항 및 2항에 따르면, "이 법은 2002년 11월 1일부터 시행한다. 이 법은 이 법 시행 후 체결되거나 갱신된 임대차부터 적용한다. 다만 제3조(대항력 등)·제5조(보증금의 회수) 및 제14조(보증금 중 일정액의 보호)의 규정은 이 법 시행 당시 존속 중인 임대차에 대하여도 이를 적용하되, 이 법 시행 전에 물권을 취득한 제3자에 대하여는 그 효력이 없다"는 내용이 있습니다.

즉 상가임차인이 등기사항전부증명서상 근저당권 등 물권이 설정되기 전에 대항력(사업자등록신청과 점유)과 확정일자를 갖추었더라도, 근저당권 설정시기가 상임법을 시행하기 이전이면 대항력과 우선변제권을 주장할 수 없습니다.

이 사건에서 상가임차인(신○주류)이 등기사항전부증명서상 말소기준권리보다 먼저 사업자등록을 신청하였기 때문에 대항력이 있는 것처럼 보이지만, 동법 부칙 단서조항에 따라 상임법이 시행되기 전부터 근저당권(대○은행 2002.10.4)이 설정되었다는 점에서 상임법 적용대상이 아니므로 매수인(낙찰자)에게 대항할 수 없습니다.

대구2계 2015-12628 이서면 창고

조 회 수	(단순조회 / 5분이상 열람) ·금일 2 / 0 ·금회차공고후 62 / 13 ·누적 78 / 13			조회통계

소 재 지	경북 청도군 이서면 대곡리 1049-1 ,1050-3 [일괄]1050-3, (38319) 경북 청도군 이서면 대곡길 72		
용 도	창고	감 정 가	**166,169,400**
토지 면적	432㎡ (131평)	최 저 가	**166,169,400 (100%)**
건물 면적	160㎡ (49평) 제시외 113.2㎡ (34.24평)	보 증 금	16,616,940 (10%)
경매 구분	임의경매	소 유 자	김■휘
청 구 액	57,847,886	채 무 자	김■휘
채 권 자	㈜ 대구은행		

■ **건물등기부** (열람일자:2016-02-25) ※ 건물의 권리관계로만 분석되었으므로, 실제와 차이가 있을 수 있습니다. (토지등기부 확인필)

접수일자	권리종류	권리자	채권금액 예상배당액	말소	비고
2002-07-19	소유권	김■휘			
2002-10-04	근저당권	대구은행 청도	125,000,000 125,000,000	말소	말소기준등기
2004-01-02	근저당권	오■맥주	100,000,000 83,343,597	말소	
2004-06-29	가압류	대흥신용협동조합	26,453,557	말소	2004 카단 25037 대구 ⓖⓞ
2004-08-24	가압류	정리금융공사 대구연락사무소	25,050,709	말소	2004 카단 34761 대구 ⓖⓞ
2007-12-17	강제	정리금융공사		말소	
2015-08-12	임의	대구은행 여신관리부		말소	경매기입등기

등기부채권총액 : 276,504,266

■ **임차인현황** ※ 건물의 권리관계로만 분석되었으므로, 실제와 차이가 있을 수 있습니다. (토지등기부 확인필)

임차인/대항력		점유현황	전입/확정/배당	보증금/월세	예상배당액 예상인수액	인수
손명옥	無	[점포] 174㎡ 청■공병 조사서상점유: 2013.09.02 점유2002.06.28-	사업 2013-09-03 확정 2015-09-11 배당 2015-09-16	보 5,000,000	5,000,000	소멸
신화주류	無	[점포] 이■환 점유2002.06.28-	사업 2002-06-28 확정 2015-09-11 배당 2015-09-16	보 50,000,000	-	소멸

임차인수 : 2명 / 보증금합계 : 55,000,000 / 월세합계 : 0

<1049-1번지> 손■옥, (주)신■주류는 임대차계약서를 제출하지 않았으나, 채무자나 소유자가 아님에도 등록사항 등의 현황서에 등록되어있음
<1049-1번지> 목적물 주소지에서 (주)신■주류의 대표자를 만나 확인한바 목적물 전부를 (주)신■주류(이■환)과 청송공병(손■옥)이 임대해 점유사용하고 있다고 하나 임대차계약서 등 서류를 제출하지 않음.면사무소에 확인한바 목적물 주소지에 주민등록상 전입자가 없다고 함.세무서에 목적물 주소지에 등록사항 등의 현황서를 요청하여 확인한바 손■옥(청■공병), 이■환(주식회사 신■주류)이 등록되어있다고 함 신■주류(이■환) : 등록사항 등의 현황서에 변동내역있음

■ 참고 1. 주거용 소액임차금 범위표

(단위 : 만 원)

기준일	지역	보증금	최우선변제액
1984.01.01 ~ 1987.11.30	서울특별시 및 직할시	300	300
	기타지역	200	200
1987.12.01 ~ 1990.02.18	서울특별시 및 직할시	500	500
	기타지역	400	400
1990.02.19 ~ 1995.10.18	서울특별시 및 직할시	2,000	700
	기타 지역	1,500	500
1995.10.19 ~ 2001.09.14	서울특별시 및 광역시(군지역 제외)	3,000	1,200
	기타지역	2,000	800
2001.09.15 ~ 2008.08.20	과밀 억제권역(인천광역시 포함)	4,000	1,600
	광역시(군지역과 인천광역시지역 제외)	3,500	1,400
	기타지역(광역시 군 포함)	3,000	1,200
2008.08.21 ~ 2010.07.25	과밀 억제권역(인천광역시 포함)	6,000	2,000
	광역시(군지역과 인천광역시지역 제외)	5,000	1,700
	기타지역(광역시 군 포함)	4,000	1,400
2010.07.26 ~ 2013.12.31	서울특별시	7,500	2,500
	수도권 과밀억제권역	6,500	2,200
	광역시(과밀억제권역에 포함된 지역과 군지역 제외) 안산, 용인, 김포,광주	5,500	1,900
	기타지역(광역시 군 포함)	4,000	1,400
2014.01.01 ~ 2016.03.30	서울특별시	9,500	3,200
	수도권 과밀억제권역	8,000	2,700
	광역시(과밀억제권역에 포함된 지역과 군지역 제외) 안산, 용인, 김포,광주	6,000	2,000
	기타지역(광역시 군 포함)	4,500	1,500
2016.03.31 ~ 2018.09.17	서울특별시	1억	3,400
	수도권 과밀억제권역	8,000	2,700
	광역시(과밀억제권역에 포함된 지역과 군지역 제외) 안산, 용인, 김포, 광주, 세종	6,000	2,000
	기타지역(광역시 군 포함)	5,000	5,000
2018.09.18 ~ 2021.05.10	서울특별시	11,000	3,700
	수도권 과밀억제권역(용인,화성,세종 포함)	10,000	3,400
	광역시(과밀억제권역에 포함된 지역과 군지역 제외) 안산, 김포, 광주, 파주 포함	6,000	2,000
	기타지역(광역시 군 포함)	5,000	1,700
2021.05.11 ~	서울특별시	15,000	5,000
	수도권 과밀억제권역(용인,화성,세종 포함)	13,000	4,300
	광역시(과밀억제권역에 포함된 지역과 군지역 제외) 안산, 김포, 광주, 파주 포함	7,000	2,300
	기타지역(광역시 군 포함)	6,000	2,000

수도권 과밀억제권역

• 서울특별시, 의정부시, 구리시, 하남시, 고양시, 수원시, 성남시, 안양시, 부천시, 광명시, 과천시, 의왕시, 군포시,시흥시(반월특수지역은 제외한다)

• 인천광역시(강화군, 옹진군, 서구 대곡동 · 불로동 · 마전동 · 금곡동 · 오류동 · 왕길동 · 당하동 · 원당동, 인천경제자유구역 및 남동 국가산업단지는 제외한다)

• 남양주시(호평동, 평내동, 금곡동, 일패동, 이패동, 삼패동, 가운동, 수석동, 지금동 및 도농동만 해당한다)

■ 참고 2. 상가용 소액임차금 범위표

(단위 : 만 원)

기준일	지역	적용대상	환산보증금	최우선변제액
2002.11.01 ~ 2008.08.20	서울특별시	2억 4천	4,500	1,350
	과밀억제권역	1억 9천	3,900	1,170
	광역시(군지역 및 인천광역시 제외)	1억 5천	3,000	900
	그 밖의 지역	1억 4천	2,500	750
2008.08.21 ~ 2010.07.25	서울특별시	2억 6천	4,500	1,350
	과밀억제권역	2억 1천	3,900	1,170
	광역시(군지역 및 인천광역시 제외)	1억 6천	3,000	900
	그 밖의 지역	1억 5천	2,500	750
2010.07.26 ~ 2013.12.31	서울특별시	3억원	5,000	1,500
	수도권 과밀억제권역	2억 5천	4,500	1,350
	광역시(수도권정비계획법에 따른 과밀억제권역에 포함된 지역과 군지역 제외), 안산,용인,김포,광주시 포함	1억 8천	3,000	900
	그 밖의 지역	1억 5천	2,500	750
2014.01.01 ~ 2018.01.25	서울특별시	4억원	6,500	2,200
	수도권 과밀억제권역	3억원	5,500	1,900
	광역시(수도권정비계획법에 따른 과밀억제권역에 포함된 지역과 군지역 제외), 안산,용인,김포,광주시 포함	2억 4천	3,800	1,300
	그 밖의 지역	1억 8천	3,000	1,000
2018.01.26 ~ 2019.04.01	서울특별시	6억 1천	6,500	2,200
	수도권 과밀억제권역(서울특별시 제외)	5억원	5,500	1,900
	부산광역시(기장군 제외)	5억원	3,800	1,300
	부산광역시(기장군)	5억원	3,000	1,000
	광역시(수도권정비계획법에 따른 과밀억제권역에 포함된 지역과 군지역, 부산광역시는 제외), 경기안산,용인,김포,광주 포함	3억 9천	3,800	1,300
	세종특별자치시, 파주시, 화성시	3억 9천	3,000	1,000
	그 밖의 지역	2억 7천	3,000	1,000
2019.04.02 ~	서울특별시	9억원	6,500	2,200
	수도권 과밀억제권역(서울특별시 제외)	6억 9천	5,500	1,900
	부산광역시(기장군 제외)	6억 9천	3,800	1,300
	부산광역시(기장군)	6억 9천	3,000	1,000
	광역시(수도권정비계획법에 따른 과밀억제권역에 포함된 지역과 군지역, 부산광역시는 제외), 경기안산,용인,김포,광주 포함	5억 4천	3,800	1,300
	세종특별자치시, 파주시, 화성시	5억 4천	3,000	1,000
	그 밖의 지역	3억 7천	3,000	1,000

환산보증금 : 보증금 + (월세 x 100)

수도권 과밀억제권역

* 서울특별시, 의정부시, 구리시, 하남시, 고양시, 수원시, 성남시, 안양시, 부천시, 광명시, 과천시, 의왕시, 군포시,시흥시(반월특수지역은 제외한다)

* 인천광역시(강화군, 옹진군, 서구 대곡동 · 불로동 · 마전동 · 금곡동 · 오류동 · 왕길동 · 당하동 · 원당동, 인천경제자유구역 및 남동 국가산업단지는 제외한다)

* 남양주시(호평동, 평내동, 금곡동, 일패동, 이패동, 삼패동, 가운동, 수석동, 지금동 및 도농동만 해당한다)

임대주가 채무초과 소액임차인을 폭탄주를
상태에서 입주시켜 만들면

사해행위에 해당된다

02

등기상
주요 권리

대지권 미등기 아파트 낙찰 시 대지권이전등기 가능한가?

Q/ 이 사건 매각대상이 아파트(집합건물)인데 대지권 미등기 상태입니다. 이 경우 매수인(낙찰자)이 사후에 대지권이전등기를 취득할 수 있는지 궁금합니다.

A 집합건물의 분양자가 수분양자에게 대지지분에 관한 소유권이전등기나 대지권변경등기는 지적정리 후 해주기로 하고 우선 전유부분만 소유권이전등기를 마쳐 주었는데, 그 후 대지지분에 관한 소유권이전등기나 대지권변경등기가 안 된 상태에서 전유부분에 대한 경매절차가 진행되어 제3자가 전유부분을 경락받은 경우, 그 경락인은 집합건물의 소유 및 관리에 관한 법률 제2조 제6호의 대지사용권을 취득합니다. 이는 수분양자가 분양자에게 그 분양대금을 완납한 경우는 물론이고 완납하지 못한 경우에도 마찬가지입니다.

경락인은 대지사용권 취득의 효과로서 분양자와 수분양자를 상대로 분양자로부터 수분양자를 거쳐 순차로 대지지분에 관한 소유권이전등기 절차를 마쳐줄 것을 구하거나 또는 분양자를 상대로 대지권변경등기 절차를 마쳐줄 것을 구할 수 있다는 것이 판례(대법원 2004다58611 판결)입니다.

다만 매각물건명세서에 의하면 "사실조회 결과 소유자가 분양대금을 완납하지 아니하여 매수인이 분양자에 대하여 건물의 대지에 대한 소유권이전등기와 대지권변경등기를 구함에 있어서 분양사가 분양대금 미납을 이유로 동시이행항변권을 행사할 것이다"라는 내용이 있습니다. 즉 분양자는 수분양자의 분양대금 미지급을 이유로 동시이행항변을 할 수 있다는 판례(대법원 2004다58611 판결)를 감안하면, 대지권변경등기 청구 시에 시행사와 미분양대금으로 인한 법적분쟁이 발생할 수는 있겠습니다.

변호사와 시행사 등을 찾아가 대지권 미등기 사유와 동시이행항변권을 행사할 수 있을지 여부 등에 대하여 심층적인 탐문조사를 해본 후에 입찰하는 것이 안전할 것으로 사료됩니다.

조 회 수	(단순조회 / 5분이상 열람) · 금일 1 / 0 · 금회차공고후 176 / 31 · 누적 370 / 46	조회통계

소 재 지	인천 서구 왕길동 오류지구81블럭1,3로트 검단자이2단지 204동 3층 303호 [도로명주소]	
용 도	아파트	감 정 가	**282,000,000**
토지 면적	0m² (0평)	최 저 가	**197,400,000** (70%)
건물 면적	85m² (26평)	보 증 금	19,740,000 (10%)
경매 구분	임의경매	소 유 자	최●숙
청 구 액	166,356,079	채 무 자	최●숙
채 권 자	에프에스케이엔1512유동화전문유한회사(양도인:㈜신한은행) (이전)		
주 의 사 항	· 대지권미등기 [특수件분석신청]		

■ **감정서요약** (2015.10.14 태평양감정)

소재지	용도/상태	경매면적	감정가
[404-290] 왕길동 오류지구81블럭1,3로트 · 총 15층 · 보존-2011.01.27 · 승인-2010.12.28	3층 대지권 · 대지권미등기		84,600,000
	204동 303호 [33평형]	84.7m² (25.6평) 전용 84.7m² (25.6평) 공용 29.2m² (8.8평)	197,400,000
		1m²당 3,329,398 1평당 11,015,625	계 282,000,000
	▶단봉초등교남동측인근 ▶차량출입가능 ▶대중교통사정보통 ▶오류토지구획정리사업지구로서미고시됨	▶주변아파트단지및생활편익시설등형성 ▶인근버스(정)소재 ▶난방설비	

■ **등기부현황** (열람일자:2016-07-13)

접수일자	권리종류	권리자	채권금액 예상배당액	말소	비고
2013-04-10	소유권	최●숙			
2013-04-10	근저당권	신한은행 산곡동	194,400,000 194,400,000	말소	말소기준등기
2013-04-10	근저당권	한국토지신탁	119,880,000 29,919,145	말소	
2015-06-26	가압류	농협은행 안양여신관리단	5,539,509	말소	2015 카단 4274 인천 ⒼⒹ
2015-10-08	임의	신한은행 여신관리부		말소	경매기입등기
2015-12-14	가압류	케이비캐피탈 서울	6,060,585	말소	2015 카단 2821 수원 안양 ⒼⒹ
2016-02-24	압류	인천시서구		말소	
등기부채권총액 : 325,880,094					

■ **참고사항**

· 본 건 대지권의 목적인 토지는 환지예정지로, 대지권 미등기이나 평가에 포함.(2015. 11. 11.자 사실조회회보서에 의하면 소유자가 분양대금을 완납하지 아니하여 매수인이 분양자에 대하여 건물의 대지에 대한 소유권이전등기와 대지권변경등기를 구함에 있어, 분양사가 분양대금 미납을 이유로 동시이행항변권을 행사할 것이라고 함. 대지권등기는 미납대금 납부 후에 인천도시종합건설본부의 오류토지구획정리사업이 준공된 후 가능함.)
· 건물만의 가격은 197,400,000원임(감정평가서 참조)

토지소유권이전등기청구권에 압류가처분이 있는 경우 소유권 이전 가능한가?

Q/ 대지권 미등기된 상태에서 구분건물(광○프라자 5층 503호)에 대한 임의경매사건인데, 법원기록에 의하면 토지소유권이전등기청구권에 대한 압류 등으로 소유권 이전이 불가하다는 내용이 있습니다. 이 경우 낙찰로 소유권을 취득한 후 대지권이전등기를 하는 데 있어 특별히 문제 되지 않는지 궁금합니다.

A 매각물건명세서에 의하면 "채무자 겸 소유자(유○정)는 한국토지주택공사로부터 이 사건 구분건물의 대지권 지분을 이전받는 내용의 확정판결을 받았으나, 등기는 마치지 아니한 상태이다. 다만 이 사건 집합건물 중 일부 구분건물(901호 등)은 대위등기를 통해 토지지분을 이전받은 후 대지권등기를 경료한 사례가 있다"는 내용이 있습니다.

즉 대지권의 목적인 토지 소유자에게 토지대금이 완납되었고, 이 사건 채무자 겸 소유자(유○정) 외 22인(원고)이 토지 소유자인 한국토지주택공사 외 2인(피고)을 상대로 대지지분 이전등기절차 이행청구소송을 제기한 결과 원고가 승소한 것으로 판결이 확정된 사실이 있습니다. 이를 감안하면 이 사건의 매수인(낙찰자)도 소유권을 취득한 후 전 소유자(유○정)를 대위(등기)하여 대지권을 취득할 것으로 예상됩니다.

그런데 법원기록을 보면 "토지에 소유권이전등기청구권 가압류 및 가처분 금지명령 등 채권압류로 소유권 이전이 불가하다는 한국토지주택공사의 회신서가 있다"는 내용이 있는데, 부동산에 대한 압류가 아니라 채권압류라는 점에서 대지권등기에 영향을 끼치지는 않을 것으로 예상됩니다.

다만 안전을 기하는 의미에서 사전에 변호사나 법무사 등 법률(등기) 전문가를 찾아가 대지권이전등기에 문제는 없는지와 소유권이전청구권 가압류 등의 해결방안에 대하여 구체적인 상담을 받아본 후에 입찰하는 것이 바람직합니다.

인천26계 2015-47770[3] 논현동 상가

지지옥션

관련 물건번호	‹	1 매각	2 매각	3 매각	›

소 재 지	인천 남동구 논현동 631-8 광성프라자 5층 503호 (21653) 인천 남동구 청능대로 581		
용 도	상가	감 정 가	320,000,000
토지 면적	0m²(0평)	최 저 가	320,000,000 (100%)
건물 면적	196m²(59평)	보 증 금	32,000,000 (10%)
경매 구분	임의경매	소 유 자	유■정
청 구 액	742,422,250	채 무 자	유■정
채 권 자	㈜씨■홀딩스(양도전:에이피제4에이유동화전문유한회사)		
주의 사항	·대지권미등기 [특수件분석신청]		

■ 감정서요약 (2015.10.05 로고스감정)

소재지	구분	용도/상태	경매면적	감정가
[405-300] 논현동 631-8 5층 503호	토지	5층 대지 ·대지권미등기		96,000,000
	건물	5층 당구장	196m² (59.3평) 전용 196m² (59.3평) 공용 111.6m² (33.8평)	224,000,000
			계 320,000,000	

일반상업지역 / 1종지구단위계획구역(건폐율,용적율,층수,건축물용도(자세한사항별도확인:건축과)도시관리계획(도시관리과453-2952)) / 과밀억제권역

· 총 12층 · 보존-2008.01.18
· 승인-2008.01.17

▶철콘라멘조평스라브지붕
▶수인선인천논현역북동측인근
▶차량출입가능
▶제반교통상황무난
▶남측및북측광대로,소로2면접합
▶광로3류(폭40-50m),소로1류(폭10-12m)접합

▶1,2종근린생활시설및교육연구시설
▶주위근린생활시설및업무시설등소재
▶인근버스(정)및수인선인천논현역소재
▶가장형토지

■ 참고사항

· 1.미등기 대지권 있으며 그 비율은 782.3분의 29.73임, 최저매각가격에 대지권 가격이 포함됨.
· 2.토지대금 완납하였으나, 토지에 소유권이전등기청구권가압류 및 가처분금지명령 등 채권압류로 소유권이전 불가하다는 한국토지주택공사의 2015. 11. 2.자 회신서 있으나, 채권자는 한국토지주택공사의 회신에 대하여 토지등기사항증명서상 권리제한 사항이 없다고 주장
· 3.채무자 유■정은 한국토지주택공사로부터 이 사건 구분건물의 대지권 지분을 이전받는 내용의 확정판결을 받았으나(인천지방법원 2011가합13421 판결), 등기는 마치지 아니한 상태임[이 사건 건물 901, 902호의 경우 대위등기 등을 통해 토지 지분을 이전받은 후 대지권 등기를 경료한 사례가 있으니 참고하시기 바람(이 사건 토지 등기사항증명서 참조)].
· 4.당구장으로 이용중임.

배당요구를 한 선순위 가등기, 낙찰자에게 인수되는가?

Q 이 사건의 등기사항전부증명서상 선순위 가등기(권리자 지○자)가 낙찰로 소유권을 취득한 후에 가등기권자가 본등기를 할 경우에 소유권이 상실되는지 궁금합니다.

A 가등기는 소유권이전청구권 보전가등기(순위보전가등기)와 담보가등기로 구분되는데, 선순위 가등기가 순위보전을 위한 가등기일 때에는 매수인이 인수하는 권리이지만, 담보가등기일 때에는 매수인이 인수하는 권리가 아니라 저당권으로 간주되며 우선변제권을 부여합니다(가등기담보등에 관한 법률 제13조).

그런데 법원 문건접수 내역에 의하면 2014년 10월 29일자로 가등기권자(지○자)가 배당요구신청서를 제출하였고, 법원 매각물건명세서상에 최선순위 설정일자(말소기준 권리일자)를 2009년 9월 16일자 소유권이전청구권 가등기라고 기재하였다는 점을 감안하면, 이 사건의 선순위 가등기는 담보가등기로 간주됨에 따라 매각(낙찰)으로 소멸되는 권리입니다.

※ **참조 법률조문**

가등기담보 등에 관한 법률 제13조(우선변제청구권)

담보가등기를 마친 부동산에 대하여 강제경매등이 개시된 경우에 담보가등기권리자는 다른 채권자보다 자기채권을 우선변제 받을 권리가 있다. 이 경우 그 순위에 관하여는 그 담보가등기권리를 저당권으로 보고, 그 담보가등기를 마친 때에 그 저당권의 설정등기(設定登記)가 행하여진 것으로 본다. [전문개정 2008.3.21.]

인천1계 2014-62192 영흥면 숙박

조 회 수	(단순조회 / 5분이상 열람) ·금일 2 / 1 ·금회차공고후 220 / 57 ·누적 706 / 150				조회통계

소 재 지	인천 옹진군 영흥면 선재리 629-1 가동 [일괄]나동, (23122) 인천 옹진군 영흥면 선재로317번길 17		
용 도	숙박	감 정 가	2,013,053,500
토지 면적	2,314㎡ (700평)	최 저 가	986,396,000 (49%)
건물 면적	1,205㎡ (365평) 제시외 126.8㎡ (38.36평)	보 증 금	98,639,600 (10%)
경매 구분	강제경매	소 유 자	서●만
청 구 액	272,105,438	채 무 자	서●만
채 권 자	김●오		
주의 사항	·유치권 ·선순위가등기 [특수件분석신청]		

■ **건물등기부** (열람일자:2016-02-09) ※ 건물의 권리관계로만 분석되었으므로, 실제와 차이가 있을 수 있습니다. (토지등기부 확인필)

접수일자	권리종류	권리자	채권금액 예상배당액	말소	비고
2009-09-16	가등기	지●자		말소	말소기준등기
2009-12-07	가처분	서●만		말소	2009 카합 2433 인천 지미자가등기 처 GO
2013-07-30	소유권	서●만			
2014-02-24	근저당권	신북농협	780,000,000 780,000,000	말소	
2014-08-29	강제	김●오	272,105,438 272,105,438	말소	경매기입등기
2015-03-09	근저당권	서●순	700,000,000	말소	
2015-10-23	압류	인천시옹진군		말소	
등기부채권총액 : 1,752,105,438					

▌문건처리내역

접수일	접수내역
2014.09.01	등기소 동인천등기소 등기필증 제출
2014.09.15	근저당권자 신북농업협동조합 채권계산서 제출
2014.09.19	기타 인천지법 집행관실 현황조사서 제출
2014.09.25	교부권자 시흥세무서 교부청구 제출
2014.09.29	교부권자 국민건강보험공단 시흥지사 교부청구 제출
2014.09.29	교부권자 국민건강보험공단 시흥지사 교부청구 제출
2014.10.14	감정인 미래새한감정평가법인 경인지사 감정평가서 제출
2014.10.29	가등기권자 지●자 배당요구신청 제출

선순위 소유권이전등기청구권 가등기의 주의사항과 제척기간

Q 이 사건에 등기사항전부증명서상 선순위 가등기가 있는데, 그 가등기는 매매예약을 등기원인으로 한 소유권이전등기청구권 가등기입니다. 이 경우 매수인이 낙찰을 받아 소유권을 취득한 후에 가등기권자가 가등기에 기하여 본등기를 할 경우에 매수인이 소유권을 상실하는지 궁금합니다.

A 법원 매각물건명세서를 보면 "갑구 2번 소유권이전청구권 가등기(1982.1.19)는 말소되지 않고 매수인이 인수하며, 만약 가등기된 매매예약이 완결된 경우에는 매수인이 소유권을 상실하게 된다"라는 특별매각조건이 있습니다.

그런데 가등기에 의한 매매예약의 완결권(본등기)은 일종의 형성권으로, 당사자 사이에 그 행사기간을 약정한 때에는 그 기간 내에, 그러한 약정이 없는 때에는 예약이 성립한 때부터 10년 내에 행사하여야 하고, 그 기간을 지난 때에는 매매예약 완결권은 제척기간의 경과로 소멸하고, 당사자간에 약정이 있는 경우에도 10년 이내에 행사하여야 한다는 것이 판례(대법원 94다22682 판결)입니다. 이 판례를 감안하면 이 사건의 선순위 가등기는 10년의 제척기간이 만료하여 소멸되는 것이 원칙입니다.

다만 매수인이 대금을 완납한 이후에 소유권이전등기와 가등기말소등기 촉탁을 하게 되는데, 말소등기 촉탁 시에 '소멸되지 않는 권리'라는 특별매각조건이 있으므로, 이 선순위 가등기를 말소하려면 당사자 간의 합의 또는 별도로 가등기말소 청구소송을 제기하여 승소한 후에 말소해야 한다는 점을 주의하시기 바랍니다.

조 회 수	(단순조회 / 5분이상 열람) ·금일 2 / 0 ·금회차공고후 62 / 10 ·누적 210 / 20			조회통계

소 재 지	인천 강화군 양도면 하일리 711 [도로명주소]		
용 도	답	감 정 가	61,887,000
토지 면적	1,263㎡ (382평)	최 저 가	30,325,000 (49%)
건물 면적	0㎡ (0평)	보 증 금	3,032,500 (10%)
경매 구분	임의경매	소 유 자	권■춘
청 구 액	30,000,000	채 무 자	권■춘
채 권 자	김■입		
주의 사항	·선순위가등기 ·농지취득자격증명 [특수件분석신청] ·소멸되지 않는 권리 : 갑구2번 소유권이전청구권가등기 (1982.01.19.등기)는 말소되지 않고 매수인이 인수함. 만약 가등기 된 매매예약이 완결되는 경우에는 매수인이 소유권을 상실하게 됨.		

■ **감정서요약** (2012.10.22 다솔감정)

소재지	구분	용도/상태	경매면적	감정가
[417-853] 양도면 하일리 711	토지	답	1263㎡ (382.1평)	61,887,000 1㎡당 49,000 1평당 161,965

표준공시지가 : 23,000원 / 감정지가 : 49,000원
-농취증필요
농림지역 / 농업진흥구역
▶양도면사무소남서측인근   ▶주위전,답,임야등혼재한농경지대
▶교통사정다소불편   ▶버스(정)인근소재
▶부정형토지   ▶북서측도로접함
▶문화재보호법제34조(허가사항),제90조(건설공사시문화재보호),제91조(문화재지표조사)및인천시문화재
보호조례제25조의2에의한문화재관련인허가사항확인바람

■ **등기부현황** (열람일자:2016-03-16)

접수일자	권리종류	권리자	채권금액 예상배당액	말소	비고
1981-08-29	소유권	권■춘			
1982-01-19	가등기	이■구		인수	
2001-10-04	압류	서인천세무서		말소	말소기준등기
2003-02-19	압류	강화군		말소	
2005-05-16	근저당권	김■입	30,000,000 30,000,000	말소	
2012-10-02	임의	김■입		말소	경매기입등기
등기부채권총액 : 30,000,000					

■ **참고사항**

·갑구2번 소유권이전청구권가등기(1982.01.19등기)는 말소되지 않고 매수인이 인수함. 만약 가등기된 매매예약이 완결되는 경우에는
매수인이 소유권을 상실하게 됨
·농지취득자격증명 제출요(미제출시 보증금 몰수함).

제척기간 경과 가등기 말소방법

선순위 가등기 인수조건이 있을 때의 말소방법

매매예약 완결권(본등기)은 일종의 형성권으로, 그 예약이 성립한 때로부터 10년 이내에 행사하여야 하고 그 기간이 지난 때에는 소멸하며, 또한 당사자 간 합의로 매매예약 완결권의 행사기간을 10년 이상으로 연장하였다고 하더라도 10년의 제척기간이 경과하면 소멸한다는 것이 판례이다(대법원 94다22682 판결). 이를 제척기간이라고 하는데, 권리자가 권리를 행사할 수 있음에도 이를 행사하지 않는 상태로 일정기간이 경과한 경우에는 그 권리의 소멸을 인정하는 제도이다. 소멸시효와 유사한 제도이지만 중단이나 정지 사유가 없다는 점에서 소멸시효와 구분된다.

경매절차에서 선순위 가등기가 등기된 후 10년이 경과하였음에도 매수인이 인수한다는 특별매각조건이 붙기도 하는데, 이는 소유권이전등기와 말소등기 촉탁을 신청할 때 말소등기 촉탁 대상이 될 수 없다는 의미이다. 이 경우 매수인은 가등기권자와의 합의에 따르거나, 합의에 이를 수 없을 때에는 가등기말소 청구소송을 제기하여 승소하면 단독으로 말소등기를 신청할 수 있다.

근저당권과 담보가등기의 차이

근저당권은 당연 배당권자, 담보가등기는 채권계산서 제출해야

'근저당권'은 첫 경매개시결정등기 전에 설정되었다면 근저당권자의 배당요구 신청과 관계없이 우선변제(배당)를 받을 수 있으며, 이를 당연 배당권자라고 한다.

'가등기권'은 소유권이전청구권 보전가등기(순위보전가등기)와 담보가등기로 구분하는데, 매각대상 부동산에 가등기가 되어 있으면 집행법원은 가등기권자에게 '해당 가등기가 담보가등기인 경우에는 그 내용과 채권의 존부(存否)와 원인 및 금액', '담보가등기가 아닌 경우에는 해당 내용'을 신고하게끔 최고하도록 규정하고 있다. 만약 가등기권자가 담보가등기라고 신고한 경우에는 저당권과 같은 말소기준권리로, 우선변제권을 부여하고 매각으로 소멸되는 권리이다.

가등기가 담보가등기가 아니라고 신고했거나 신고를 하지 않은 경우에는 순위보전가등기로 본다. 이 순위보전가등기가 선순위이면 매수인(낙찰자)이 인수해야 하고, 경우에 따라 소유권을 상실할 수도 있으므로 주의해야 한다(가등기담보등에 관한 법률 제15조, 제16조).

선순위처분금지 가처분등기가
인수될 때와 소멸될 때

Q/ 이 사건에서 등기사항전부증명서상 말소기준권리보다 우선하여 선순위 가처분을 매수인이 인수해야 하는지 궁금합니다.

A 매각대상인 건물의 등기사항전부증명서(등기부등본)를 보면, 2015년 3월 20일자 갑구 순위번호 2번에 선순위가처분등기가 있는데, 그 피보전권리가 '민법 제666조에 기한 수급인의 저당권설정청구권'입니다. 이 가처분등기 후에 2015년 4월 15일자 을구 순위번호 1번 근저당권(채권자 웅○수협)이 설정되었는데, 을구 순위번호 2번의 근저당권 설정등기 등기원인이 '2015년 3월 20일 가처분(선순위 가처분)'입니다.

부동산에 관하여 처분금지가처분의 등기가 완료된 후에 가처분권자가 본안소송에서 승소판결을 받아 확정되면, 가처분의 피보전권리의 범위 내에서 가처분에 저촉되는 처분행위는 효력이 없고, 이때 그 처분행위가 가처분에 저촉되는 것인지 여부는 그 처분행위에 따른 등기와 가처분등기의 선후에 의하여 정해진다는 것이 판례입니다(대법원 2000다65802, 2000다65819 판결).

그리고 법원 매각물건명세서를 보면 일명 말소기준권리로서 최선순위 설정일자에 '2015년 3월 20일자 수급인의 저당권설정등기청구권 가처분'으로 기재되어 있다는 점을 감안하면, 위 대법원 판례에 따라 을구 순위번호 2번의 근저당권이 순위번호 1번보다 선순위가 되는 것입니다. 즉 이 사건의 선순위 가처분은 피보전권리인 근저당권설정청구권이 실현되어 가처분의 목적이 달성되었기 때문에 매수인(낙찰자)이 인수하는 권리는 아니며, 매각으로 인하여 선순위 가처분은 소멸되는 권리입니다.

서부6계 2015-5947 갈현동 근린시설

 지지옥션

조회수	(단순조회 / 5분이상 열람) ·금일 2 / 0 ·금회차공고후 522 / 97 ·누적 2,030 / 338	조회통계

소재지	서울 은평구 갈현동 504-3 (03324) 서울 은평구 갈현로 231-1		
용 도	근린시설	감 정 가	1,370,676,000
토지 면적	196㎡ (59평)	최 저 가	877,233,000 (64%)
건물 면적	455㎡ (138평)	보 증 금	87,723,300 (10%)
경매 구분	임의경매	소 유 자	김■우
청 구 액	719,141,660	채 무 자	한■라
채 권 자	옹진수산업협동조합		
주 의 사 항	·유치권 [특수件분석신청]		

■ 건물등기부 (열람일자:2016-02-29) ※ 건물의 권리관계로만 분석되었으므로, 실제와 차이가 있을 수 있습니다.(토지등기부 확인필)

접수일자	권리종류	권리자	채권금액 예상배당액	말소	비고
2015-03-20	소유권	김■우			
2015-03-20	가처분	정■수		인수	2015 카합 205 서울서부 GO
2015-04-15	근저당권	옹진수협 심곡남	840,000,000 840,000,000	말소	말소기준등기
2015-05-08	임의	옹진수협 심곡남		말소	경매기입등기
2015-07-01	압류	서울시은평구		말소	
2015-10-20	저당권	정■수	445,570,000	말소	

등기부채권총액 : 1,285,570,000
건물등기임

주요 등기사항 요약 (참고용)

[주 의 사 항]

본 주요 등기사항 요약은 증명서상에 말소되지 않은 사항을 간략히 요약한 것으로 증명서로서의 기능을 제공하지 않습니다.
실제 권리사항 파악을 위해서는 발급된 증명서를 필히 확인하시기 바랍니다.

[건물] 서울특별시 은평구 갈현동 504-3   고유번호 2742-2015-002093

1. 소유지분현황 (갑구)

등기명의인	(주민)등록번호	최종지분	주 소	순위번호
김■우 (소유자)	570303-*******	단독소유	서울특별시 은평구 통일로 796, 109동 ■호(불광동,북한산 힐스테이트7차아파트)	1

2. 소유지분을 제외한 소유권에 관한 사항 (갑구)

순위번호	등기목적	접수정보	주요등기사항	대상소유자
2	가처분	2015년3월20일 제19258호	피보전권리 민법 제666조에 기한 수급인의 저당권설정청구권 채권자 정■수	김■우
3	임의경매개시결정	2015년5월8일 제34458호	채권자 옹■수산업협동조합	김■우
4	압류	2015년7월1일 제48843호	권리자 서울특별시은평구	김■우

- 서울서부지방법원 2015-5947 [1] 매각물건명세서 -

서울 은평구 갈현동 504-3

사건	2015타경5947	매각물건번호	1	담임법관(사법보좌관)	
작성일자	2016.05.04	최선순위 설정일자		목록1) 2013.08.08(근저당) 목록2) 2015.03.20(수급인의 저당권설정등기청구권 가처분)	

선순위 가처분권자가
경매신청자일 때 인수 여부

Q 매각물건명세서를 보면 "2015년 10월 12일자 선순위가처분등기(피보전권리: 공유물분할청구권)는 매각으로 소멸하지 않고 매수인에게 인수된다"는 내용이 있는데, 매수인이 그 가처분을 말소하는 등 해결할 수 있는 방법이 있는지 궁금합니다.

A 이 사건은 일명 말소기준권리로서 2016년 2월 11일자 임의경매등기를 포함, 그 이하 모든 권리는 매각(소멸)으로 인하여 소멸하게 됩니다.

그런데 말소기준권리보다 우선하는 선순위가처분권리는 매각으로 소멸되지 않고 인수되는 것이 일반적이지만, 이 선순위 가처분 내역을 보면 '공유물분할청구권'이고, 이 가처분권자가 경매신청 채권자와 동일인이라는 점에서 가처분 목적을 달성하였기 때문에 매수인이 실질적으로 소유권 취득에 있어 영향을 받거나 인수사항이 발생하지는 않습니다. 다만 소유권 취득 후 등기상에 없어지지 않고 남아 있을 가처분을 말소하기 위해서는 그 가처분권자와 협의를 통하여 해결하거나, 합의가 원만하지 않을 경우 별도의 '가처분결정취소신청서'를 제출하여 대응하면 되겠습니다.

 지지옥션

과거사건	진주4계 2015-4275

조 회 수	(단순조회 / 5분이상 열람) · 금일 2 / 1 · 금회차공고후 103 / 11 · 누적 385 / 73	조회통계

소 재 지	경남 진주시 대안동 16-4 (52683) 경남 진주시 진주대로 1077		
용 도	근린시설	감 정 가	3,528,144,260
토지 면적	246㎡ (74평)	최 저 가	2,822,515,000 (80%)
건물 면적	808㎡ (244평) 제시외 51.5㎡ (15.58평)	보 증 금	282,251,500 (10%)
경매 구분	형식경매(공유물분할)	소 유 자	서■숙외5
청 구 액	1,197,984,430	채 무 자	서■숙외4
채 권 자	강■임		
주의 사항	· 선순위가등기 · 선순위가처분 특수件분석신청 · 소멸되지 않는 권리 : 갑구 순위 7번 최선순위 가처분등기(2015. 10. 12. 등기)는 매각으로 소멸하지 않고 매수인에게 인수됨(단, 경 매신청채권자와 일부 가처분권자는 동일인임).		

■ 건물등기부 (열람일자:2016-02-23)　※ 건물의 권리관계로만 분석되었으므로, 실제와 차이가 있을 수 있습니다. (토지등기부 확인필)

접수일자	권리종류	권리자	채권금액 예상배당액	말소	비고
2015-10-12	가처분	서■숙외2		인수	2015 카단 10558 창원 진주 GO
2015-10-20	가등기	이■영외3		인수	(주)세■에셋지분이전청구가등
2016-02-11	임의	강■임	1,197,984,430 1,197,984,430	말소	말소기준등기/경매기입등기
등기부채권액총액 : 0					

■ 참고사항

· 관련사건☞ 진주지원 2015가단32574 (공유물분할)

· 제시외건물[감정서상 ㄱ,ㄴ] 포함 매각. [목록2]는 제시목록상 철근콘크리트조 슬래브지붕이나 현황 및 일반건축물대장상 철근콘크리트조 및 시멘트벽돌조 슬래브지붕임. 건물 옥상 옥탑 및 조경수[가이즈까 향나무]는 건물가격에 포함평가됨.

7	3번강■원지분,강■임지분,5번 주식회사세븐에셋지분가처분	2015년10월12일 제59257호	2015년10월8일 창원지방법원 진주지원의 가처분결정(2015카단105 58)	피보전권리 공유물분할청구권 채권자 　서■숙 360317-******* 　　경상남도 진주시 진주대로 1317, ■■동 　　1402호(이현동,이현하이클래스웰가) 　강■임 680830-******* 　　경상남도 진주시 진주대로 1317, ■■동 　　1402호(이현동,이현하이클래스웰가) 　강■임 700517-******* 　　경상남도 진주시 진주대로 1317,■■동 　　1302호(이현동,이현하이클래스웰가) 금지사항 매매, 증여, 전세권, 저당권, 임차권의 설정 기타일체의 처분행위 금지

선순위 임차권은
매각으로 소멸되는가?

Q 이 사건의 집합건물(연립주택) 등기사항전부증명서상에 선순위 임차권(을구 순위번호 13번)이 등기되어 있는데, 매각(낙찰)으로 인하여 소멸되는지요?

A 임차권등기명령에 의하여 임차권등기를 한 임차인은 우선변제권을 가지며, 이 임차권등기는 기존 임차인이 갖고 있는 대항력이나 우선변제권을 유지하도록 해주는 담보적 기능을 주목적으로 하고 있습니다.

민사집행법 제148조 제4호의 "저당권·전세권, 그 밖의 우선변제청구권으로서 첫 경매개시결정 등기 전에 등기되었고 매각으로 소멸하는 것을 가진 채권자"에 준하여, 이 임차인은 별도로 배당요구를 하지 않아도 당연히 배당받을 채권자에 속한다는 것이 판례(대법원 2005다33039 판결)입니다.

즉 등기사항전부증명서상 선순위 임차권은 별도의 배당요구를 하지 않아도 당연히 배당받을 채권자에 해당하고, 매각물건명세서를 보면 최선순위 설정일자가 '2005년 7월 18일자 주택임차권'이라고 되어 있다는 점까지 감안하면, 이 임차권은 매각(낙찰)으로 보증금 전부를 배당받고 소멸되는 것이 원칙입니다.

다만 해당 사건의 경우 매각물건명세서(비고)를 보면 "박○래는 주택임차권자로 등기일은 2005년 7월 18일자이며, 이전 경매사건(고양지원 2005타경25133호)에서 1,200만 원이 배당되었다"라는 내용이 있습니다.

이 사건의 임차인은 이미 선행 경매절차에서 배당요구를 신청하였기 때문에 현재 진행 중인 후행 경매절차에서는 배당받을 수 없고, 보증금 전액을 변제받을 때까지 후행 경매사건 매수인(낙찰자)에게 대항할 수 있을 뿐입니다.

고양9계 2013-10891[3] 파주읍 연립

지지옥션

병합/중복	2012-40208(중복-김혜미), 2013-19638(중복-이상선), 2015-11799(중복-통조림가공수협외2), 2015-13160(중복-통조림가공수협)
과거사건	고양9계 2012-40208

조 회 수	(단순조회 / 5분이상 열람) ·금일 2 / 2 ·금회차공고후 108 / 21 ·누적 108 / 21	조회통계

관련 물건번호	<	1 매각	2 매각	3 매각	4 매각	5 매각	6 매각	7 매각	8 매각	9 매각	10 매각	>

소 재 지	경기 파주시 파주읍 연풍리 3-1 ,1-3 두나미스이레빌 102동 1층 103호 (현:두양엘린빌) (10834) 경기 파주시 파주읍 술이홀로 569		
용 도	연립	감 정 가	115,000,000
토지 면적	122㎡ (37평)	최 저 가	27,612,000 (24%)
건물 면적	75㎡ (23평)	보 증 금	5,522,400 (20%)
경매 구분	임의경매	소 유 자	두◼건설
청 구 액	389,279,759	채 무 자	박◼회외4
채 권 자	통조림가공수산업협동조합 ▸more		
주의 사항	·유치권 ·토지별도등기 ·선순위임차권 특수件분석신청		

■ 등기부현황 (열람일자:2016-03-15)

접수일자	권리종류	권리자	채권금액 예상배당액	말소	비고
2005-07-18	임차권	박◼래	28,000,000 28,000,000	인수	
2007-02-15	근저당권	통조림가공수협 방배동	455,000,000 26,907,813	말소	말소기준등기
2007-02-15	근저당권	통조림가공수협 방배동	390,000,000	말소	
2007-02-15	근저당권	통조림가공수협 방배동	520,000,000	말소	
2007-06-29	근저당권	통조림가공수협 방배동	221,000,000	말소	
2007-06-29	근저당권	통조림가공수협 방배동	650,000,000	말소	
2007-06-29	근저당권	통조림가공수협 방배동	650,000,000	말소	
2007-06-29	근저당권	양◼훈	300,000,000	말소	
2008-05-14	저당권	장◼팔외18	2,544,646,000	말소	

- 고양지원 2013-10891 [3] 매각물건명세서 -
경기 파주시 파주읍 연풍리 3-1 ,1-3 두나미스이레빌 102동 1층 103호 (현:두양엘린빌)

사건	**2013타경10891** 2012타경40208, 2013타경19638, 2015 타경11799, 2015타경13160(중복)	매각물건번호	3	담임법관(사법보좌관)	정◼석
작성일자	2016.03.15	최선순위 설정일자	2005.07.18. 주택임차권		
부동산 및 감정평가액 최저매각가격의 표시	부동산표시목록 참조	배당요구종기	..		

점유자의 성명	점유부분	정보출처 구분	점유의 권원	임대차 기간 (점유기간)	보증금	차임	전입신고일 자.사업자등 록신청일자	확정일자	배당요구 여부 (배당요구 일자)
박◼래	전부	등기사항 전부증명 서	주거 임차권자	2001.11.30.-	28,000,000		2002.03.05.	없음	
		현황조사	주거 임차권자						

<비고>
박◼래 : 주택임차권자로 등기일은 2005.07.18.임. 전경매(고양지원 2005타경25133호) 사건에서 12,000,000원이 배당됨.

원칙적으로 선순위 가처분은 낙찰자가 인수하고
후순위 가처분은 경매로 소멸되나 예외가 있다

가처분의 미래 1

원칙적으로 선순위 가처분은 인수, 후순위 가처분은 소멸

민사집행법 제91조는 "매각부동산 위의 모든 저당권은 매각으로 소멸된다. 또한 지상권, 지역권, 전세권 및 등기된 임차권은 저당권, 압류채권, 가압류채권에 대항할 수 없는 경우에는 매각으로 소멸된다"라고 규정하고 있다. 여기서 말하는 저당권, 압류채권, 가압류채권을 일명 말소기준권리라고 하는데, 담보가등기권은 저당권과 같은 효력이 있으며, 경매개시결정 기입등기는 압류로 본다.

이 말소기준권리보다 선순위에 있는 지상권, 지역권, 전세권, 등기된 임차권은 원칙적으로 소멸되지 않고 매수인이 인수하는데, 여기에 열거하지 않은 소유권이전청구권 가등기와 가처분권도 말소기준권리보다 선순위일 때에는 매각(낙찰)이 되더라도 원칙적으로 소멸되지 않고 매수인(낙찰자)이 인수하며, 후순위일 때에는 소멸되는 것이 원칙이다.

다만 가처분권과 관련하여 예외적으로 선순위인 경우에도 소멸되는 가처분이 있고, 후순위인 경우에도 인수하는 가처분이 있으므로 권리분석을 할 때 주의해야 한다.

가처분의 미래 2

선순위 가처분 목적을 달성하면 소멸되는 권리

선순위 가처분이라고 하여도 ① 가처분권자가 소유권을 취득한 경우 ② 가처분의 피보전권리가 근저당권설정청구권이고, 가처분권자가 근저당권을 설정한 경우 ③ 가처분권자가 강제경매신청채권자인 경우에는 목적을 달성한 가처분으로 소멸되는 권리로 볼 수 있다.

반면에 가처분의 피보전권리가 건물철거 및 토지인도청구권을 보존하고자 할 경우에는 비록 후순위이더라도 매수인이 인수해야 한다.

그 외에도 가처분을 한 이후 3년 동안(2005.7.28 이후에 한 가처분) 본안소송을 제기하지 아니한 경우에는 가처분채무자 또는 이해관계인은 그 취소를 신청할 수 있다(민사집행법 제288조). 그러므로 선순위 가처분권자가 3년 동안 본안소송을 제기하지 않았다면 그 가처분은 취소할 수 있다. 다만 매각물건명세서상 '소멸되지 않는 권리'라는 특별매각조건이 있을 경우에는 '가처분결정취소신청서'를 제출하여 대응하면 된다.

선순위 임차권자가 한전이고 송전선 때문일 때 매각 후 인수되는가?

Q 이 사건의 등기사항전부증명서상 선순위 임차권이 있는데, 그 내역을 보면 임차권자는 한국전력공사이고, 그 존속기간은 '송전선이 존속하는 기간 동안'으로 되어 있습니다. 이 경우 선순위 임차권에 대한 소멸청구를 할 수 있는 방법이 있는지 궁금합니다.

A 임차권은 임차 목적물을 사용·수익하고 차임(월세)을 지급할 것을 약정하게 되면 효력이 발생하는 권리로, 임차권은 채권이므로 제3자에 대하여 대항력을 주장할 수 없는 것이 원칙입니다.

다만 임차권을 등기하면 그때부터 제3자에 대하여 대항력이 발생하기 때문에 선순위로 등기된 임차권은 매수인(낙찰자)이 인수하는 것이 원칙입니다(민법 제621조, 민사집행법 제91조).

이 사건도 매각물건명세서를 보면 "소멸되지 않는 권리: 토지에 대하여 을구 3번 임차권 설정(1996.9.6. 임차권자 한국전력공사)은 말소되지 않고 매수인이 인수한다"라는 특별매각조건이 있습니다.

즉 이 사건의 임차권은 특별법에 의하여 설정된 최선순위로서 매각(낙찰)으로 소멸하지 않고 매수인이 인수하는 권리이며, 존속기간(송전선이 존속하는 기간) 동안 차임(일시에 지급하고 존속기간 중 차임을 증액하지 않는 것이 일반적)도 청구할 수 없다는 점을 감안하고 입찰하시기 바랍니다.

과거사건	통영1계 2013-494 , 통영4계 2014-7935

조 회 수	(단순조회 / 5분이상 열람) ·금일 2 / 1 ·금회차공고후 44 / 6 ·누적 305 / 22	조회통계

관련 물건번호	<	1 취하	2 종결	3 종결	4 취하	5 종결	6 취하	>

소 재 지	경남 고성군 대가면 송계리 26-12 [일괄]-1, 도로명주소		
용 도	과수원	감 정 가	900,064,000
토지 면적	28,127㎡ (8,508평)	최 저 가	294,933,000 (33%)
건물 면적	0㎡ (0평)	보 증 금	29,493,300 (10%)
경매 구분	임의경매	소 유 자	김◼회
청 구 액	2,500,000,000	채 무 자	김◼회
채 권 자	남울산(새)		
주의 사항	·선순위임차권 ·일부맹지 ·농지취득자격증명 특수件분석신청 ·소멸되지 않는 권리 : 임차권(1996.09.06. 등기)		

■ 등기부현황 (열람일자:2015-12-23)

접수일자	권리종류	권리자	채권금액 예상배당액	말소	비고
1996-09-06	임차권	한국전력공사		인수	
2004-06-25	소유권	김◼회			
2005-12-27	근저당권	남울산[새]	1,380,000,000 291,911,551	말소	말소기준등기
2005-12-27	지상권	남울산[새]		말소	
2008-03-03	근저당권	남울산[새]	2,388,000,000	말소	
2012-12-31	근저당권	신용보증기금 울산	324,000,000	말소	
2015-02-13	가등기	오◼석		말소	
2015-05-15	임의	남울산[새]		말소	경매기입등기
2015-08-12	압류	통영세무서		말소	
등기부채권총액 : 4,092,000,000					

■ 임차인현황

임차인/대항력	점유현황	전입/확정/배당	보증금/월세	예상배당액 예상인수액	인수
한국전력공사	일부 임차권자 등기부상	배당 1996-09-06	월 5,433,750	-	소멸
임차인수 : 1명 / 보증금합계 : 0 / 월세합계 : 5,433,750					

■참고사항

·목록4.는 매각으로 인하여 말소되지 않는 선순위 임차권 있음. 목록1.4.는 농지취득자격증명 필요(미제출시 보증금 몰수). 목록1.은 지적도상 맹지임. 목록4.는 송전선로(선하지)가 가설되어 있음.

선순위 전세권자가 경매를 신청한 경우,
미배당된 전세금을 인수하는가?

Q 선순위 전세권자가 전세권에 기하여 임의경매를 신청하였는데, 3회 차 최저매각가격(3,008만 원)에 낙찰될 것으로 예상해 본다면, 집행비용과 임금채권(근로복지공단 압류가 있음) 등을 감안했을 때 매수인 (낙찰자)이 미배당된 전세금을 인수해야 하나요?

A 민사집행법 제91조 제3항은 "지상권, 지역권, 전세권 및 등기된 임차권은 저당권, 압류채권, 가압류채권에 대항할 수 없는 경우에는 매각(낙찰)으로 소멸된다"고 규정하고 있습니다.

그런데 동법 동조 제4항에서는 "제3항의 경우 외의 지상권, 지역권, 전세권 및 등기된 임차권은 매수인이 인수한다. 다만 그중 전세권의 경우에는 전세권자가 88조(배당요구)에 따라 배당요구를 신청하면 매각(낙찰)으로 소멸된다"고 규정하고 있습니다.

이 사건의 선순위 전세권자가 임의경매를 신청하였기 때문에 배당을 신청한 것으로 간주되고 주임법상 대항력도 없기 때문에, 매각으로 인하여 선순위 전세권은 전세금을 전부 배당받지 못하더라도 소멸되는 권리입니다.

참고로 전세권자가 전세권자로서의 지위와 함께 주임법상 대항력을 갖추고 있을 때에는 매수인은 배당받지 못하는 전세금(보증금)을 인수할 수도 있습니다.

울산3계 2015-100176 달동 다세대

조 회 수	(단순조회 / 5분이상 열람) ·금일 2 / 1 ·금회차공고후 80 / 19 ·누적 255 / 39	조회통계

소 재 지	울산 남구 달동 1308-12 해피빌원룸 4층 403호 (44720) 울산 남구 화합로111번길 12-5		
용 도	다세대	감 정 가	**47,000,000**
토지 면적	13㎡ (4평)	최 저 가	**30,080,000** (64%)
건물 면적	28㎡ (9평)	보 증 금	3,008,000 (10%)
경매 구분	임의경매	소 유 자	이◯미
청 구 액	30,000,000	채 무 자	이◯미
채 권 자	유◯투자증권 ㈜		

■ 등기부현황 (열람일자: 2016-02-09)

접수일자	권리종류	권리자	채권금액 예상배당액	말소	비고
2001-01-16	소유권	이◯미			
2001-02-13	전세권	유◯투자증권	30,000,000 30,000,000	말소	말소기준등기
2004-01-29	근저당권	이◯곤	87,000,000 9,128,740	말소	
2004-12-04	가압류	최◯도	30,000,000	말소	2004 카단 17031 울산 GO
2004-12-09	가압류	한국자산관리공사 신용관리실	8,730,628	말소	2004 카단 144368 서울중앙 GO
2007-06-01	가압류	롯데카드	11,086,769	말소	2007 카단 3252 울산 GO
2008-07-22	압류	근로복지공단 울산지사		말소	
2009-04-21	압류	조◯일		말소	
2010-11-17	가압류	유◯투자증권	30,000,000	말소	2010 카단 6994 서울북부 유진투자증권 근저압류 GO
2012-03-15	압류	국민건강보험공단 울산남부지사		말소	
2013-03-15	압류	유◯투자증권		말소	
2015-05-08	임의	유◯투자증권		말소	경매기입등기

등기부채권총액 : 196,817,397

■ 임차인현황

임차인/대항력	점유현황	전입/확정/배당	보증금/월세	예상배당액 예상인수액	인수
유◯투자증권 전세권자	[주거] 전부 전세권자 등기부상 점유 2003.02.07까지		보 30,000,000	30,000,000	소멸

임차인수 : 1명 / 보증금합계 : 30,000,000 / 월세합계 : 0

현장조사 시 폐문부재로 점유자(임차인)를 만나지 못하여 동사무소 전입세대 주민등록열람한 바, 전입세대 없음.

선순위 전세권자가 주임법상 임차인으로서
배당요구를 신청한 경우

Q/ 매각물건명세서를 보면 "최선순위 전세권자 겸 주택임차권자 안○태는 임차인의 지위에 기하여 배당요구를 한 것이고, 전세권자로서의 지위에 기하여 배당요구를 한 것은 아니므로, 을구 1번 전세권설정등기 (접수 2011.10.4)는 매수인에게 인수될 수 있다"는 내용이 있습니다. 이 전세금을 매수인이 인수한다는 것이 이해가 되지 않는데, 정말 인수하는 것이 맞는지 궁금합니다.

A 주택임차인이 그 지위를 강화하고자 별도로 전세권설정등기를 마치더라도 주임법상 임차인으로서 우선변제를 받을 수 있는 권리와 전세권자로서 우선변제를 받을 수 있는 권리는 근거규정 및 성립요건을 달리하는 별개의 권리입니다.

결국 주임법상 임차인으로서의 지위와 전세권자로서의 지위를 함께 가지고 있는 자가 그중 임차인의 지위에 기하여 경매법원에 배당을 신청하였다면, 배당요구를 하지 아니한 전세권에 관하여는 배당요구가 있는 것으로 볼 수 없다는 것이 판례(대법원 2009다40790 판결)입니다.

특히 매각물건명세서에 따르면 "최선순위 전세권자 안○태는 임차인의 지위에서 배당요구를 한 것이고, 전세권자로서의 지위에 기하여 배당요구를 한 것은 아니므로, 을구 1번 전세권설정등기는 인수될 수 있다"는 특별매각조건까지 있습니다.

그러므로 선순위 전세권은 매수인이 인수하는 권리로 보는 것이 맞습니다. 다만 임차인의 지위에서 배당신청을 했고, 확정일자에 의한 우선변제권자로서 보증금(1억 3,000만 원) 전액을 우선배당 받을 수 있을 것으로 판단되며, 동 임차보증금과 전세금이 동일채권으로 추정된다는 점에서 인수해야 하는 전세금이 있을지는 의문입니다. 만약 임차보증금과 전세금이 동일채권이고 전액 우선배당이 되었는데도 전세권등기가 촉탁으로 말소되지 않을 경우에는 전세권자의 동의 또는 전세권등기말소 청구소송을 제기하여 승소한 후에 말소할 수 있습니다.

조 회 수	(단순조회 / 5분이상 열람) · 금일 **2** / 1 · 금회차공고후 **145** / 24 · 누적 **312** / 43	조회통계

소 재 지	인천 남구 주안동 929-16 보미리즌빌 4층 406호 (22143) 인천 남구 경원대로 890	
용 도	아파트	감 정 가	**227,000,000**
토지 면적	14㎡ (4평)	최 저 가	**158,900,000** (70%)
건물 면적	85㎡ (26평)	보 증 금	15,890,000 (10%)
경매 구분	강제경매	소 유 자	김○태
청 구 액	100,000,000	채 무 자	김○태
채 권 자	㈜보○종합건설		

주의 사항	· 선순위전세권 특수件분석신청 · 소멸되지 않는 권리 : 최선순위 전세권자 겸 주택임차권자 안○태는 임차인으로서의 지위에 기하여 배당요구를 한 것이고 전세권자로서의 지위에 기하여 배당요구를 한 것은 아니므로, 을구 1번 전세권설정등기(2011.10.4.등기)는 인수될 수 있음.

■ 등기부현황 (열람일자:2016-04-07)

접수일자	권리종류	권리자	채권금액 예상배당액	말소	비고
2011-09-26	소유권	김○태			
2011-10-04	전세권	안○태	130,000,000 130,000,000	인수	
2011-11-07	가압류	보○종합건설	66,559,660 66,559,660	말소	말소기준등기 2011 카단 14470 인천 GO
2016-03-30	강제	보○종합건설		말소	경매기입등기
등기부채권총액 : 196,559,660					

■ 임차인현황

임차인/대항력		점유현황	전입/확정/배당	보증금/월세	예상배당액 예상인수액	인수
인○태 전세권자	有	[주거] 전부 점유2011.09.05-2013.09.04	전입 2011-09-05 확정 2011-09-05 배당 2016-05-27	보 130,000,000	130,000,000	소멸
임차인수 : 1명 / 보증금합계 : 130,000,000 / 월세합계 : 0						

임차인점유,본건 현황조사차 현장에 임하여 임차인 자를 면대한 바, 임차인 가족이 이건 부동산을 점유 사용하고 있다고 진술.본건 조사서의 조사내용은 임차인의 자 진술과 전입세대열람,상가건물임대차현황서에 의한 조사사항임

■ 지지옥션 세대조사 (주민센터확인 : 2016.07.11)

세대주	전입일	비고	세대주	전입일	비고
안○○	2011.09.05				

두 등기의 차이

경매청구권, 전세권은 있고 임차권은 없다

전세권과 임차권은 전세금(보증금과 월차임)을 지급하고 타인의 부동산을 점유하여 그 용도에 따라 사용·수익할 수 있는 권리라는 점에서는 유사한 권리이다. 또한 해당 부동산이 매각(낙찰)되었을 경우에 전세권과 임차권(부동산의 인도+전입신고+확정일자) 모두 우선변제권이 있다는 점에서도 동일한 효력이 있다.

다만 전세권은 대세적인 권리(모든 사람에게 권리주장 가능)인 물권이고 임차권은 채권(특정인에게만 권리주장 가능)이라는 점에서 궁극적인 차이가 있으며, 전세권은 건물의 소유자(전세권 설정자)와 합의(계약서 작성)에 의해서만 등기할 수 있으나 임차권은 임차인이 단독으로 신청할 수 있다는 차이가 있다.

그 외에 전세권 존속기간이 만료되었으나 전세금을 반환받지 못했을 경우에 전세권자는 직접 임의경매를 신청(부분 전세권은 제외)할 수 있다. 그러나 임차권자는 경매청구권이 없고 보증금반환청구소송이나 지급명령 등을 신청하여 확정된 판결문 등 집행권원(채무명의)에 기하여 강제경매를 신청할 수 있을 뿐이다.

전세권부 저당권자의 채권 회수방법

전세권부 저당권자는 존속기간 내에서만 경매신청 가능

우리 민법 제371조는 전세권을 저당권의 목적물로 할 수 있다고 규정하고 있다. 따라서 전세권자는 자기 전세권에 저당권을 설정해 주고 은행 등 금융기관이나 타인으로부터 돈을 빌릴 수 있다. 만약 채무자인 전세권부 저당권 설정자가 변제기에 돈을 갚지 못하면, 채권자인 전세권부 저당권자는 임의경매를 신청하고 대여금을 회수할 수 있다. 이 경우 매수인(낙찰자)은 전세권등기에서 정해진 존속기간 동안 사용·수익할 수 있다.

다만 등기된 전세권의 존속기간이 남아 있을 때에만 경매를 신청할 수 있고, 존속기간이 만료되면 경매를 신청할 수 없다. 용익물권적 성격과 담보물권적 성격을 겸비한 전세권은 존속기간의 만료로 용익물권적 권능이 사라지기 때문에, 그 전세권에 대한 저당권자는 더 이상 전세권 자체에 대해서 저당권을 실행할 수 없는 것이다.

전세권 경매란 무엇인가?

Q/ 이 사건은 전세권부 근저당권자가 임의경매를 신청한 경우인데, 전세권만 경매되는 사건에서 낙찰(매각)이 되면 이 부동산의 소유권을 취득하는 것인지 아니면 전세권이라는 권리를 매수인(낙찰자)이 양수받아 그 부동산에 점유·사용할 수 있는지 여부가 궁금합니다.

A 전세권자는 "전세금(傳貰金)을 지급하고 타인의 부동산을 점유하여 그 부동산의 용도에 따라 사용·수익하며, 그 부동산 전부에 대하여 후순위권리자 기타 채권자보다 전세금의 우선변제를 받을 권리가 있다"라는 규정에 따라, 전세권은 부동산을 사용·수익하는 용익권능과 함께 전세금반환청구권을 담보하는 담보물권적 성격도 함께 가지고 있습니다(민법 제303조).

또한 전세권자는 전세권을 타인에게 양도 또는 담보로 제공할 수 있고, 그 존속기간 내에서 그 목적물을 타인에게 전전세 또는 임대할 수 있습니다(민법 제305조).

즉 전세권자가 전세권 설정자(소유자)의 동의 없이 타인으로부터 금전(돈)을 융통하기 위하여 전세권을 담보로 제공함으로써 전세권부 근저당권이 설정될 수 있고, 이 전세권부 근저당권자가 전세권 존속기간 내 채무 불이행을 이유로 채권 회수방법으로 경매를 실행하게 되면, 이때는 부동산강제경매절차에 준용되어 전세권만 매각됩니다.

이 사건은 부동산 전부가 매각대상이 아닌 전세권만을 위한 임의경매이므로, 전세권이라는 물권을 매각(낙찰)으로 양수받았기 때문에 전세권의 존속기간이 경료되기 전까지 현 점유자(전세권자)를 상대로 협의명도를 하거나, 협의가 안 될 경우 인도명령결정문을 통하여 강제집행으로 점유를 이전받아 사용·수익하면 됩니다. 그 후 전세권의 존속기간이 만료되면 전세권 설정자에게 전세물을 반환하고 전세금을 반환받으면 되겠습니다.

조 회 수	(단순조회 / 5분이상 열람) · 금일 3 / 0 · 금회차공고후 32 / 4 · 누적 242 / 41			조회통계

소 재 지	광주 북구 두암동 1001 무등산이스토리 109동 4층 402호 (61143) 광주 북구 무진성길 24-14			
용 도	기타	감 정 가	**350,000,000**	
토지 면적	314m² (95평)	최 저 가	**280,000,000** (80%)	
건물 면적	176m² (53평)	보 증 금	**28,000,000** (10%)	
경매 구분	임의경매	소 유 자	김●묵	
청 구 액	230,000,000	채 무 자	최●환	
채 권 자	김●태			

■ 감정서요약 (2016.05.10 삼창감정)

소재지	구분	용도/상태	경매면적	감정가
[500-100] 두암동 1001 109동 4층 402호	토지	4층 대지	32104.2m² 중 313.6m² (94.9평)	-
	건물	4층 기타	176.4m² (53.4평)	-

· 총 4층 · 보존-2015.04.06

▶철콘조철콘지붕 ▶공동주택(연립주택)
▶두암교차로동측인근 ▶주위아파트및단독주택,임야등혼재한지대
▶차량접근가능 ▶서측인근제2순환도로소재
▶제반교통사정무난 ▶난방설비
▶단지내포장된진입로시설되어있음
▶경매할전세권의표시(전세금:350,000,000원,계약일자:2015.05.12,접수일자:2015.05.14 접수제119538호,
반환기:2017.05.14까지,존속기간:2017.05.14까지,목적과범위:주거용건물의전부, 전세권자:최●환)

■ 등기부현황 (열람일자:2016-06-16)

접수일자	권리종류	권리자	채권금액 예상배당액	말소	비고
2015-05-13	소유권	김●묵			
2015-05-14	전세권	최●환	350,000,000	인수	
2015-05-14	근저당권	김●태	350,000,000 318,427,140	말소	말소기준등기
2015-10-16	임의	김●태		말소	경매기입등기
등기부채권총액 : 700,000,000					

■ 임차인현황

법원 기록상 임차인이 없습니다.

채무자(소유자)점유. 현황조사서 보고일시와 같이 4회 현장을 방문하였으나 채무자 및 점유자를 만날 수 없어 정확한 점유관계는 알수없음. 주민등록상 전입세대 확인한바 채무자 가족외엔 전입자 없음.

■참고사항

· 매각 대상은 을구 1번의 전세권임.

선순위 담보지상권의
인수 여부

Q 이 사건에서 등기사항전부증명서상 말소기준권리인 근저당권(2011.3.16자, 근저당권자: 군○새마을금고)보다 우선하여 선순위 지상권 3건을 매수인이 인수해야 하는지 궁금합니다.

A 이 사건의 토지 등기사항전부증명서를 보면 을구 1, 2번은 가스 수송 및 저장을 위한 가스관 및 부대시설의 설치를 목적으로 한 지상권설정등기입니다. 즉 한국가스공사가 국민생활의 편익 증진과 공공복리 향상을 목적으로 가스공작물의 존속기간 동안 해당 지역에 가스를 공급하기 위하여 공공시설물로서 토지 일부를 이용한다는 점에서, 매각대상 부동산의 소유권을 취득하여 사용·수익·처분하는 데 특별히 문제 되지는 않습니다.

그 외에 을구 4번에도 지상권 설정등기(지상권자: 군○새마을금고)가 되어 있는데, 지상권의 목적이 건물 및 기타 공작물이나 수목의 소유로 되어 있으나 실제로는 근저당권에 종속된 권리인 담보지상권에 해당합니다.

즉 근저당권 등 담보권 설정의 당사자들이 그 목적이 된 토지 위에 차후 용익권이 설정되거나 건물 또는 공작물이 축조·설치됨으로써 그 목적물의 담보가치가 저감하는 것을 막는 것을 주요한 목적으로 하여 채권자 앞으로 지상권을 함께 설정하였다면, 그 피담보채권이 변제 등으로 만족을 얻어 소멸한 경우는 물론이고 시효 소멸한 경우에도 그 지상권은 피담보채권에 부종하여 소멸한다는 것이 판례(대법원 2011다6342 판결)입니다.

특히 근저당권자로부터 지상권 말소동의서가 제출되었고, 법원 매각물건명세서상으로 "등기된 부동산에 관한 권리 또는 가처분으로 매각허가에 의하여 그 효력이 소멸되지 아니하는 것 - 을구 1, 2번 지상권(한국가스공사)"만 인수된다는 점을 감안하면 을구 4번 지상권은 소멸 가능합니다.

수원11계 2015-11853[1] 비봉면 답

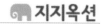

병합/중복	2015-21157(중복-군자(새))

조 회 수	(단순조회 / 5분이상 열람) · 금일 2 / 1 · 금회차공고후 72 / 10 · 누적 226 / 26	조회통계

관련 물건번호	<	**1** 종결	**2** 종결			>

소 재 지	경기 화성시 비봉면 양노리 282-9 [도로명주소]		
용 도	답	감 정 가	**226,400,000**
토지 면적	283㎡ (86평)	최 저 가	**110,936,000 (49%)**
건물 면적	0㎡ (0평)	보 증 금	11,093,600 (10%)
경매 구분	임의경매	소 유 자	김⬛일
청 구 액	65,000,000	채 무 자	김⬛일
채 권 자	강⬛근		
주의 사항	· 맹지 [특수件분석신청] · 소멸되지 않는 권리 : 을구 1,2번 지상권		

■ 감정서요약 (2015.03.20 우진감정)

소재지	구분	용도/상태	경매면적	감정가
[445-842] 비봉면 양노리 282-9	토지	답/잡종지 · 맹지	283㎡ (85.6평)	226,400,000 1㎡당 800,000 1평당 2,644,860

표준공시지가 : 584,000원 / 개별공시지가 : 433,300원 / 감정지가 : 800,000원
일반상업지역 / 성장관리권역 / 상대정화구역
▶비봉초등교남동측위치 　　　　　　　　　▶북측및남측부근지방도통과
▶버스(정)인근소재 　　　　　　　　　　　▶제반교통사정무난
▶부정형평지,공터상태로현재통행로등으로공여되고있음
▶주위주상용건물등근린시설,공동주택및공터등혼재한지방도변미성숙지대

■ 등기부현황 (열람일자:2015-03-26)

접수일자	권리종류	권리자	채권금액 예상배당액	말소	비고
1984-06-08	지상권	한국가스공사		인수	
1984-06-08	지상권	한국가스공사		인수	
2008-09-01	지상권	군자[새]		인수	
2010-11-05	소유권	김⬛일			
2011-03-16	근저당권	군자[새]	71,500,000 71,500,000	말소	말소기준등기
2013-04-12	근저당권	강⬛근	65,000,000 65,000,000	말소	
2014-12-26	압류	안산세무서		말소	
2015-01-05	가압류	신용보증기금	109,104,337 2,545,078	말소	2014 카단 101611 수원 안산 GO
2015-03-18	임의	강⬛근		말소	경매기입등기

등기부채권총액 : 245,604,337

예고등기의 의미와
말소절차

Q/ 매각대상 아파트의 등기사항전부증명서상에 예고등기가 있는데, 매각물건명세서상 "등기된 부동산에 관한 권리 또는 가처분으로 매각허가에 의하여 그 효력이 소멸되지 아니하는 것" 난에 "해당사항 없다"라는 내용이 기재되어 있는 경우, 낙찰받아서 대금을 납부하게 되면 이 예고등기도 말소되는지요?

A 예고등기는 등기원인의 취소나 무효 등의 사유를 원인으로 말소청구소송이 제기된 경우에 이를 제3자에게 경고하기 위하여 수소법원의 촉탁으로 행하여지는 등기입니다(2011년도에 폐지).

매각대상인 집합건물의 등기사항전부증명서상 근저당권말소예고등기(을구 순위번호 4번)가 있는데, 그 예고등기와 관련하여 인천지법 2010가단78489호 사건에서 채무자 홍○철(원고)이 근저당권자(백○연립주택 재건축 정비사업조합)를 상대로 근저당권말소 청구소송을 제기하였으나 원고 패소판결이 확정된 사실이 있습니다. 본안소송에서 원고의 불이익(패소)으로 끝난 경우에는 수소법원이 예고등기의 말소를 등기소에 촉탁하여야 합니다.

이 예고등기도 이미 수소법원의 촉탁에 의하여 말소되어야 할 등기에 해당하지만, 업무상의 누락 등 특별한 사정으로 인하여 말소되지 않은 것으로 추정된다는 점을 감안하면, 소유권을 취득하는 데 특별히 문제가 없을 것으로 예상됩니다.

다만 경매법원은 매수인의 대금납부에 따른 소유권이전등기 시 촉탁으로 말소목록에 예고등기가 포함되지 않고 인수되는 권리에 해당되므로(대법원 99마4849 결정), '예고등기'는 낙찰자의 말소신청으로 말소될 수 없습니다. 그러나 수소법원의 촉탁에 의하여 예고등기가 말소될 수 있으므로, 말소등기가 지연되는 경우 수소법원에 촉탁해 줄 것을 요청하는 것이 좋습니다. 이를 감안할 때 사전에 수소법원이나 변호사 등 법률(등기) 전문가를 통하여 예고등기의 말소절차를 확인해 본 후에 입찰하시기를 권합니다.

과거사건	인천12계 2009-1421 , 인천20계 2014-25254

조 회 수	(단순조회 / 5분이상 열람) ·금일 2 / 1 ·금회차공고후 283 / 66 ·누적 517 / 110	조회통계

소 재 지	인천 부평구 청천동 199-24 미가로 102동 8층 802호 (21334) 인천 부평구 길주로 491		
용 도	아파트	감 정 가	250,000,000
토지 면적	34㎡ (10평)	최 저 가	175,000,000 (70%)
건물 면적	85㎡ (26평)	보 증 금	17,500,000 (10%)
경매 구분	임의경매	소 유 자	홍●철
청 구 액	123,000,000	채 무 자	홍●철
채 권 자	(근저당권부채권추심권자)강동회		
주의 사항	·예고등기 특수件분석신청		

■ 등기부현황 (열람일자:2016-02-26)

접수일자	권리종류	권리자	채권금액 예상배당액	말소	비고
2007-02-08	소유권	홍●철			
2007-02-08	근저당권	국민은행 부평중앙	108,420,000 108,420,000	말소	말소기준등기
2007-02-12	근저당권	백●연립주택재건축정비사업조합	123,000,000 123,000,000	말소	
2007-04-06	가압류	지●종합건설	134,156,156 3,239,364	말소	2007 카합 718 인천 GO
2010-07-08	근저당권	나●수	40,000,000 10,176,377	말소	
2010-09-06	예고등기	인천지법		인수	2010 가단 79489 홍●철 근저말소예 등 GO
2011-11-21	가압류	박●화	258,448,050	말소	2011 카단 30573 인천 GO
2014-02-24	압류	지●종합건설		말소	
2015-06-02	압류	강●회		말소	
2015-08-19	임의	강●회	123,000,000	말소	경매기입등기

등기부채권총액 : 664,024,206

■ 임차인현황

임차인/대항력		점유현황	전입/확정/배당	보증금/월세	예상배당액 예상인수액	인수
김●수	無	[주거] 조사서상	전입 2011-06-27		-	소멸

임차인수 : 1명 / 보증금합계 : 0 / 월세합계 : 0

임차인점유.본건 현황조사차 현장에 임한 바, 폐문부재로 이해관계인을 만날 수 없어 상세한 점유 및 임대차관계는 알 수 없으나, 전입세대열람결과 임차인이 점유하는것으로 추정됨.본건 조사서의 조사내용은 현장방문과 전입세대열람 및 주민등록표등본에 의한 조사사항임. 본건에 대한 임차인 등의 권리신고 등을 위하여 집행관 시스템에서 출력된 `안내문`을 1층 현관내에 설치된 본건 세대 호수 우편함에 넣어 두었음

토지별도등기상 검찰청의 압류등기도
매각으로 소멸되는가?

Q 이 사건의 토지 등기사항전부증명서상에 갑구 순위번호 5번을 보면, 갑구 순위번호 1번 주식회사 신○건업 지분에 대하여 권리자 서울중앙검찰청으로부터 압류등기(2015.6.5)가 되었고, 이 압류등기는 집합건물에 대한 경매기입등기(2014.9.17) 이후에 등기되었는데, 매수인에게 인수되는 권리인지요?

A 토지별도등기는 일반적으로 집합건물을 신축하기 전에 토지에 대하여 근저당권이나 가압류 등 집합건물과 다른 등기내용이 있다는 뜻입니다. 다만 검찰청의 압류등기는 일반적인 토지별도등기는 아니고, 경매개시결정 기입등기 이후에 이루어진 압류등기입니다.

그런데 지상권, 지역권, 전세권 및 등기된 임차권은 저당권, 압류채권, 가압류채권에 대항할 수 없는 경우에는 매각으로 소멸되는 것이 원칙입니다(민사집행법 제91조 2항). 다시 말해서 저당권, 압류채권, 가압류채권은 '일명 말소기준권리'로서 매각(낙찰)으로 인하여 모두 소멸되는 권리에 해당합니다.

즉 이 사건의 토지별도등기처럼 보이는 서울중앙검찰청의 압류등기(벌금 등)는 매각(낙찰)으로 인하여 지분포기 등의 형식으로 소멸되는 것이고, 매수인(낙찰자)에게 인수되는 권리는 아닙니다.

조 회 수	(단순조회 / 5분이상 열람) · 금일 **2** / 1 · 금회차공고후 **277** / 58 · 누적 **588** / 107			조회통계

소 재 지	서울 강서구 방화동 819 개화 105동 2층 209호 (07509) 서울 강서구 금낭화로 167		
용 도	아파트	감 정 가	380,000,000
토지 면적	47㎡ (14평)	최 저 가	304,000,000 (80%)
건물 면적	102㎡ (31평)	보 증 금	30,400,000 (10%)
경매 구분	임의경매	소 유 자	노 영
청 구 액	200,000,000	채 무 자	(주) 플래닝
채 권 자	중소기업은행 양수인 유아이제십일차유동화전문 유한회사		
주의 사항	· 토지별도등기 특수件분석신청 · 소멸되지 않는 권리 : 토지(방화동 819)상 을구1번 지상권설정등 기(지상권자 서울특별시)		

■ 등기부현황 (열람일자:2016-01-18)

접수일자	권리종류	권리자	채권금액 예상배당액	말소	비고 NPL
2003-06-23	소유권	노 영			
2005-03-30	근저당권	강서농협	204,000,000 204,000,000	말소	말소기준등기
2010-06-15	근저당권	중소기업은행 회기역	200,000,000 193,259,540	말소	
2014-03-04	근저당권	신용보증기금 동대문	459,000,000	말소	
2014-09-17	임의	중소기업은행 여신관리부		말소	경매기입등기

등기부채권액 : 863,000,000
토지별도등기있음 -열람바랍니다.

주요 등기사항 요약 (참고용)

──────── [주 의 사 항] ────────

본 주요 등기사항 요약은 증명서상에 말소되지 않은 사항을 간략히 요약한 것으로 증명서로서의 기능을 제공하지 않습니다.
실제 권리사항 파악을 위해서는 발급된 증명서를 필히 확인하시기 바랍니다.

[토지] 서울특별시 강서구 방화동 819 대 24998.8㎡   고유번호 1149-1996-267339

1. 소유지분현황 (갑구)

등기명의인	(주민)등록번호	최종지분	주 소	순위번호
공영토건주식회사 (공유자)	110111-0029292	24998800분의 210387	서울 중구 서소문동 120-23	1
주식회사신일건업 (공유자)	110111-0262769	24998800분의 210387	서울 강남구 삼성동 8-5	1
~~소유권24998.8분자24578~~ ~~.026대지권~~				2
공영토건주식회사,주식 회사신일건업지분24998. 8분의420.774중61.423대 지권				3

2. 소유지분을 제외한 소유권에 관한 사항 (갑구)

순위번호	등기목적	접수정보	주요등기사항	대상소유자
4	압류	2012년6월11일 제33379호	권리자 서울특별시동작구	공영토건주식회사
5	압류	2015년6월5일 제45663호	권리자 국	주식회사신일건업

선순위 환매특약이 있으면 낙찰 후
소유권을 상실하는가?

Q 토지 등기사항전부증명서를 보면 1998년 11월 26일자로 환매특약부 매매를 등기원인으로 허○석 앞으로 소유권이전등기와 동시에 환매특약등기가 되어 있습니다.
그 내용을 보면 환매권자는 농어촌진흥공사, 환매대금은 1,115만 6,900원, 환매기간은 2000년 11월 1일자로 되어 있습니다. 이러한 경우 낙찰로 소유권을 취득한 후에 환매특약으로 인하여 소유권을 상실할 수도 있는지요?

A 환매라 함은 매도인이 매매계약과 동시에 일정한 기간(부동산은 5년) 내에 매매의 목적물을 다시 찾는 것을 목적으로 약정하는 계약을 말합니다.

환매등기는 환매특약부 매매로 인한 소유권이전등기와 동시에 신청하여야 하며, 소유권이전등기신청과는 별개의 신청서에 의해야 하는데, 이를 '환매특약등기'라고 합니다. 특약에 따른 환매권은 환매기간 내에 행사해야 합니다. 부동산은 환매기간이 5년을 넘지 못하며, 5년을 넘어 약정한 기간이나 기간약정이 없는 환매권은 그 기간을 5년으로 보게 됩니다.

이 사건의 매각물건명세서를 보면 소멸되지 않는 권리에 1998년 11월 26일자 환매특약등기가 매수인에게 인수되는 권리로 하는 특별매각조건이 있습니다. 즉 경매에서는 말소기준권리인 2008년 1월 근저당권(진○농협)보다 우선하는 선순위 환매특약은 매각으로 소멸되지 아니하고, 매수인이 인수해야 하는 권리에 해당되기 때문입니다.

그런데 토지 등기사항전부증명서를 보면 환매기간이 2000년 11월 1일자로 이미 환매기간이 경과한 상태이므로, 환매권의 효력이 소멸되어 행사할 수 없습니다. 단, 선순위 환매특약등기는 낙찰 후 매수인이 소유권이전등기를 할 때 말소목록에서 제외되므로 낙찰자가 별도로 환매권자와 협의하여 환매특약등기를 말소해야 하며, 만약 협의가 안 될 경우 판결을 받아 단독신청으로 해결해야 할 수 있으니 주의하시기 바랍니다.

조 회 수	(단순조회 / 5분이상 열람) ·금일 2 / 1 ·금회차공고후 20 / 9 ·누적 118 / 21	조회통계

소 재 지	전북 진안군 용담면 송풍리 1923 [일괄]-10, (55405) 전북 진안군 용담면 문화2길 24-10		
용 도	단독주택	감 정 가	68,876,250
토지 면적	360㎡ (109평)	최 저 가	48,213,000 (70%)
건물 면적	78㎡ (24평) 제시외 77.2㎡ (23.35평)	보 증 금	4,821,300 (10%)
경매 구분	임의경매	소 유 자	방⬛지
청 구 액	35,286,387	채 무 자	박⬛숙
채 권 자	진안농업협동조합		
주의 사항	·소멸되지 않는 권리 : 목록1.2. 1998.11.26.자 환매특약등기		

■ 건물등기부 (열람일자:2016-02-10) ※ 건물의 권리관계로만 분석되었으므로, 실제와 차이가 있을 수 있습니다. (토지등기부 확인필)

접수일자	권리종류	권리자	채권금액 예상배당액	말소	비고
2008-01-31	근저당권	진안농협 안천	42,000,000 42,000,000	말소	말소기준등기
2012-06-13	소유권	방⬛지			
2015-08-24	임의	진안농협		말소	경매기입등기

등기부채권총액 : 42,000,000

■ 토지등기부 [+건공동포함보기] ※ 건물의 권리관계로만 분석되었으므로, 실제와 차이가 있을 수 있습니다. (토지등기부 확인필)

접수일자	권리종류	권리자	채권금액 예상배당액	건공동	비고
1998-11-26	환매특약	농어촌진흥공사	11,156,900	별도	
2007-10-30	소유권	박⬛우			

■ 임차인현황 ※ 건물의 권리관계로만 분석되었으므로, 실제와 차이가 있을 수 있습니다. (토지등기부 확인필)

임차인/대항력		점유현황	전입/확정/배당	보증금/월세	예상배당액 예상인수액	인수
방⬛근	有	점유2007.12.13-	전입 2007-12-13		-	인수
방⬛우	無		전입 2009-12-30		-	소멸

임차인수 : 2명 / 보증금합계 : 0 / 월세합계 : 0

등기사항전부증명서(말소사항 포함) - 토지

【 갑 구 】			(소유권에 관한 사항)	
순위번호	등 기 목 적	접 수	등 기 원 인	권 리 자 및 기 타 사 항
1 (전 2)	소유권이전	1998년11월26일 제13852호	1998년11월1일 환매특약부 매매	소유자 허⬛석 520809-******* 전주시 덕진구 진북동 416 진북동우성아파트 112-⬛⬛
1-1 (전 2-1)	환매특약	1998년11월26일 제13852호	1998년11월1일 특약	환매대금 11,156,900원 환매기간 2000년11월1일 환매권자 농어촌진흥공사 134171-0000016 의왕시 포일동 487
				부동산등기법 제177조의 6 제1항의 규정에 의하여 1번 내지 1-1번 등기를 2000년 12월 18일 전산이기

아파트 공유지분 낙찰 후 임차인 상대로 인도명령을 받을 수 있는가?

Q/ 아파트 중 공유지분인 2분의 1(50%)만 경매대상인데, 아파트 공유지분을 낙찰받았을 경우 그곳에 거주하는 소유자를 상대로 인도명령신청이 가능한지요?

A 공유물의 관리에 관한 사항은 공유자 지분의 과반수로써 결정하지만, 보존행위는 공유자 각자가 할 수 있습니다. 그러므로 아파트 공유지분 2분의 1을 낙찰받아 소유권을 취득한다면, 공유물 보존행위의 일환으로 동소에 거주하는 소유자 겸 채무자를 상대로 인도명령을 신청할 수 있습니다. 다만 과반수(2분의 1 초과)를 취득하지 못했기 때문에 임대차 등 관리행위는 할 수 없습니다(민법 제265조 참고).

즉 1/2지분권자가 다른 1/2지분권자와의 협의 없이는 이를 배타적으로 독점 사용할 수 없어(대법원 2002다57935 판결) 동소에 거주하는 소유자(채무자)를 상대로 인도명령을 신청하는 경우, 이론적으로는 인용(認容)되어 인도명령결정이 나올 수도 있습니다. 다만 강제집행을 할 때에는 집행하는 부분을 특정할 수 있어야 하는데, 낙찰받은 공유지분을 특정할 수 없기 때문에 인도명령결정문이 나온다고 하더라도 강제집행은 현실적으로 실행이 어렵습니다. 즉 공유지분을 낙찰받았을 경우 명도는 불가능하다고 보면 되겠습니다.

결국 동소에 거주하는 소유자(채무자)를 상대로 임료(월세)의 50% 비율에 상당하는 부당이득금을 청구할 수밖에 없고, 부당이득청구와 함께 공유물분할을 신청하여 대응하면 되겠습니다.

공유물의 분할은 협의분할이 원칙이며, 공유자 간에 협의가 성립되지 않으면 법원에 그 분할을 신청할 수 있습니다. 법원에 분할을 신청한 경우에 현물로 분할할 수 없거나 분할로 인하여 현저히 그 가액이 감손될 염려가 있는 때에는 공유물 전체에 대하여 경매(공유물분할을 위한 경매)를 명하게 되는데, 이를 대금분할의 방법이라고 합니다(민법 제268조, 제269조 참고).

과거사건	안산1계 2012-23095

조 회 수	(단순조회 / 5분이상 열람) · 금일 6 / 0 · 금회차공고후 64 / 5 · 누적 247 / 20	조회통계

소 재 지	경기 안산시 단원구 원곡동 937 안산8차푸르지오 805동 11층 1102호 (15373) 경기 안산시 단원구 원초로 9		
용 도	아파트	감 정 가	**157,000,000**
토지 면적	전체 35.53 ㎡ 중 지분 17.77 ㎡ (5.38평)	최 저 가	**109,900,000** (70%)
건물 면적	전체 84.99 ㎡ 중 지분 42.49 ㎡ (12.85평)	보 증 금	10,990,000 (10%)
경매 구분	임의경매	소 유 자	박▒선외1
청 구 액	166,765,049	채 무 자	박▒선
채 권 자	메리츠화재해상보험㈜		
주의 사항	· 지분매각 [특수件분석신청]		

■ 감정서요약 (2016.06.08 이의규감정)

소재지	용도/상태	경매면적	감정가
[425-130] 원곡동 937	11층 대지권	46427.3㎡ 중 35.5㎡ (5.4평) 35.5㎡ 중 지분 17.8㎡	47,100,000
	805동 1102호 [32평형] · 방3 · 화장실2, 드레스룸	85㎡ 중 지분 42.5㎡ (12.9평)	109,900,000
		1㎡당 3,694,118 1평당 12,170,543	계 157,000,000

· 토지지분 : 1/2 박▒선 · 건물지분 : 1/2 박▒선
도시지역 / 3종일반주거지역 / 기축사육제한구역 / 미기환경규제지역 / 도시교통정비지역 / 생활소음진
동규제지역 / 대기관리권역 / 성장관리권역 / 상대정화구역(안산서초등학교, 원곡중, 원일초등학교) / 절대
정화구역(안산서초등학교, 원곡중)
▶ 도시가스개별난방   ▶ 원곡중학교남측인근위치
▶ 주변아파트단지, 근린상가등혼재   ▶ 차량접근용이
▶ 인근버스(정)소재   ▶ 제반교통사정무난
▶ 사다리형토지   ▶ 중로1류(20-25m)접함
▶ 중로2류(15-20m)집산도로접합

· 총 21층 · 보존-2006.06.23
· 승인-2005.05.16

■ 등기부현황 (열람일자:2016-06-07)

접수일자	권리종류	권리자	채권금액 예상배당액	말소	비고
2011-07-26	근저당권	메리츠화재해상보험	205,200,000 107,004,319	말소	말소기준등기
2011-07-26	근저당권	스마트저축은행 부천	62,400,000	말소	
2012-09-11	가압류	기술신용보증기금 안산기술평가	17,518,500	말소	2012 카단 5368 수원 안산 GO
2012-09-20	가압류	신용보증기금 반월	120,000,000	말소	2012 카단 5292 수원 안산 GO
2012-10-02	가압류	중소기업은행 카드사업부	20,134,180	말소	2012 카단 5758 수원 안산 GO
2012-10-19	가압류	중소기업진흥공단	170,067,151	말소	2012 카단 9979 서울남부 GO
2012-10-29	가압류	한국외환은행 카드채권관리	9,545,734	말소	2012 카단 6358 수원 안산 GO
2014-02-04	가등기	김▒순		말소	
2016-05-31	임의	메리츠화재해상보험		말소	경매기입등기
등기부채권총액 : 604,865,565					

▲ 경매란 매듭풀기 게임

03

등기에 나오지 않는
특수권리

토지지분 낙찰 시
지상건물 법정지상권이 성립하는가?

Q 건물을 제외하고 전체 토지 중 일부 지분(30.1%)만의 매각사건인데, 동소 지상에 소재하는 입찰 외 건물에 대하여 법정지상권이 성립할 수 있는지 궁금합니다.

A 전체 토지 중에서 일부인 홍○운 지분(30.1%)에 대한 매각사건인데, 동소 지상에 입찰 외 건물이 소재하고 있어서 법정지상권 성립 여부가 문제 될 수 있습니다.

그런데 공유지분상에 소재하는 건물 소유자에게 법정지상권을 인정할 경우에 다른 공유자의 권리행사를 제한할 수 있기 때문에 법정지상권이 성립할 수 없다는 판례(대법원 2011다73038 판결)를 감안하면, 법정지상권이 성립하기는 어려울 것으로 예상됩니다.

법정지상권이 성립하지 못할 경우, 매수인은 공유물의 보존(관리)차원(민법 제265조 참고)에서 건물철거와 지료지급청구소송 등을 제기하여 대응할 수 있습니다. 동 소송을 진행하면서 공유물분할청구소송과 공유물분할을 위한 임의경매를 신청하는 것도 하나의 유익한 대응방법일 수 있겠습니다.

다만 법원 현황조사서에 따르면 "본 건의 공유자들은 토지에 대하여 분할등기를 하지는 않았으나 서로 땅을 나누어 각자 소유의 건물을 신축하여 점유하며 살고 있다고 한다"라는 조사내용이 있습니다. 이를 감안하면 구분소유적 공유관계로 추정할 수도 있겠습니다. 만약 건물이 구분소유적 공유관계일 경우에는 법정지상권이 성립할 수 있으니 주의하여 조사하시기 바랍니다.

즉 토지가 등기사항전부증명서상 공유관계이지만 실질적으로는 분할하여 각자 몫의 토지상에 건물을 신축하여 점유해 온 경우, 저당권이 각자의 지분 또는 토지 전체에 설정되었는지를 묻지 않고 각 건물 소유자는 법정지상권을 취득한다는 판례(대법원 2004다13533 판결)가 있으므로, 이 부분에 대한 탐문조사가 필요한 사건입니다.

조 회 수	(단순조회 / 5분이상 열람) · 금일 7 / 4 · 금회차공고후 66 / 17 · 누적 209 / 35		조회통계

소 재 지	경기 안성시 도기동 501 (17595) 경기 안성시 능길 6-9		
용 도	전	감 정 가	**97,152,000**
토지 면적	전체 876 ㎡ 중 지분 264 ㎡ (79.86평)	최 저 가	**47,604,000** (49%)
건물 면적	0㎡ (0평)	보 증 금	4,760,400 (10%)
경매 구분	임의경매	소 유 자	홍●운외1
청 구 액	30,000,000	채 무 자	홍●운
채 권 자	이●서		
주의 사항	· 지분매각 · 법정지상권 · 입찰외 · 농지취득자격증명 특수件분석신청		

■ 감정서요약 (2016.01.22 정평감정)

소재지	구분	용도/상태	경매면적	감정가
[456-270] 도기동 501	토지	전/주거용부지	876㎡ 중 지분 264㎡ (79.9평)	97,152,000 1㎡당 368,000 1평당 1,215,920

· 토지지분 : 264/876 홍●운
표준공시지가 : 191,000원 / 개별공시지가 : 247,300원 / 감정지가 : 368,000원
-입찰외제시외소유자미상건물소재 법정지상권성립여지있음 농지증명필요
자연녹지지역 / 가축사육제한구역 / 성장관리권역
▶안성경찰서남동측인근 ▶부근농가주택,임야및전,답등소재
▶차량출입용이 ▶버스(정)인근소재
▶대중교통사정보통 ▶부정형평탄지
▶북서측4m도로접함

■ 등기부현황 (열람일자:2016-07-07)

접수일자	권리종류	권리자	채권금액 예상배당액	말소	비고
2015-03-02	근저당권	이●서	39,000,000 39,000,000	말소	말소기준등기
2015-04-29	근저당권	임●일	40,000,000 18,511,446	말소	
2015-08-03	가압류	동●산업	86,786,824	말소	2015 카단 1490 수원 평택 GO
2016-01-12	임의	이●서		말소	경매기입등기
2016-03-16	가압류	현대캐피탈	12,012,646	말소	2016 카단 1508 안성시법원 GO

등기부채권총액 : 177,799,470

■ 임차인현황

법원 기록상 임차인이 없습니다.

채무자(소유자)점유. 채무자 홍●운(010-2653-99●●)이 일부 점유하고 있음. 홍●운의 진술에 의하면 자신의 지분에 해당하는 80평을 점유하고 있으며 그 지상에 주택 1동, 원두막 1동, 소형간이창고를 지어서 살고 있으나, 허가를 받지는 않았다고 함. 홍●운의 소유의 위와 같은 3종의 제시외 물건이 있고, 나머지 지분 소유자의 소유라고 하는(홍●운의 진술) 제시외 물건으로는 주택(외벽에는 벽돌을 입힘)겸 교회 건물 1동, 위 교회건물 뒷쪽에 부착하여 설치한 창고 3동, 컨테이너 1대 있음. 전입세대열람내역 열람결과 채무자 외 등재인 없음. 대법원 인터넷등기소, 정부민원포털 전자민원G4C 열람결과 등재된 건물 없음. 채무자 홍●운의 진술에 의하면 본건 부동산 중 80평(876분의 264)를 매입하여 그 위에 위와 같은 주택을 지어 살고 있으며, 같은 지번의 나머지 지분 소유자도 그 위에 교회건물을 지어 살고 있으며, 분할등기를 하지는 않았으나 서로 땅을 나누어 각자 점유하며 살고 있다고 함.

건물만 매각에서 건물 공유자
1인이 토지 소유자일 경우, 법정지상권 성립 여부

Q 이 사건은 토지를 제외한 건물만 매각인데, 토지 등기사항전부증명서를 보면 건물 공유자 중 1인이 토지 소유자 권○성으로 나와 있습니다. 이때 건물만 낙찰 받았을 경우 건물에 대한 법정지상권이 성립하는지 궁금합니다.

A 파산재단에 대하여 청산을 하기 위한 형식적 경매사건으로 담보권 실행을 위한 임의경매 절차에 따라 진행되는데, 본 건 토지상에 근저당권이 설정된 바가 없기 때문에 강제경매절차에 준하여 판단할 수밖에 없습니다.

즉 압류등기(임의경매개시결정)를 기준으로 토지와 건물 소유자가 동일인이면 관습법상 법정지상권이 성립할 수 있고, 다르면 성립하기 어렵습니다.

그런데 이 사건은 토지를 제외한 건물만의 매각이고, 매각에서 제외된 토지 등기사항증명서상 소유자 권○성(2015년 취득)은 매각대상 건물 공유자 중 1인입니다.

토지 소유자가 그 지상건물을 타인과 함께 공유하면서 그 단독소유의 토지만을 건물철거 조건 없이 타인에게 매도한 경우, 또는 건물의 공유지분만이 강제 경매된 경우에도 건물 공유자들은 각기 건물을 위하여 토지 전부에 대해 관습법상 법정지상권을 취득한다는 것이 판례(대법원 76다388 판결, 대법원 2003다17651 판결, 대법원 2010다67159 판결)입니다.

따라서 건물 공유자 중 1인이 토지 소유자인 이 사건에서 매각(낙찰)으로 인하여 건물과 토지 소유자가 달라질 경우, 위 대법원 판례를 유추하여 적용하면 건물의 소유권을 취득하는 제3자에게 건물의 사용·수익을 위한 법정지상권(관습법상 법정지상권)이 성립될 수 있을 것으로 예상됩니다.

조 회 수	(단순조회 / 5분이상 열람) · 금일 1 / 0 · 금회차공고후 14 / 2 · 누적 65 / 8	조회통계

소 재 지	경북 봉화군 춘양면 서벽리 196-10 [일괄]-13, (36209) 경북 봉화군 춘양면 달구벌길 96			
용 도	창고	감 정 가	9,121,200	
토지 면적	0m² (0평)	최 저 가	4,470,000 (49%)	
건물 면적	172m² (52평)	보 증 금	447,000 (10%)	
경매 구분	형식경매(청산)	소 유 자	권▓란외5	
청 구 액	1	채 무 자	권▓란외4	
채 권 자	안▓자외5			
주 의 사 항	· 법정지상권 · 입찰외 · 건물만입찰 [특수件분석신청]			

■ 감정서요약 (2015.12.30 대경감정)

소재지	구분	용도/상태		경매면적	감정가
[755-843] 춘양면 서벽리 196-10	건물	창고		63m² (19.1평)	5,922,000
		집하장 · 실:35		56m² (16.9평)	1,085,000
			계	119m² (36평)	7,007,000
	입찰외 제시외	창고		132.8m² (40.2평)	3,320,000 [매각제외]
					계 10,327,000

-법정지상권성립여부불명
· 총 1층 · 보존-2006.10.26 ▶철파이프조갈바룸지붕(현:창고부분판넬조판넬지붕)

■ 건물등기부 (열람일자:2016-06-22) ※ 건물의 권리관계로만 분석되었으므로, 실제와 차이가 있을 수 있습니다.(토지등기부 확인필)

접수일자	권리종류	권리자	채권금액 예상배당액	말소	비고 NPL
2006-10-26	소유권	권▓란외5			
2006-11-02	가압류	춘양농업협동조합	42,688,354 3,823,440	말소	말소기준등기 2006 카단 2590 대구 안동 GD
2015-04-16	압류	영주세무서		말소	
2015-12-16	임의	안▓자외5	1	말소	경매기입등기

등기부채권총액 : 42,688,354

주요 등기사항 요약 (참고용)

―――[주 의 사 항]―――

본 주요 등기사항 요약은 증명서상에 말소되지 않은 사항을 간략히 요약한 것으로 증명서로서의 기능을 제공하지 않습니다.
실제 권리사항 파악을 위해서는 발급된 증명서를 필히 확인하시기 바랍니다.

[토지] 경상북도 봉화군 춘양면 서벽리 196-10 창고용지 660m²   고유번호 1757-2002-000198

1. 소유지분현황 (갑구)

등기명의인	(주민)등록번호	최종지분	주 소	순위번호
권▓성 (소유자)	740916-*******	단독소유	대구광역시 동구 팔공로53길 10, 104동 ▓▓▓호 (봉무동,이시아폴리스더샵1차)	4

2. 소유지분을 제외한 소유권에 관한 사항 (갑구)
　- 기록사항 없음

3. (근)저당권 및 전세권 등 (을구)
　- 기록사항 없음

국가산업단지 내 건물만 입찰,
법정지상권과 입주 적격성

Q/ 이 사건은 건물만 매각사건으로, 대불국가산업단지 내에 위치하고 있으므로 공장 실소유자에게 적합한 물건이라고 생각됩니다. 그럼에도 감정가격에 비해 3회씩이나 유찰이 거듭되는 이유가 궁금합니다.

A 건물에 대하여 근저당권에 기한 임의경매사건인데, 토지가 매각에서 제외되어 건물의 법정지상권 성립 여부가 문제 될 수 있습니다. 이 경우 건물에 최초 근저당권 설정 당시 토지와 건물 소유자가 같으면 법정지상권이 성립할 수 있고, 다르면 성립할 수 없습니다.

그런데 건물에 대하여 2006년 7월 최초 근저당권 설정 당시 건물 소유자는 '대○중공업(2006년 취득)'이고, 토지 소유자는 '한국토지주택공사(1990년 취득)'이므로 공부(公簿)상 토지와 건물 소유자가 상이하다는 점을 감안하면 법정지상권이 성립하기는 어려울 것으로 예상해 볼 수 있겠습니다.

다만 동소가 '국가산업단지(대불국가산업단지)'로 지정되었고, 건물에 최초 근저당권을 설정할 당시뿐만 아니라 처음부터 토지와 건물 소유자가 다르고 토지 소유자가 공공기관이라는 점을 감안하면, 법정지상권 문제가 아니라 토지 임대차 문제일 가능성이 높을 것으로 예상됩니다.

이와 같이 토지 임대차로 추정될 경우 건물 매수인이 토지 임대인에게 그 임차권의 승계를 주장할 수 있는데(민법 제622조), 승계가 적법하려면 토지 소유자의 동의를 얻어 전 소유자의 임차권을 적법하게 양수한 경우라야 합니다(대법원 66다1224 판결).

그러므로 사전에 토지 소유자를 찾아가 진정한 토지 임대차인지 여부와 사후에 토지 임대차에 대하여 동의해 줄 수 있는지, 입주할 수 있는 업종제한은 없는지, 지료(토지사용료)는 얼마인지 등에 대하여 탐문조사를 해본 후에 입찰하시기 바랍니다.

조 회 수	(단순조회 / 5분이상 열람) · 금일 1 / 0 · 금회차공고후 13 / 6 · 누적 58 / 14	조회통계

소 재 지	전남 영암군 삼호읍 난전리 1713-62 , -63, -60, -61 (58460) 전남 영암군 삼호읍 대불산단6로 127		
용 도	공장	감 정 가	**1,451,464,100**
토지 면적	0m² (0평)	최 저 가	**650,256,000 (45%)**
건물 면적	1,660m² (502평) 제시외 2672.8m² (808.52평)	보 증 금	65,025,600 (10%)
경매 구분	임의경매	소 유 자	(주)디■비
청 구 액	664,746,910	채 무 자	(주)디■비
채 권 자	㈜ 광주은행		
주의 사항	·건물만입찰 특수件분석신청		

개발 정보 ■	국가산업단지(대불국가산업단지) - 전라남도 영암군 삼호읍 일대 자세히보기 단지기본정보 · 시행단계 - 준공

■ **건물등기부** (열람일자:2016-03-30) ※ 건물의 권리관계로만 분석되었으므로, 실제와 차이가 있을 수 있습니다. (토지등기부 확인필)

접수일자	권리종류	권리자	채권금액 예상배당액	말소	비고
2006-07-04	근저당권	광주은행 대불산단	360,000,000 360,000,000	말소	말소기준등기
2007-07-13	근저당권	광주은행 대불산단	468,000,000 366,118,017	말소	
2007-09-20	근저당권	광주은행 대불산단	168,000,000	말소	
2007-11-23	근저당권	코■크레인한국	200,000,000	말소	
2009-07-17	소유권	(주)디■비			
2012-10-22	압류	목포세무서		말소	
2013-04-11	압류	영암군		말소	
2013-04-15	가압류	김■도	6,803,929	말소	2013 카단 882 광주 목포 GO
2013-06-12	압류	국민건강보험공단 영암장흥지사		말소	
2013-08-22	가압류	진■민외4	16,690,999	말소	2013 카단 135 영암군법원 GO
2015-03-06	가압류	케이티캐피탈 부산	188,500,655	말소	2015 카단 1596 부산 GO
2015-06-09	가압류	농협은행 광주하남산단	158,902,592	말소	2015 카단 2295 광주 GO
2015-06-23	가압류	신■산업공구마트	2,073,535	말소	2015 카단 1006 광주 목포 GO
2015-09-23	임의	광주은행 여신관리부		말소	경매기입등기

등기부채권총액 : 1,568,971,710

주요 등기사항 요약 (참고용)

[주 의 사 항]
본 주요 등기사항 요약은 증명서상에 말소되지 않은 사항을 간략히 요약한 것으로 증명서로서의 기능을 제공하지 않습니다. 실제 권리사항 파악을 위해서는 발급된 증명서를 필히 확인하시기 바랍니다.

[토지] 전라남도 영암군 삼호읍 난전리 1713-62 공장용지 1650.1m²

고유번호 2054-2005-001736

1. 소유지분현황 (갑구)

등기명의인	(주민)등록번호	최종지분	주 소	순위번호
한국토지개발공사 (소유자)	114271-0001818	단독소유	서울 강남구 논현동 71-2	1, 2

2. 소유지분을 제외한 소유권에 관한 사항 (갑구)
- 기록사항 없음

3. (근)저당권 및 전세권 등 (을구)
- 기록사항 없음

법정지상권 불성립하는 건물만
매각 시 차지권 성립 여부

Q 이 사건은 건물만 매각인데, 토지를 제외하고 건물만 취득한 후에 토지 소유자로부터의 지료(토지사용료) 청구는 별론으로 하고, 법정지상권이 성립되지 않으면 건물의 소유권을 취득하여도 사후에 건물이 철거대상이 되는지 궁금합니다.

A 본 건은 가압류 채권자가 강제경매를 신청한 사건인데, 토지가 매각에서 제외되어 건물의 법정지상권 성립 여부가 불분명한 상태입니다. 이 경우 신청채권자의 가압류 당시 토지와 건물 소유자가 동일인이면 법정지상권이 성립할 수 있고, 다르면 성립하기 어렵습니다.

그런데 2005년 1월경 가압류 당시 토지 소유자는 '황○희(1998년 취득)'이고 건물 소유자는 '차○애(2001년 증여)'로 건축물대장 등 공부(公簿)상 토지와 건물 소유자가 상이하고, 그 이후 현재까지 한 번도 토지와 건물 소유자가 동일인이었던 사실이 없었다는 점까지 감안하면 법정지상권(관습법상 법정지상권)이 성립하기는 어려울 것으로 추정해 볼 수 있겠습니다.

다만 법정지상권 성립 여부를 떠나서 건축물대장을 보면 건축법상 건축절차(건축허가, 건물완공에 따른 사용승인 등)에 따라 건물이 적법하게 소유권보존등기가 된 사실을 감안할 때 토지 임대차(민법 제622조, 건물등기 있는 차지권의 대항력)일 가능성이 높고, 이 경우 일정 기간 동안 건물을 철거할 수는 없을 것으로 예상됩니다.

그러므로 사전에 토지 소유자를 만나 토지 임대차계약 여부와 임차권 양도의 동의 여부(민법 제629조)에 대하여 확인해 본 후 입찰하는 것이 안전하다고 하겠습니다.

조 회 수	(단순조회 / 5분이상 열람) · 금일 **1** / 0 · 금회차공고후 **14** / 2 · 누적 **74** / 9	조회통계

소 재 지	전남 완도군 신지면 동고리 산74-1 (59148) 전남 완도군 신지면 신지로 1627		
용 도	창고	감 정 가	**109,142,300**
토지 면적	0m² (0평)	최 저 가	**31,294,000** (29%)
건물 면적	129m² (39평) 제시외 72.6m² (21.96평)	보 증 금	3,129,400 (10%)
경매 구분	강제경매	소 유 자	차⬛애
청 구 액	79,862,586	채 무 자	차⬛애
채 권 자	농업협동조합중앙회		
주의 사항	· 입찰외 · 건물만입찰 특수件분석신청		

■ 감정서요약 (2015.09.09 제일감정)

소재지	구분		용도/상태	경매면적		감정가
[537-864] 신지면 동고리 산74-1	건물		농수산물저온저장고/저온창고,주택	129m² (39평)		67,725,000
	제시외		주택	68.9m² (20.8평)		40,995,500
			기계실	3.7m² (1.1평)		421,800
			계	72.6m²	(22평)	41,417,300
						계 109,142,300

· 총 1층 · 보존-2001.05.03
· 승인-1999.12.20

-입찰외옥상기계기구소재
▶건물만입찰
▶난방설비
▶철콘조슬래브지붕

■ 건물등기부 (열람일자:2016-08-31) ※ 건물의 권리관계로만 분석되었으므로, 실제와 차이가 있을 수 있습니다. (토지등기부 확인필)

접수일자	권리종류	권리자	채권금액 예상배당액	말소	비고
2001-05-08	소유권	차⬛애			
2004-09-17	가압류	전남서부어류양식수산업협동조합	17,167,056 1,549,491	말소	말소기준등기 2004 카단 827 완도군법원 GO
2005-03-28	가압류	완도군수산업협동조합	8,471,437 764,628	말소	2005 카단 157 완도군법원 GO
2005-06-10	가압류	완도군수산업협동조합	26,018,629 2,348,430	말소	2005 카단 1306 광주 해남 GO

등기사항전부증명서(말소사항 포함) - 토지

【 갑 구 】		(소유권에 관한 사항)			
순위번호	등 기 목 적	접 수	등 기 원 인	권 리 자 및 기 타 사 항	
1 (전 2)	소유권이전	1998년4월13일 제4082호	1998년3월30일 매매	소유자 황⬛희 591011-******* 완도군 신지면 대곡리 569	
				부동산등기법 제177조의 6 제1항의 규정에 의하여 2001년 12월 17일 전산이기	

당사자만의 특약으로
법정지상권을 배제할 수 있을까?

Q/ 법원기록에 따르면 "근저당권설정 당시 건물철거 및 처분에 동의한다는 각서가 작성되어 있다"는 내용이 있습니다. 이 경우 법정지상권을 배제하는 특약으로 인하여 토지 소유자가 건물 소유자를 상대로 건물철거를 요구할 수 있는지 궁금합니다.

A 민법 제366조(법정지상권)는 "저당물의 경매로 인하여 토지와 그 지상건물이 다른 소유자에 속한 경우에는 토지 소유자는 건물 소유자에 대하여 지상권을 설정한 것으로 본다. 그러나 지료는 당사자의 청구에 의하여 법원이 이를 정한다"고 규정하고 있는데, 이는 강행규정(당사자 간의 특약으로 배제할 수 없음)입니다.

대법원 판례도 "민법 제366조는 가치권과 이용권의 조절을 위한 공익상의 이유로 지상권의 설정을 강제하는 것이므로, 저당권설정 당사자 간의 특약으로 저당 목적물인 토지에 대하여 법정지상권을 배제하는 약정을 하더라도 그 특약은 효력이 없다"고 판시하고 있습니다(대법원 판례 87다카1564 판결).

즉 매각대상 토지에 대하여 2007년 7월경 근저당권을 설정할 당시 채권자(경남○○원예농협)에 대한 채무의 담보를 제공하기로 함에 있어서, "입찰 외 건물이 미등기인 관계로, 채무 불이행으로 토지에 대한 근저당권이 실행될 경우 담보로 제공된 입찰 외 건물에 대해서는 어떠한 조치를 하더라도 아무런 이의나 권리주장을 하지 않는다"는 당사자 간의 특약으로 법정지상권을 배제하는 약정은 효력이 없다고 할 것입니다.

마산2계 2014-10645[4] 법수면 대지

 지지옥션

병합/중복	2014-10652(병합-경남단감원예농협)

조회수 (단순조회 / 5분이상 열람) ·금일 1 / 0 ·금회차공고후 55 / 7 ·누적 134 / 23 　[조회통계]

관련물건번호	<	**1**종결	**2**종결	**3**취하	**4**종결	>

소재지	경남 함안군 법수면 윤내리 416-1 [일괄]389-17, -2, (52058) 경남 함안군 법수면 부남길 70		
용 도	대지	감 정 가	**173,648,000**
토지 면적	1,106㎡ (335평)	최 저 가	**111,134,000** (64%)
건물 면적	0㎡ (0평)	보 증 금	11,113,400 (10%)
경매 구분	임의경매	소 유 자	광　중공업
청 구 액	597,963,435	채 무 자	박　현
채 권 자	경남단감원예농업협동조합		
주의 사항	·법정지상권 · 입찰외 · 농지취득자격증명 　[특수件분석신청]		

■ 감정서요약 (2015.01.06 성원감정)

소재지	구분		용도/상태	경매면적	감정가
[637-833] 법수면 윤내리 416-1	토지	대지		783㎡ (236.9평)	137,025,000
	입찰외 제시외	주택		106.2㎡ (32.1평)	10,620,000 [매각제외]
		창고		12.8㎡ (3.9평)	870,400 [매각제외]
		계		119㎡ (36평)	11,490,400
				계	148,515,400

표준공시지가 : 69,000원 / 감정지가 : 175,000원
-(근저당권설정당시철거및처분에동의한다는각서작성되어있음 법정지상권성립여부불분명)
계획관리지역 / 주거개발진흥지구 / 2종지구단위계획구역 / 가축사육제한구역(2013.09.30) / 가축사육제한구역(2013.09.30, 700m이내) / 배출시설설치제한지역
▶ 부정형완경사지　　　　　　　　　　▶ 남측노폭약4-5m도로접합
▶ 주거용지　　　　　　　　　　　　　▶ 소로2류(폭8-10m)(저촉)

■ 등기부현황 (열람일자:2016-01-06)

접수일자	권리종류	권리자	채권금액 예상배당액	말소	비고
2007-07-31	근저당권	경남단감원예농협	160,000,000 132,159,912	말소	말소기준등기
2007-07-31	지상권	경남단감원예농협		말소	
2011-01-19	근저당권	천　자	1,000,000,000	말소	
2012-10-30	소유권	광명중공업			
2013-07-19	근저당권	경남단감원예농협	630,000,000	말소	
2014-12-29	임의	경남단감원예농협		말소	경매기입등기
2014-12-29	임의	경남단감원예농협		말소	
2015-11-06	압류	함안군		말소	
등기부채권총액 : 1,790,000,000					

■ 참고사항

·목록3,25는 농지취득자격증명 필요함(미제출시 보증금 몰수). 목록3은 현황 도로로 이용중이며, 목록25는 현황 잡종지 상태임. 목록 24,25는 일부 도시계획시설 도로 저촉됨, 목록24 지상건물(주택 등)은 매각대상 아님(근저당권설정 당시 철거 및 처분에 동의한다는 각서 작성되어 있으나, 법정지상권 성립여부 불분명).

법정지상권의 성립요건

경매로 토지와 건물 소유자가 바뀌면 법정지상권 성립

민법상 지상권은 "타인의 토지에 건물 기타 공작물이나 수목을 소유하기 위하여 그 토지를 사용하는 권리"로써 등기된 권리를 말한다(민법 제279조). 그런데 법정지상권은 등기된 권리는 아니지만 일정한 요건을 갖춘 경우에는 마치 등기된 지상권과 같은 효력을 인정한다.

법정지상권의 요건은 ① 토지에 (근)저당권을 설정할 당시에 건물(수목, 공작물)이 있고 ② 토지 소유자와 건물 소유자가 동일인이었다가 ③ 경매를 통해서 토지와 건물 소유자가 달라지는 경우에 성립하게 된다(민법 제305조). 토지와 건물 소유자가 상이하게 되는 원인이 경매가 아니라 매매나 증여 등 다른 원인일 때에는 관습법상 법정지상권이라고 한다.

그러므로 대지(토지)에 근저당권이 설정된 이후에 건물을 신축하였거나 수목을 식재한 경우나 미등기건물을 취득했을 때에는 위 ①과 ②의 성립요건에 부합하지 않기 때문에 법정지상권이 성립할 수 없다.

법정지상권 여부

비닐하우스와 컨테이너는 법정지상권 성립할 수 없어

법정지상권이 성립할 수 있는 토지상의 물건에는 '건물, 수목, 공작물(工作物, 인공적 작업에 의하여 만들어진 물건 중 토지에 정착된 물건)'이 있는데, 이와 같은 물건이 저당권설정 당시에 지상에 소재하고 있었고, 토지와 지상물건이 동일인 소유이었다가 경매 등을 통하여 소유자가 상이하게 되면 법정지상권이 성립할 수 있다(민법 제279조, 제366조 참고).

법정지상권이 성립할 수 없는 지상물건 중에 대표적인 것이 '컨테이너박스와 비닐하우스'인데, 컨테이너는 이동이 용이하고 토지에 정착하는 구조물이라고 보기 어렵다는 점에서 법정지상권이 성립할 수 없다.

쇠파이프를 구부려 양끝을 땅에 박고 비닐을 씌운 비닐하우스도 토지에 정착하는 구조물이 아니고, 구조면에서도 건축물에 해당하지 않아 법정지상권이 성립할 수 없다(대법원 90도2095 판결).

무허가 미등기 건물의
법정지상권 성립 여부

Q/ 이 사건은 토지만 매각대상이고 동소 지상에 매각에서 제외된 무허가 미등기 건물이 있는데, 이 경우 입찰 외 건물에 대하여 법정지상권이 성립할 수 있는지 궁금합니다.

A 지상건물(양철지붕 벽돌조 점포)을 제외하고 토지에 대하여 가압류권자가 강제경매를 신청한 사건입니다. 이 경우 신청채권자의 가압류 당시 토지와 건물 소유자가 동일인이면 법정지 상권이 성립할 수 있고, 다르면 성립하기 어렵습니다. 이때 지상건물은 건축법상 허가 여부나 등기 유무를 따지지 않습니다.

그런데 본 건은 건축물대장 등 공부(公簿)가 없고 법원기록에서도 소유자를 명확하게 확인할 수 없는 상태이므로, 우선 점유자와 신청채권자 등 이해관계인을 만나보고 심층적인 탐문조사를 통하여 이 지상건물이 언제부터 소재하고 있었는지 여부와 건물 소유자가 누구인지를 확인하는 일이 선행되어야 합니다.

탐문조사 결과 2010년 5월 가압류 당시 지상에 건물이 있었고 토지와 건물 소유자가 동일인이면 법정지상권이 성립할 수 있고, 이 경우 지료만 청구할 수 있습니다. 만약 건물이 없었거나 토지와 건물 소유자가 동일인이 아니면 법정지상권은 성립할 수 없고, 토지 매수인은 건물 소유자를 상대로 건물철거 등의 소송을 제기하여 대응하면 되겠습니다.

다만 소송비용과 소요기간 등을 감안하면 소송을 제기하기 전에 지상건물에 대한 매수협의 등을 통하여 합의점을 찾아 해결하는 것이 신속하고 합리적인 대응방법일 수 있습니다.

조 회 수	(단순조회 / 5분이상 열람) · 금일 1 / 0 · 금회차공고후 116 / 23 · 누적 307 / 49	조회통계

소 재 지	서울 구로구 개봉동 60-90 [일괄]-92, (08268) 서울 구로구 고척로12길 2-1	
용 도	임야	감 정 가	**108,540,000**
토지 면적	38㎡ (12평)	최 저 가	**55,573,000 (51%)**
건물 면적	0㎡ (0평)	보 증 금	5,557,300 (10%)
경매 구분	강제경매	소 유 자	신⬛걸
청 구 액	80,000,000	채 무 자	신⬛걸
채 권 자	한⬛수 ▶more		
주의 사항	· 법정지상권 · 입찰외 특수件분석신청		

■ 감정서요약 (2015.05.26 연정감정)

소재지	구분	용도/상태	경매면적	감정가
[152-090] 개봉동 60-90	토지	임야	25㎡ (7.6평)	71,750,000 1㎡당 2,870,000 1평당 9,440,789
표준공시지가 : 1,840,000원 / 개별공시지가 : 1,379,000원 / 감정지가 : 2,870,000원 -입찰외소유자미상미등기건물소재 법정지상권성립여지있음 도시지역 / 2종일반주거지역(7층이하) / 가축사육제한구역 / 대공방어협조구역(위탁고도:77-257m) / 과 밀억제권역 / 학교환경위생정화구역(남부교육청반드시확인요망)				
[152-090] 개봉동 60-92	토지	임야	13㎡ (3.9평)	36,790,000 1㎡당 2,830,000 1평당 9,433,333
표준공시지가 : 1,770,000원 / 개별공시지가 : 1,379,000원 / 감정지가 : 2,830,000원 도시지역 / 1종일반주거지역 / 가축사육제한구역 / 대공방어협조구역(위탁고도:77-257m) / 과밀억제권역 / 학교환경위생정화구역(남부교육청반드시확인요망) ▶공원 ▶공원(폐지입안)				

▶개봉중학교남측인근   ▶주위단독주택,아파트단지,근린생활시설등형성   ▶차량출입가능   ▶버스(정)인근,대중교통상황보통 ▶
장방형토지   ▶북측약5m내외차량통행가능한도로접함   ▶인접지및도로와지적경계모호,정확한지적경계확정측량필요할수있음

■ 참고사항

· 관련사건▶ 서울남부지방법원 2010가단30212 (부당이득금반환)
· 1.일괄매각
· 2.최저매각가격은 지상건물에 구애됨이 없이 토지를 평가한 금액임.(지상건물이 토지에 미치는 영향을 반영한 금액은 금 75,978,000원임)
· 3.감정평가서상 토지2(개봉동 60-92)의 지상건물로 인하여 감가받는 정도를 감안한 토지단가에 오류있어 4,165,000원/m을 1,981,000원/m으로 정정함.
· 4.지상건물은 건축물대장에 등재 없고 양철지붕 벽돌조 임.
· 5.토지 소유자로 부터 지상건물을 증여받았다고 신규섭이 신고함(건물 소유권 진위 여부는 확인 불가함).
· 6.건물 소유자 신규섭 관습법상 법정지상권 있다고 주장함.
· 7.인접토지 및 도로와 지적경계가 모호하여 확정측량이 필요요함.
· 지상건물을 위하여 매각 토지에 관습법상 법정지상권 성립할 여지 있음(건물 소유자라 청하는 신규섭 주장과 이를 확인 불가함으로 인함)

입찰 외 군사시설물의
법정지상권 성립 여부

Q/ 법원 매각물건명세서를 보면 "토지상에 매각에서 제외된 군사시설물 등이 소재한다"는 내용이 있습니다. 이 경우 입찰 외 군사시설물은 법정지상권이 성립하는지 궁금합니다.

A 관습법상 법정지상권을 인정한 취지는 다음과 같습니다. 건물과 토지를 별개의 물건으로 취급하고 있는 우리 법 체제 하에서 건물과 그 건물이 서 있는 토지가 항상 별개의 물건으로 거래되고 있으나, 실제로 건물은 그 성질상 그 토지의 이용 없이는 건물로서 이용할 수 없는 것이므로, 같은 소유자의 소유에 속하였던 건물과 그 대지 중 어느 하나가 매매 등으로 그 소유자를 달리한 때에는 다른 특별한 사정이 없는 한 건물 소유자로 하여금 대지에 대하여 지상권을 취득한 것으로 봄으로써, 그 건물로 하여금 건물로서의 가치를 유지케 하자는 국민경제상의 필요에 의하여 인정한 제도라고 할 것입니다(대법원 68다1029 판결).

다만 법정지상권이 인정되기 위해서는 그 건물이 독립적으로 거래의 대상이 될 수 있는 경제적 가치를 가지고 있어야 하는데, 군사시설물(진지, 참호 등)은 거래의 대상이 될 수 없고 독립하여 경제적 가치를 지닌다고 보기도 어렵다는 판례(서울중앙지법 2011가단198720 판결, 대법원 68다1029호 판결)를 감안하면, 이 사건의 입찰 외 군사시설물은 법정지상권 성립이 어려울 것으로 예상됩니다.

매수인은 법정지상권이 성립하지 않는 지장물(건물) 소유자를 상대로 지장물철거와 토지인도청구소송을 제기하여 대응해 볼 수 있습니다. 다만 군사시설물은 군사시설보호법을 적용받아 설치되었을 가능성이 높기 때문에, 철거소송을 제기하더라도 그 공공성과 공익성 등을 고려할 때 건물철거 판결이 아닌 소유주체를 상대로 지료 청구만이 인정되는 방향으로 조정되어 소송이 종결될 가능성이 높습니다.

조 회 수	(단순조회 / 5분이상 열람) · 금일 1 / 0 · 금회차공고후 31 / 3 · 누적 144 / 16			조회통계

소 재 지	경기 고양시 덕양구 도내동 762-11 [일괄]-3, -9, -13, -14, 도로명주소			
용 도	임야	감 정 가	7,659,100	
토지 면적	전체 6393 m² 중 지분 62.95 m² (19.04평)	최 저 가	2,627,000 (34%)	
건물 면적	0m² (0평)	보 증 금	262,700 (10%)	
경매 구분	강제경매	소 유 자	정○자외2	
청 구 액	10,417,216	채 무 자	이○이	
채 권 자	서울신용보증재단			
주의 사항	·지분매각 ·맹지 ·입찰외 특수件분석신청			

■ 감정서요약 (2015.08.04 환경감정)

소재지	구분	용도/상태	경매면적	감정가
[412-060] 도내동 762-11	토지	임야/일부전,잡종지	2314m² 중 지분 22.8m² (6.9평)	2,689,220 1m²당 117,948 1평당 389,742
	· 토지지분 : 99/10053 이○이 표준공시지가 : 54,500원 / 감정지가 : 118,000원 -입찰외분묘1기소재(목측상경계밖으로보여진다함) 수목포함 자연녹지지역 / 개발제한구역 / 비행안전구역(4구역,지원) / 보전산지(공익용산지) / 과밀억제권역 / 지구단위계획구역(서재동취락)			
[412-060] 도내동 762-3	토지	임야	1561m² 중 지분 15.4m² (4.6평)	1,813,660 1m²당 117,770 1평당 394,274
	· 토지지분 : 99/10053 이○이 표준공시지가 : 54,500원 / 감정지가 : 118,000원 -수목포함 자연녹지지역 / 개발제한구역 / 비행안전구역(4구역,지원) / 보전산지(공익용산지) / 과밀억제권역			
[412-060] 도내동 762-9	토지	임야	1874m² 중 지분 18.4m² (5.6평)	2,158,650 1m²당 117,318 1평당 385,473
	· 토지지분 : 99/10053 이○이 표준공시지가 : 54,500원 / 감정지가 : 117,000원 -입찰외군사시설물,이동식화장실소재 수목포함 자연녹지지역 / 개발제한구역 / 비행안전구역(4구역,지원) / 보전산지(공익용산지) / 과밀억제권역			

■ 참고사항

· 관련사건☞ 서울중앙지방법원 2014가소6646604 (구상금)
· 지적도상 맹지, 목록1~3,5.토지는 인접필지로 출입가능, 목록4.토지는 북동측으로 도로의 세로와 일부 접합.
· 목록2.토지 지상에 군사시설물,이동식 화장실이, 목록4.토지 지상에 파이프 구조물등이 소재함. 목록3.토지 경계상에 분묘 1기가 있으나, 목측상 경계밖으로 보여진다는 현황조사보고 있음. 목록3~5.토지의 현황은 일부 전 및 잡종지 상태임.

건물만 매각에서 임차인이
토지 소유자에게 대항할 수 있을까?

Q/ 토지를 제외하고 건물만 매각사건인데, 건물에 대하여 등기부상 말소기준권리인 가압류(2004.11.9, 완○수협)보다 먼저 전입신고가 된 임차인(김○균)이 있습니다. 매수인이 이 임차인의 보증금을 인수해야 하는지 궁금합니다.

그 외에 등기사항전부증명서상 선순위 가처분이 있는데, 이 가처분의 피보전권리가 '토지 소유권에 기한 건물철거청구권'으로 되어 있습니다. 이 경우 매수인이 건물을 낙찰받고 소유권을 취득한 후 건물이 철거될 수도 있는지 답변 부탁드립니다.

A 등기사항전부증명서상 말소기준권리보다 먼저 전입신고가 된 선순위 전입세대(김○균)가 있는데, 매각물건명세서를 보면 토지 소유자는 건물 점유자 등을 상대로 건물 등 철거소송에서 승소판결이 확정되었다는 내용이 있습니다. 그런데 토지사용권 없음 등의 사유로 법정지상권이 성립할 수 없을 경우, 토지 소유자는 그 건물을 점유하는 대항력 있는 임차인을 상대로 건물철거에 앞서 건물에서 퇴거해 줄 것을 청구할 수 있다는 점(대법원 2010다43801 판결)을 감안하면, 건물 임차인은 대항력 유무와 관계없이 토지 소유자를 포함하여 건물 매수인에게도 대항할 수 없을 것으로 예상됩니다.

그 외에 선순위 가처분이 있고 그 피보전권리가 '건물철거청구권'인데, 매각물건명세서를 보면 "가처분은 소멸되지 않는 권리이고 신청채권자가 소유자 서○욱 및 점유자 김○균을 상대로 경매 대상 건물에 대한 건물철거 등 소송(해남지원 2013가단5685)에서 승소판결이 확정되었고, 경매절차 진행 중에는 건물을 철거하지 않겠다는 신청채권자의 확인서가 있다"는 내용이 있습니다.

즉 선순위 가처분이 소멸되지 않는 권리(인수)인 것은 물론이고, 사후에 토지 소유자의 선택에 따라서 건물철거 집행(대체집행, 민사집행법 제260조 참고)을 당할 수도 있으며, 토지를 인도해 줄 때까지 지료(토지사용료)도 지급할 수밖에 없다는 점을 감안하면 이해관계인 외의 입찰은 재고해 보시기 바랍니다.

조 회 수	(단순조회 / 5분이상 열람) · 금일 **2** / **0** · 금회차공고후 **20** / **6** · 누적 **108** / 31	조회통계

소 재 지	전남 완도군 신지면 대곡리 780-1 (59146) 전남 완도군 신지면 대곡길 29		
용 도	단독주택	감 정 가	**9,406,480**
토지 면적	0㎡ (0평)	최 저 가	**3,371,000 (36%)**
건물 면적	79㎡ (24평) 제시외 17.48㎡ (5.29평)	보 증 금	337,100 (10%)
경매 구분	강제경매	소 유 자	서⬛옥
청 구 액	213,625	채 무 자	서⬛옥
채 권 자	석⬛철		
주의 사항	· 건물만입찰 [특수件분석신청] · 소멸되지 않는 권리 : 2013.11.18.등기 제12326호 광주지법 해남 지원 2013카단880 가처분		

■ 감정서요약 (2015.11.16 가온감정)

소재지	구분	용도/상태	경매면적		감정가
[537-863] 신지면 대곡리 780-1	건물	주택 · 장기간미거주	79.4㎡	(24평)	7,758,000
	제시외	창고	8.5㎡	(2.6평)	856,480
		창고	9㎡	(2.7평)	792,000
		계	17.5㎡	(5평)	1,648,480
					계 9,406,480

· 총 1층 · 보존-1990.03.13
· 승인-1974.11.12

▶개별난방 ▶건물만입찰
▶시멘트블록조스레트지붕 ▶신지중학교서측

■ 건물등기부 (열람일자:2016-04-20) ※ 건물의 권리관계로만 분석되었으므로, 실제와 차이가 있을 수 있습니다. (토지등기부 확인필)

접수일자	권리종류	권리자	채권금액 예상배당액	말소	비고
1990-03-13	소유권	서⬛옥			
2004-11-09	가압류	완도군수산업협동조합	6,045,068 2,628,855	말소	말소기준등기 2004 카단 971 완도군법원 GO
2013-11-18	가처분	석⬛철		말소	2013 카단 880 광주 해남 GO
2015-11-03	강제	석⬛철	213,625 92,900	말소	경매기입등기
등기부채권총액 : 6,258,693					

■ 임차인현황 ※ 건물의 권리관계로만 분석되었으므로, 실제와 차이가 있을 수 있습니다. (토지등기부 확인필)

임차인/대항력		점유현황	전입/확정/배당	보증금/월세	예상배당액 예상인수액	인수
김⬛균	有	[주거] 조사서상	전입 2002-03-19		-	인수

■ 참고사항

· 관련사건☞ 해남지원 2015카확13 (소송비용액확정)
· 건물만 매각. 제시외건물포함. 신청채권자가 소유자 서00 및 점유자 김00을 상대로 경매대상 건물에 대한 건물철거 등 소송(광주지법 해남지원 2013가단5685)에서 승소하였고, 확정되었음. 경매절차진행 중에는 건물을 철거하지 않겠다는 신청채권자 확인서 있음.

동일인이 아님에도
상속으로 법정지상권이 성립되는 사례

Q/ 해당 사건에 입찰 외 건물이 소재하는데, 신청채권자의 가압류 당시에 토지와 건물 소유자가 상이한 만큼 법정지상권이 성립할 수 없을 것으로 예상되기 때문에 입찰 외 건물 소유자를 상대로 건물철거를 요구할 수 있는지 궁금합니다.

A 건물을 제외하고 가압류 채권자가 토지에 대하여 강제경매를 신청한 사건인데, 동소 지상에 소재하는 입찰 외 건물(주택 등)에 대하여 법정지상권 성립 여부가 문제 될 수 있습니다. 이 경우 신청채권자의 가압류 당시 토지와 건물 소유자가 동일인이면 법정지상권이 성립할 수 있고, 다르면 성립하기 어렵습니다.

토지에 대하여 2015년 1월 가압류 당시 건축물대장상 소유자는 '유○섭(2001년 등록)'이고, 토지 소유자는 '유○선(2002년 취득)'으로 토지와 건물 소유자가 상이하다는 점을 감안하면, 법정지상권이 성립하기 어려울 것으로 예상해 볼 수도 있겠습니다.

다만 전 소유자 유○섭(피상속인)으로부터 상속받은 유○선(상속인)의 토지만 대상으로 경매가 진행되어 매각(낙찰)하게 되면, 이로 인하여 토지와 건물 소유자가 달라지는 경우에도 건물 소유를 위한 법정지상권이 성립할 수 있습니다.

왜냐하면 상속은 민법 제187조에 따라 등기하지 않아도 물권변동의 효력이 있기 때문에, 건축물대장상 소유자가 유○섭(2001년 등록)이라고 하더라도 건물을 2002년경 유○선에게 상속하여 소유권이 이전되었다고 보는 것이 타당합니다. 따라서 2015년 1월 가압류 당시 토지와 건물의 소유자는 유○선으로 동일한바, 건물 소유를 위한 법정지상권이 성립합니다.

법정지상권이 성립할 경우 토지 매수인은 그 존속기간(견고한 건물 30년, 그 밖의 건물 15년) 동안 협의 또는 재판상 지료를 청구할 수밖에 없으므로, 입찰 외 건물 소유자를 상대로 협의 매수한 후에 토지와 건물을 일체로 이용하는 등 사후 활용방안을 마련하고 입찰하시기 바랍니다.

조 회 수	(단순조회 / 5분이상 열람) · 금일 1 / 0 · 금회차공고후 127 / 24 · 누적 236 / 36		조회통계

소 재 지	경기 여주시 가남읍 화평리 291-1 (12649) 경기 여주시 가남읍 화련1길 9		
용 도	대지	감 정 가	**62,622,000**
토지 면적	426㎡ (129평)	최 저 가	**43,835,000** (70%)
건물 면적	0㎡ (0평)	보 증 금	4,383,500 (10%)
경매 구분	강제경매	소 유 자	유●선
청 구 액	4,422,818	채 무 자	유●선
채 권 자	재단법인신용보증재단중앙회		
주의 사항	·법정지상권 ·입찰외 특수件분석신청		

■ 감정서요약 (2015.04.10 대일감정)

소재지	구분	용도/상태	경매면적	감정가
[469-885] 가남읍 화평리 291-1	토지	대지	426㎡ (128.9평)	62,622,000
	입찰외 제시외	간이주택	52.5㎡ (15.9평)	- [매각제외]
		화장실	4.8㎡ (1.5평)	- [매각제외]
		창고	55㎡ (16.6평)	- [매각제외]
		재래식화장실	7.9㎡ (2.4평)	- [매각제외]
		계	120.2㎡ (36평)	-
				계 62,622,000

표준공시지가 : 96,000원 / 감정지가 : 147,000원
-법정지상권성립여부불분명
계획관리지역 / 자연취락지구(화평) / 자연보전권역 / 배출시설설치제한지역
▶화평2리마을회관북서측위치   ▶차량접근가능
▶교통사정보통   ▶부정형평탄지
▶남측4m도로,서측2.6m도로접함
▶부근단독주택,창고,농경지,임야등혼재하는농촌마을

■ 등기부현황 (열람일자:2016-05-03)

접수일자	권리종류	권리자	채권금액 예상배당액	말소	비고
2002-12-09	소유권	유●선			
2015-01-05	가압류	신용보증재단	4,366,988 4,366,988	말소	말소기준등기 2014 카단 51659 대전 GO
2015-03-26	강제	신용보증재단		말소	경매기입등기
등기부채권총액 : 4,366,988					

■ 참고사항
· 관련사건☞ 대전지방법원 2015차전104
· 지상에 매각에서 제외되는 제시외 컨테이너이용주택, 화장실, 창고, 재래식변소 소재함(법정지상권 여부는 불분명).

비닐하우스의
법정지상권 성립 여부

Q/ 토지상에 매각에서 제외된 비닐하우스가 소재하는 것으로 추정되는데, 비닐하우스도 법정지상권이 성립하는지 궁금합니다.

A 법정지상권이 성립할 수 있는 물건은 지상에 소재하는 건물과 수목 및 공작물입니다(민법 제279조 참고). 그런데 비닐하우스와 관련하여 대법원 판례는 "쇠파이프를 반원모양으로 구부려 양끝을 땅에 박고 이를 지지대로 하여 비닐을 둘러씌운 뒤, 다시 그 위에 차양막을 덮어 놓은 비닐하우스는 토지에 정착하는 구조물이라 보기 어렵고, 구조면에 있어서도 지붕 및 기둥 또는 벽을 구비하고 있다고 보기도 어려워 건축법이 규제대상으로 삼고 있는 건축물에 해당하지 아니한다"고 판시하고 있습니다(대법원 90도2095 판결).

즉 입찰 외 비닐하우스는 토지에 정착된 구조물이라 보기 어렵고 구조면에서도 건축물에 해당되지 아니하는 등, 해체하는 데 특별한 작업을 필요로 하지 않고 쉽게 이동하여 설치할 수 있다는 점에서 건축물도 공작물도 아니기 때문에 법정지상권이 성립하기는 어렵습니다.

다만 법정지상권이 성립할 수 없어도 당사자 간에 합의에 이를 수 없을 때에는 지장물철거와 토지인도청구소송 등을 제기해야 하는데, 소송에 소요되는 기간과 비용문제 등을 감안하면 소송보다는 입찰 외 비닐하우스 감정가격(약 170만 원)을 참고하여 합의점을 찾아 해결하는 것이 신속하고 합리적이라 하겠습니다.

영동2계 2016-6028[1] 추풍령면 전

 지지옥션

관련 물건번호	<	**1** 매각	**2** 매각	**3** 매각	**4** 매각	**5** 매각		>

소 재 지	충북 영동군 추풍령면 죽전리 855 [일괄]854-, 856-,　[도로명주소]			
용　　도	전	감 정 가	**73,723,400**	
토지 면적	4,374㎡ (1,323평)	최 저 가	**73,723,400** (100%)	
건물 면적	0㎡ (0평)	보 증 금	7,372,340 (10%)	
경매 구분	강제경매	소 유 자	정●현	
청 구 액	3,000,000,000	채 무 자	정●현	
채 권 자	신용보증기금			
주의 사항	·법정지상권·일부맹지·입찰외·농지취득자격증명 [특수件분석신청]			

■ 감정서요약 (2016.02.03 가온감정)

소재지	구분	용도/상태	경매면적	감정가
[370-893] 추풍령면 죽전리 855	토지	전	2159㎡ (653.1평)	39,725,600
	입찰외 제시외	창고등	88㎡ (26.6평)	1,760,000 [매각제외]
				계 41,485,600
표준공시지가 : 4,900원 / 개별공시지가 : 4,900원 / 감정지가 : 18,400원 <u>-입찰외축사로이용중인하우스소재 법정지상권성립여지있음</u> <u>-농취증필요</u> 농림지역 / 농업보호구역(충북고시제2008-277호) / 배출시설설치제한지역 ▶부정형완경사지　　　　　　　　　　　　▶남측왕복2차선도로소재				
[370-893] 추풍령면 죽전리 854	토지	전	377㎡ (114평)	7,163,000 1㎡당 19,000 1평당 62,833
표준공시지가 : 4,900원 / 개별공시지가 : 4,900원 / 감정지가 : 19,000원 <u>-농취증필요</u> 농림지역 / 농업보호구역(충북고시제2008-277호) / 배출시설설치제한지역 ▶부정형평지　　　　　　　　　　　　　　▶남측왕복2차선도로소재				
[370-893] 추풍령면 죽전리 856	토지	전/일부자연림	1838㎡ (556평)	26,834,800 1㎡당 14,600 1평당 48,264
표준공시지가 : 4,900원 / 개별공시지가 : 3,720원 / 감정지가 : 14,600원 <u>-농취증필요</u> 농림지역 / 농업보호구역(충북고시제2008-277호) / 배출시설설치제한지역 ▶부정형완경사지　　　　　　　　　　　　▶지적도상맹지임				
▶추풍령저수지북측인근위치　　▶주위저수지,임야,농경지산재　　▶차량접근가능　　▶인근버스(정)소재　　▶교통사정다소불편				

■ 임차인현황

법원 기록상 임차인이 없습니다.

〈855번지〉 본건 현황조사를 위하여 부동산 소재지에 출장한 바 이해관계인을 만나지 못하여 하우스 소유자를 알 수가 없음
〈854번지,856번지〉 채무자(소유자)점유

■ 참고사항

· 관련사건☞ 김천지원 2012가단7829 (사해행위취소)

· 농지취득자격증명제출필요함(미제출시 보증금 몰수), 목록2번 지상 매각에서 제외되는 축사로 이용 중인 하우스동 소재함(법정지상권
성립여지 있음), 목록3번 현황상 자연림으로 이용중임.

환지예정지에 소재하는 건물의 법정지상권 성립 여부

Q/ 이 사건 다수의 필지 중에서 일부 토지상에 입찰 외 주택과 창고 등이 소재하는데, 매각대상 토지 일대가 환지예정지로 지정된 상태입니다. 이 경우 입찰 외 건물에 대하여 법정지상권이 성립하는지 궁금합니다.

A 환지로 인하여 새로운 분할지적선이 그어진 결과, 환지 전에는 동일인에게 속하였던 토지와 그 지상건물의 소유자가 달라졌다 하더라도, 환지의 성질상 건물의 부지에 관하여 소유권을 상실한 건물 소유자가 환지된 토지(건물부지)에 대하여 건물을 위한 관습상의 법정지상권을 취득한다거나, 그 환지된 토지의 소유자가 그 건물을 위한 관습상의 법정지상권의 부담을 안게 된다고는 할 수 없습니다(대법원 2001다4101 판결).

종전 토지와 전혀 다른 곳에 환지예정지 지정이 되는 이른바 전지환지(비환지)의 경우 환지예정지에 대하여 사용수익권은 있어도 소유권은 취득할 수 없으나, 제자리환지의 경우에는 종전 토지 소유자는 환지처분이 종결되기 이전이라도 그 예정지에 대하여 처분권과 사용수익권이 분리되지 아니한 상태에 있는 종전 그대로의 권리를 보유하는 것이므로 환지예정지 자체를 처분할 수 있는 권한이 있고, 환지예정지를 대상으로 하여 매매계약이 체결된 경우 그 매매목적물은 장차 확정될 환지지적을 대상으로 한 것으로 보아야 한다는 것이 판례(대법원 89다카14998 판결)입니다.

그러므로 이 사건의 토지상에 소재하는 입찰 외 건물 소유자가 환지처분에 따라 토지소유권을 상실한 상태에서, 건물 소유자에게 건물을 위한 관습법상의 법정지상권이 성립하기는 어려울 것으로 예상됩니다.

과거사건	인천1계 2013-15205 , 인천20계 2013-74273

조회수	(단순조회 / 5분이상 열람) ·금일 1 / 0 ·금회차공고후 160 / 20 ·누적 465 / 62	조회통계

관련 물건번호	<	**1** 매각	**2** 매각		>

소 재 지	인천 서구 마전동 산85-3 [일괄]212-, 212-2, (22609) 인천 서구 가현로 118	
용 도	임야	감 정 가	**2,327,952,000**
토지 면적	5,472㎡ (1,655평)	최 저 가	**1,140,696,000 (49%)**
건물 면적	0㎡ (0평)	보 증 금	114,069,600 (10%)
경매 구분	임의경매	소 유 자	한⬤공영
청 구 액	2,417,424,419	채 무 자	한⬤공영
채 권 자	농업협동조합자산관리회사(양도전:계양농업협동조합) (이전)	
주의 사항	·법정지상권 ·입찰외 [특수件분석신청]	

■ 감정서요약 (2015.05.29 우림감정)

소재지	구분	용도/상태	경매면적	감정가
[404-260] 마전동 산85-3	토지	임야 · 환지면적:713.1	2246㎡ (679.4평)	941,292,000 1㎡당 419,097 1평당 1,385,475
표준공시지가 : 1,095,000원 / 감정지가 : 1,320,000원 3종일반주거지역 ▶마전지구40브럭9롯트(권리면적713.1㎡,환지면적713.1㎡)환지예정지				
[404-260] 마전동 212	토지	전/건부지 · 환지면적:1050.5(212, -2번지)	1884㎡ (569.9평)	1,386,660,000
	입찰외 제시외	주택	146㎡ (44.2평)	- [매각제외]
		주택	90㎡ (27.2평)	- [매각제외]
		창고등	40㎡ (12.1평)	- [매각제외]
		창고,공장등	200㎡ (60.5평)	- [매각제외]
		계	476㎡ (144평)	-
				계 1,386,660,000
표준공시지가 : 1,095,000원 / 감정지가 : 1,320,000원 <u>-소유권불문명</u> <u>-법정지상권성립여부불문명</u> 3종일반주거지역 ▶마전지구40브럭8롯트(권리면적1050.5㎡,환지면적1050.5㎡)환지예정지				

■ 참고사항

· 1. 일괄매각. 현황 건부지. 제시외 건물(평가 및 매각 제외, 감정평가서 참조)이 있으며, 법정지상권 성립여부 불분명함.
· 2. 목록1.2. 마전지구 40브럭 8롯트(권리면적 1,050.5㎡, 환지면적 1,050.5㎡), 목록3. 마전지구 40브럭 9롯트(권리면적 713.1㎡, 환지면적 713.1㎡) 환지예정지임.

건축 중단된 구조물의
법정지상권 성립 여부

Q/ 매각대상 토지 지상에 건축하다 중단된 건축물이 소재하는데, 이 경우 건축 중단된 건축물에 법정지
상권이 성립하는지 궁금합니다.

A 건물을 제외한 토지의 임의경매사건인데, 동소 지상에 소재하고 있는 신축 도중에 중단된
입찰 외 구조물로 인하여 법정지상권 성립 여부가 불분명합니다. 이와 관련하여 대법원 판
례는 토지에 최초 근저당권 설정 당시에 "최소한의 기둥과 지붕, 주벽이 이루어지고, 독립된 건물이
라고 볼 수 있는 상태"라면 신축 중인 건물을 위하여 법정지상권이 성립할 수 있다고 판시하고 있
습니다(대법원 2002다21592 판결). 그러므로 언제 착공했는지, 건축주(허가권자)가 누구인지, 그리고 근저
당권 설정 당시 신축 중이던 건물의 상태 등에 대하여 심층적인 탐문조사(구청에서 확인 가능)가 선행
될 필요가 있습니다.

탐문조사 결과 2014년 12월 최초 근저당권 설정 당시 토지 소유자가 건축주이고, 이 사건 매각(낙
찰)으로 인하여 매각대금을 완납할 때까지 독립된 부동산으로서 건물의 요건(최소한의 기둥과 지붕 그리
고 주벽)을 갖춘다면 법정지상권이 성립할 수 있고, 이 경우 지료만 청구할 수 있습니다.

반면에 토지 소유자가 건축주가 아니거나, 매각대금을 완납할 때까지 건물의 요건을 갖추지 못
할 경우 법정지상권은 성립할 수 없습니다. 이 경우 매수인은 건물 소유자를 상대로 건물(지장물)철
거와 지료청구소송 등을 제기할 필요가 있고, 동 소송을 진행하면서 건축허가권자 명의변경 절차
에 대한 협의도 병행하여 대응하는 것이 합리적인 방법이라고 하겠습니다.

공매진행	2011-04673-002

조 회 수 　(단순조회 / 5분이상 열람)　·금일 **1** / 0　·금회차공고후 **44** / 7　·누적 **279** / 34　　조회통계

소 재 지	경남 산청군 시천면 신천리 690 도로명주소		
용　도	답	감 정 가	210,296,800
토지 면적	2,209㎡ (668평)	최 저 가	134,590,000 (64%)
건물 면적	0㎡ (0평)	보 증 금	13,459,000 (10%)
경매 구분	임의경매	소 유 자	조○숙
청 구 액	40,000,000	채 무 자	송○수
채 권 자	천●		
주의 사항	·입찰외 ·농지취득자격증명　특수件분석신청		

■ 감정서요약 (2016.03.11 중앙감정)

소재지	구분	용도/상태	경매면적	감정가
[666-933] 시천면 신천리 690	토지	답/전,일부신축중인건부지	2209㎡ (668.2평)	210,296,800 1㎡당 95,200 1평당 314,721

표준공시지가 : 30,000원 / 개별공시지가 : 26,000원 / 감정지가 : 112,000원(제시외감안)95,200
-<u>입찰외제시외구조물소재</u>
-<u>감나무등포함</u>
-<u>농취증필요</u>
-**제시외감안가격임
계획관리지역 / 가축사육제한구역
▶구미마을북서측인근　　　　　　　　　▶부근마을주변농경지대
▶차량접근가능　　　　　　　　　　　　▶제반교통사정무난
▶부정형북동하향완경사지　　　　　　　▶서측8m아스콘도로접함
▶산청군수의사실조회회신결과조건부전용허가있음
▶산청군으로부터건축허가(2014-민원과-신축신고-452호)를득하고토목및건물신축중단된상태

■ 등기부현황 (열람일자:2016-03-15)

접수일자	권리종류	권리자	채권금액 예상배당액	말소	비고
2014-12-02	근저당권	산청군농협 덕산	72,000,000 72,000,000	말소	말소기준등기
2014-12-02	지상권	산청군농협		말소	
2015-01-15	근저당권	천●	40,000,000 40,000,000	말소	
2016-03-04	임의	천●		말소	경매기입등기
등기부채권총액 : 112,000,000					

■ 참고사항

· 산청군수의 사실조회 회신결과 조건부 전용허가 있고, 농지취득자격증명원 제출 요한다고 함(미제출시 보증금 몰수함), 산청군으로부
터 건축허가(2014-민원과-신축신고-452호)를 득하고 토목 및 건물신축 중단된 상태임. 지상 구조물을 매각에서 제외함.

토지 낙찰 후 건물주의 지료 연체를 이유로
지상권소멸청구 가능한가?

Q/ 이 사건은 토지만 매각인데, 매각에서 제외된 건물의 소유자가 토지 소유자와 동일인(조○룡)으로 추정되므로, 토지만을 낙찰받아 소유권을 취득한 후 2년 이상 지료를 연체하게 되면 곧바로 건물 소유자를 상대로 건물철거를 요구할 수 있는지 궁금합니다.

A 법정지상권과 관련하여 당사자 사이에 지료에 관한 협의가 있었거나 법원에 의하여 지료가 결정되었다는 아무런 입증이 없다면, 법정지상권자가 지료를 지급하지 않았다고 하더라도 지료 지급을 지체한 것으로는 볼 수 없습니다. 즉 이와 같은 협의나 결정이 없는 상태에서 법정지상권자가 2년 이상 지료를 지급하지 않았다고 하여 토지 소유자가 지상권소멸청구를 할 수 있는 권한은 없습니다.

그리고 지료액 또는 그 지급시기 등 지료에 관한 약정은 이를 등기하여야만 제3자에게 대항할 수 있는 것이고, 법원에 의한 지료의 결정은 당사자의 지료결정청구에 의하여 판결로 이루어져야 제3자에게도 그 효력이 미치는 것입니다(대법원 99다17140 판결).

따라서 토지 매수인(낙찰자)은 먼저 건물 소유자와 협의를 통하여 지료를 정하거나, 협의가 원만하지 않을 경우 지료결정청구의 소송을 제기하여 지료결정 판결을 받아야 하며, 그 후로 2년 이상 지료 연체가 발생했을 경우 건물철거를 청구할 수 있습니다.

민법 제287조(지상권소멸청구권)가 토지 소유자에게 지상권소멸청구권을 부여하고 있는 이유는 지상권은 성질상 그 존속기간 동안은 당연히 존속하는 것을 원칙으로 하는 것이나, 지상권자가 2년 이상 지료를 연체하는 때에는 토지 소유자로 하여금 지상권의 소멸을 청구할 수 있도록 함으로써 토지 소유자의 이익을 보호하려는 취지임을 고려해야 할 것입니다.

병합/중복	2015-21620(병합-카길애그리퓨리나)

조 회 수	(단순조회 / 5분이상 열람) ·금일 1 / 0 ·금회차공고후 32 / 3 ·누적 109 / 4	조회통계

관련 물건번호	<	**1** 종결	**2** 종결	**3** 종결	>

소 재 지	전남 나주시 노안면 유곡리 599 [도로명주소]
용 도	전
토지 면적	1,058m² (320평)
건물 면적	0m² (0평)
경매 구분	강제경매
청 구 액	105,837,412
채 권 자	㈜ 카 애그리퓨리나
주의 사항	·법정지상권 ·입찰외 ·농지취득자격증명 [특수件분석신청]

감 정 가	**22,144,000**
최 저 가	**17,715,000** (80%)
보 증 금	1,771,500 (10%)
소 유 자	조⬛룡
채 무 자	조⬛룡

■ 감정서요약 (2015.11.12 반도감정)

소재지	구분	용도/상태		경매면적	감정가
[520-813] 노안면 유곡리 599	토지	전/잡종지		1058m² (320평)	19,044,000
	수목	·감나무13주, 배나무3주, 꾸지뽕나 무34주, 구슬나무5주등식재			3,100,000
	입찰외 제시외	돈사 ·599, 산70-1지상		385.4m² (116.6평)	6,937,200 [매각제외]
		돈사		63.6m² (19.2평)	3,561,600 [매각제외]
		돈사		19.4m² (5.9평)	776,000 [매각제외]
			계	468.4m² (142평)	11,274,800
					계 33,418,800

표준공시지가 : 8,300원 / 개별공시지가 : 8,300원 / 감정지가 : 18,000원
-농취증필요
자연녹지지역 / 개발제한구역
- ▶호애원남서측인근위치
- ▶차량출입가능
- ▶교통사정무난
- ▶세로(불)접함
- ▶주위전,답,돈사등소재
- ▶인근간선도로소재
- ▶부정형평지

■ 등기부현황 (열람일자:2015-10-30)   ※ 건물의 권리관계로만 분석되었으므로, 실제와 차이가 있을 수 있습니다. (토지등기부 확인필)

접수일자	권리종류	권리자	채권금액 예상배당액	말소	비고
2008-04-01	소유권	조⬛룡			
2015-10-13	강제	카길애그리퓨리나	105,837,412 17,674,190	말소	말소기준등기/경매기입등기
등기부채권총액 : 105,837,412					

■ 임차인현황   ※ 건물의 권리관계로만 분석되었으므로, 실제와 차이가 있을 수 있습니다. (토지등기부 확인필)

법원 기록상 임차인이 없습니다.

채무자(소유자)점유.채무자 조⬛룡의 자 조⬛태에게 문의하고 권리신고안내서도 교부함. 제시외건물은 채무자의 소유라고 함

분묘의 분묘기지권 성립요건

Q 토지만 매각사건으로 토지 일부 지상에 입찰 외 분묘가 소재하고 있는데, 분묘기지권이 성립할 수 있는지 궁금합니다.

A 등기부상 1순위 근저당권자(울○수협)가 신청한 임의경매사건인데, 동소 지상에 '입찰 외 분묘'가 소재하고 있어서 분묘기지권 성립 여부가 문제 될 수 있습니다.

분묘기지권 성립 여부를 판단하기 위해서는 마을 이장과 주민, 토지 소유자를 만나 보는 등 탐문 조사를 통하여 설치시기가 언제이고 연고자가 누구인지 파악하는 일이 선행되어야 합니다.

그 결과 ① 토지 소유자의 승낙을 얻어 설치한 분묘 ② 토지 소유자의 승낙 없이 분묘 설치 후 20년 경과 ③ 자기 소유의 토지에 분묘를 설치한 후 이장 특약 없이 토지만을 타인에게 처분한 경우 중 어느 하나에 해당하면 분묘기지권이 성립할 수 있습니다. 분묘기지권이 성립하면 권리자가 분묘의 수호를 계속하는 동안 존속하고, 이장(移葬)을 요구할 수 없습니다.

만약 분묘기지권이 성립할 수 없을 때에는 이장이나 개장(改葬)을 요구하는 등 장사 등에 관한 법률(제27조, 제28조 참고)에 따라 대응책을 강구하면 되겠습니다.

위 ②항에 의해 성립되는 분묘기지권은 2001년 1월 13일 이전에 설치한 분묘만 해당하고, 그 이후 타인의 토지에 무단으로 설치한 경우에는 분묘기지권이 성립할 수 없으며, 토지 소유자의 개장 요구에 대항할 수 없습니다.

다만 자기의 토지 또는 소유자의 승낙을 얻어 설치했을 때에는 설치기간의 제한(최장 60년)을 받게 된다는 점을 감안하고 입찰하시기 바랍니다(장사 등에 관한 법률 제19조).

과거사건	울산8계 2011-21619 , 울산1계 2012-13790 , 울산3계 2013-14813 , 울산3계 2014-9733

조 회 수	(단순조회 / 5분이상 열람) · 금일 1 / 0 · 금회차공고후 62 / 8 · 누적 338 / 31	조회통계

소 재 지	울산 울주군 서생면 서생리 산53 도로명주소		
용 도	임야	감 정 가	106,218,000
토지 면적	5,058㎡ (1,530평)	최 저 가	106,218,000 (100%)
건물 면적	0㎡ (0평)	보 증 금	31,865,400 (30%)
경매 구분	임의경매	소 유 자	김●곤
청 구 액	55,267,274	채 무 자	김●우외1
채 권 자	울산수산업협동조합		
주 의 사항	· 재매각물건 · 분묘기지권 · 입찰외 특수件분석신청		

■ 감정서요약 (2015.07.02 중앙감정)

소재지	구분	용도/상태	경매면적	감정가
[689-883] 서생면 서생리 산53 	토지	임야/일부도로,하천	5058㎡ (1530평)	106,218,000 1㎡당 21,000 1평당 69,424

감정지가 : 21,000원
-입찰외분묘소재 분묘기지권성립여지있음
도시지역 / 자연녹지지역 / 현상변경허가대상구역(2012.12.24) / 현상변경허가대상구역(2012.12.28) / 하천구역(진하천) / 상대정화구역(2014.03.24)
▶성동초등학교남서측근거리위치　　　　　▶주위농경지,임야,주택등형성
▶차량접근가능　　　　　　　　　　　　　▶대중교통사정보통
▶남동하향부정형경사지,자연림　　　　　　▶남동측4m도로개설
▶근린공원저촉

■ 등기부현황 (열람일자:2016-08-12)

접수일자	권리종류	권리자	채권금액 예상배당액	말소	비고
2003-07-21	소유권	김●곤			
2006-11-09	근저당권	울산수협	78,000,000 78,000,000	말소	말소기준등기
2006-11-09	지상권	울산수협		말소	
2009-01-20	근저당권	울산중앙신협	28,000,000 28,000,000	말소	
2011-06-23	근저당권	울산중앙신협	100,100,000 486,654	말소	
2011-08-23	근저당권	이●동	80,000,000	말소	
2011-10-17	근저당권	안●호	230,000,000	말소	
2012-05-30	가등기	정●주		말소	
2015-06-10	임의	울산수협 채권관리팀		말소	경매기입등기
등기부채권총액 : 516,100,000					

■ 참고사항

· 1.재매각(매수신청의 보증액은 최저매각가격의 30%임)
· 미확인 분묘있을 수 있으며, 그에 따른 분묘기지권 성립 여부는 불분명함

입찰 외 분묘에 대한
지료 청구 가능성

Q 매각대상 토지상에 분묘 1기가 소재하고 있는데, 분묘의 경우에도 건물과 마찬가지로 지료(토지사용료) 청구를 할 수 있는지 궁금합니다.

A 분묘기지권은 ① 토지 소유자의 승낙을 얻어 설치한 분묘 ② 토지 소유자의 승낙 없이 분묘 설치 후 20년 경과 ③ 자기 소유의 토지에 분묘를 설치한 후 이장 특약 없이 토지만을 타인에게 처분한 경우 중 어느 하나에 해당하면 성립할 수 있는데, 성립 연유에 따라 지료를 청구할 수 있는 경우와 없는 경우로 판례가 나뉘고 있습니다.

즉 위 ① 또는 ②와 같이 토지 소유자의 승낙을 얻어 설치된 분묘이거나, 토지 소유자가 스스로 분묘를 설치한 후 이장 특약 없이 양도한 경우에 법정지상권과 유사한 분묘기지권을 취득하게 되는데, 이 경우에는 토지 소유자에게 지료를 지급할 의무를 부담한다는 것이 판례입니다(강릉지원 2012가단3834 판결, 대법원 2015다206850 판결).

①, ②와는 달리 ③과 같이 타인 소유의 토지에 소유자의 승낙 없이 분묘를 설치하고 20년간 평온, 공연하게 그 분묘의 기지를 점유한 경우에도 분묘기지권을 시효로 취득하게 되는데, 이 경우에는 지료에 관한 약정이 없는 이상 지료의 지급을 청구할 수 없다는 것이 대법원 판례입니다(대법원 판례 94다37912호). 즉 분묘기지권을 시효 취득하는 경우에는 지료를 청구할 수 없습니다.

그러므로 분묘소재지 마을 이장과 주민, 토지 소유자를 만나 보는 등 탐문조사를 통하여 어떤 연유로 분묘가 설치되었는지 파악(탐문)하는 일이 선행되어야 하고, 그 결과에 따라 지료 청구 여부를 결정하면 되겠습니다. 그리고 지료를 지급해야 하는 분묘기지권을 취득한 자가 협의 또는 판결에 따라 분묘기지권에 관한 지료의 액수가 정해졌음에도 지료 지급을 지체하여 지체된 지료가 협의 또는 판결확정 전후에 걸쳐 2년분 이상이 되는 경우, 토지 소유자는 분묘기지권의 소멸을 청구할 수 있습니다(민법 제287조 참고).

병합/중복	2016-68(중복-공주신협)

조 회 수	(단순조회 / 5분이상 열람) · 금일 1 / 0 · 금회차공고후 39 / 1 · 누적 136 / 10	조회통계

관련 물건번호	<	3 매각	4 매각	5 매각	6 매각	7 매각	8 매각	>

소 재 지	충남 공주시 유구읍 노동리 산50 도로명주소	
용 도	임야	감 정 가	**522,326,400**
토지 면적	108,818m² (32,917평)	최 저 가	**179,158,000 (34%)**
건물 면적	0m² (0평)	보 증 금	17,915,800 (10%)
경매 구분	강제경매	소 유 자	한■숙
청 구 액	24,090,668	채 무 자	한■숙
채 권 자	강■곤		
주의 사항	· 맹지 · 분묘기지권 · 입찰외 특수件분석신청	

■ 감정서요약 (2015.12.14 나라감정)

소재지	구분	용도/상태	경매면적		감정가
[314-892] 유구읍 노동리 산50	토지	임야	108818m²	(32917.4 평)	522,326,400 1m²당 4,800 1평당 15,868

표준공시지가 : 2,000원 / 개별공시지가 : 1,520원 / 감정지가 : 4,800원
-소나무등포함
-입찰외하단부연고자미상분묘약1기소재 분묘기지권성립여부불분명
계획관리지역 / 농림지역 / 보전산지 / 임업용산지

▶노동마을남측인근 ▶주위농경지,임야등형성된산간농경지대
▶제반교통사정보통 ▶부정형급경사지,자연림
▶지적도상맹지

■ 등기부현황 (열람일자:2016-05-11)

접수일자	권리종류	권리자	채권금액 예상배당액	말소	비고
2004-04-01	소유권	한■숙			
2011-12-23	근저당권	공주신협	260,000,000 204,250,880	말소	말소기준등기
2011-12-23	지상권	공주신협		말소	
2014-01-28	근저당권	장■갑	30,000,000	말소	
2014-03-19	근저당권	구봉신협	32,500,000	말소	
2015-03-30	압류	공주시		말소	
2015-04-28	압류	국민건강보험공단 공주지사		말소	
2015-07-31	압류	공주세무서		말소	
2015-12-02	강제	강■곤	24,090,668	말소	경매기입등기
2016-01-12	임의	공주신협		말소	
등기부채권총액 : 346,590,668					

■ 참고사항

· 관련사건☞ 대전지방법원 2015차3783 (외상대금)

· 지상 분묘로인한 분묘기지권 성립여부 불분명
· 지상 분묘로인한 분묘기지권 성립여부 불분명

사라진 관습법

개발기간을 단축할 수 있고, 자연경관 복원에 기여할 것

관습법상 인정되어 오던 분묘기지권은 2001년 1월 13일 이전에 설치한 분묘만 해당하고, 그 이후에 타인의 토지에 무단으로 설치한 경우에는 성립할 수 없으며, 토지 소유자의 개장 요구에 대항할 수 없다. 그 외에 자기의 토지 또는 소유자의 승낙을 얻어 설치했을 때에도 설치기간은 15년으로 제한을 받는다. 15년의 설치기간이 지난 분묘의 연고자는 시장, 군수, 구청장 등에게 설치기간의 연장을 신청할 수 있으며, 한 번에 15년씩 3회 동안 연장할 수 있다(장사 등에 관한 법률 제19조).

설치기간이 끝난 분묘의 연고자는 설치기간이 끝난 날부터 1년 이내에 해당 분묘에 설치된 시설물을 철거하고, 매장된 유골을 화장(火葬)하거나 봉안(奉安, 시신을 화장하여 그 유골을 그릇이나 봉안당에 모시는 일)하여야 한다.

분묘기지권 성립요건 3가지

분묘기지권은 존속기간이 없고 지료도 청구할 수 없다

분묘기지권이 성립할 경우에는 존속기간이 없어서 권리자가 분묘의 수호와 봉사를 계속하는 동안 존속하고, 이장(移葬)을 요구할 수 없다. 특별한 약정이 없는 한 지료도 청구할 수 없다는 것이 판례이다(대법원 94다37912 판결).

만약 분묘기지권이 성립할 수 없을 때에는 이장이나 개장을 요구할 수 있고, 무연고 분묘를 개장하고자 할 경우에는 분묘를 관할하는 시장, 군수, 구청장의 허가를 받아서 일간신문에 2회 이상 공고(공고내용은 분묘의 위치와 장소, 개장사유, 개장 후 안치장소 및 기간, 토지 소유자의 성명과 주소 및 연락방법 등)를 해야 하는 등 장사 등에 관한 법률 제27조와 제28조에서 규정하고 있는 절차에 따라야 한다.

무연고 분묘의
처리 방법과 절차

Q/ 건물을 제외하고 토지만 매각사건인데, 토지 일부 지상에 입찰 외 분묘(5기)가 소재하고 있습니다. 법원기록과 현황사진 등을 보면 입찰 외 분묘의 관리상태가 좋지 않다는 점에서 무연고 분묘로 추정되는데, 분묘기지권은 성립할 수 있는지, 낙찰받은 후에 무연고 분묘를 어떻게 처리해야 하는지 궁금합니다.

A 이 사건은 건물을 제외한 토지의 임의경매사건(채권자 한○화훼농협)인데, 동소 지상에 '입찰 외 분묘(5기)'가 소재하고 있어서 분묘기지권 성립 여부가 문제 될 수 있습니다.

분묘기지권과 관련하여 마을 이장과 주민, 소유자 등을 만나 언제 설치된 분묘인지, 연고자가 누구인지 탐문조사를 선행할 필요가 있습니다.

그 결과 분묘기지권 성립 여부를 판단(① 토지 소유자의 승낙을 얻어 설치한 분묘 ② 토지 소유자의 승낙 없이 분묘 설치 후 20년 경과 ③ 자기 소유의 토지에 분묘를 설치한 후 이장 특약 없이 토지만을 타인에게 처분한 경우 중 어느 하나에 해당하면 성립)해 본 후에 이장이나 개장을 요구하는 등 장사 등에 관한 법률 제27조와 제28조에 따라 대응책을 강구하시기 바랍니다.

그 외에 무연고 분묘에 대한 처리절차로는 우선 현지답사를 통하여 지장물(분묘 기수 확인) 조사 및 사진촬영을 하고, 관할관청(시장, 군수, 구청장)을 방문하여 개장공고허가신청(분묘사진, 사유서 등 제출)을 하여야 합니다.

분묘개장 공고는 전국 일간신문 2개 이상에 2회 이상 실시한 다음 관할관청(시장, 군수, 구청장)에서 개장신고필증을 교부받아 개장, 화장, 안치 등의 절차를 거쳐 분묘 개장작업을 완료한 후 관할관청에 완료한 서류를 제출하면 됩니다.

과거사건	고양1계 2015-7813

조 회 수	(단순조회 / 5분이상 열람) · 금일 1 / 0 · 금회차공고후 68 / 12 · 누적 307 / 38	조회통계

본건 중간 부분

소 재 지	경기 고양시 일산서구 덕이동 666-2 도로명주소		
용 도	임야	감 정 가	**927,900,000**
토지 면적	3,093㎡ (936평)	최 저 가	**454,671,000 (49%)**
건물 면적	0㎡ (0평)	보 증 금	45,467,100 (10%)
경매 구분	임의경매	소 유 자	김⬤쇠
청 구 액	589,026,718	채 무 자	김⬤쇠
채 권 자	한국화훼농업협동조합		
주의 사항	· 분묘기지권 · 입찰외 특수件분석신청		

■ 감정서요약 (2016.03.29 세일감정)

소재지	구분	용도/상태	경매면적	감정가
[411-450] 덕이동 666-2	토지	임야/일부묘지	3093㎡ (935.6평)	927,900,000 1㎡당 300,000 1평당 991,770

표준공시지가 : 145,000원 / 감정지가 : 300,000원
-입목(송목,활잡목)포함
-입찰외분묘5기소재(일부지상4-5기,인접지경계선상1기) 분묘기지권성립여부불분명
보전관리지역 / 과밀억제권역
▶백송고등학교북서측근거리위치 　　　　　▶인근차량접근가능
▶버스(정)인근소재 　　　　　　　　　　　▶교통사정보통
▶남측3m지점,5m인접지통로통해출입
▶표고(5-6m)낮은부정형의동사향토지,자연림
▶주위아파트및농경지,공장,단독주택,임야등혼재한지대

■ 등기부현황 (열람일자:2016-09-13)

접수일자	권리종류	권리자	채권금액 예상배당액	말소	비고
2008-02-18	소유권	김⬤쇠			
2010-11-30	근저당권	한국화훼농협 후곡	624,000,000 448,860,734	말소	말소기준등기
2010-12-01	지상권	한국화훼농협		말소	
2014-12-05	압류	고양시일산서구		말소	
2016-03-21	임의	한국화훼농협		말소	경매기입등기
등기부채권총액 : 624,000,000					

■ 임차인현황

법원 기록상 임차인이 없습니다.

사람이 없어 점유자 확인이 안되므로 점유관계 등은 별도의 확인요망

■ 참고사항

· 제시외 분묘 5기 정도 소재하나 분묘기지권 성립여부 불분명.

간판공사대금으로
유치권을 주장할 수 있을까?

Q 매각대상 토지와 건물을 일괄 매각하는 임의경매사건으로, 건물에 대하여 1998년 6월경 소유권보존 등기가 되었는데, 신축공사대금 등이 아닌 간판공사대금 명목으로 유치권이 신고되어 있습니다. 이 경우 유치권이 성립할 수 있는지 궁금합니다.

A 민법 제320조 제1항은 "타인의 물건 또는 유가증권을 점유한 자는 그 물건이나 유가증권에 관하여 생긴 채권이 변제기에 있는 경우에는 변제를 받을 때까지 그 물건 또는 유가증권을 유치할 권리가 있다"고 규정하고 있으므로, 유치권의 피담보채권은 '그 물건에 관하여 생긴 채권(견련성)'이어야 합니다(대법원 2011다96208 판결).

그런데 건물의 옥탑이나 외벽 등에 설치된 간판의 경우, 일반적으로 건물의 일부가 아니라 독립된 물건으로 남아 있으면서 과다한 비용을 들이지 않고 건물로부터 분리할 수 있는 것이라고 충분히 예상할 수 있고, 그러한 경우에는 특별한 사정이 없는 한 간판설치 공사대금 채권을 그 건물 자체에 관하여 생긴 채권이라고 할 수 없다는 것이 판례입니다(대법원 2011다44788 판결).

그러므로 이 사건은 매각대상인 부동산 그 자체에 관하여 생긴 채권이 아닌, 건물과 분리할 수 있는 동산에 관하여 생긴 채권이므로 유치권이 성립하기는 어려울 것으로 예상됩니다.

※ 참조 법률조문

민법

제321조(유치권의 불가분성) 유치권자는 채권전부의 변제를 받을 때까지 유치물전부에 대하여 그 권리를 행사할 수 있다.

제326조(피담보채권의 소멸시효) 유치권의 행사는 채권의 소멸시효의 진행에 영향을 미치지 아니한다.

제328조(점유상실과 유치권소멸) 유치권은 점유의 상실로 인하여 소멸한다.

목포2계 2015-9593 신북면 근린시설

 지지옥션

소 재 지	전남 영암군 신북면 이천리 658 ,-6 1호 [일괄]-5, -6, 662-1, 외5 (58403) 전남 영암군 신북면 예항로 2368		
용 도	근린시설	감 정 가	**1,276,317,300**
토지 면적	9,072㎡ (2,744평)	최 저 가	**893,422,000 (70%)**
건물 면적	1,584㎡ (479평) 제시외 19.1㎡ (5.78평)	보 증 금	89,342,200 (10%)
경매 구분	임의경매	소 유 자	유■열
청 구 액	891,765,139	채 무 자	유■열
채 권 자	신북농업협동조합		
주의 사항	· 유치권 · 법정지상권 · 입찰외 [특수件분석신청]		

■ 건축물현황
면적단위 : ㎡(평)

소재지	전라남도 영암군 신북면 이천리 658 외 1필지 1동				
대지면적		연면적	612(185)	허가일자	1997-03-21
건축면적	415(126)	용적률산정용연면적	612(185)	착공일자	1997-05-21
건폐율		용적률		사용승인일자	1997-10-24
주차장				엘레베이터	없음
기타	-관람집회시설,-증축분허가일자(97.11.24),-증축분착공일자(97.11.27)				
변동사항	· 1998.06.02　98.6.2 이기되어 신규작성 · 1998.06.02　98.6.1 2층 180.0㎡ 집회장 및 연회장과 96.0㎡ 사무실 증축 · 2005.05.12　2005년도 건축물대장 정비사업에 의거 시공자주민번호(가)이 에서 460306-*******(으)로 직권변경				

■ 임차인현황
※ 건물의 권리관계로만 분석되었으므로, 실제와 차이가 있을 수 있습니다. (토지등기부 확인필)

임차인/대항력	점유현황	전입/확정/배당	보증금/월세	예상배당액 예상인수액	인수
최■자	無 [점포] 1층(110㎡) 편의점 조사서상: 보증금 4000만/30 만 확정 2015.09.15 점유 2015.09.01-2018.08.31	사업 2015-09-02 확정 2015-09-01 배당 2015-11-19	보 20,000,000 월 200,000 환산 40,000,000	-	소멸
명■렌트카영암지점	[미상] 미상 조사서상 점유 2014.07.28-2016.07.27		월 1,000,000	-	소멸
김■돈	無 [점포] 점유 2015.08.10-	사업 2015-08-11 확정 2015-09-16 배당 2015-09-21	보 25,000,000	7,500,000	소멸
오■영	無 조사서상	전입 2015-08-31		-	소멸

임차인수 : 4명 / 보증금합계 : 45,000,000 / 월세합계 : 1,200,000

■ 참고사항

· 제시외건물 중 (ㄱ,ㄴ,ㄷ,ㄹ)매각포함, (ㅁ,ㅂ,ㅅ)매각제외
· 매각외 컨테이너 박스, 판넬조 저온창고, 철재비닐하우스 소재
· 목록2 - 현황 잡종지
· 전입사유 미상의 전입인 있음
· 김■돈의 간판대금 3,190,000원에 대한 유치권 신고가 있으나 그 성립여부는 불분명함
· 법정지상권 성립여지 있음.
· 2015.09.21 유치권자 김■돈 유치권신고서 제출

매매대금 채권을 원인으로
유치권이 성립하는가?

Q/ 이 사건에 유치권 2건이 신고되었는데, 2015년 12월 11일자로 민○준으로부터 매매계약(매매대금)에 기한 유치권입니다. 내역을 보면 "계약금 3억 원, 중도금 3억 1,000만 원 등 매매대금채권"입니다. 이 경우 매매대금을 피담보채권으로 유치권이 성립하는지 궁금합니다.

A 이 사건에 점유관계 미상인 '민○준'으로부터 유치권이 신고된 상태입니다. 유치권이 성립하려면 몇 가지 요건을 갖추어야 하는데 첫째 타인의 물건이어야 하고, 둘째 그 물건으로부터 발생한 채권(견련성이라고 함)이 있어야 하고, 셋째 그 채권이 변제기에 있어야 하며, 넷째 유치권자가 반드시 점유하고 있어야 하고 그 점유는 불법점유가 아니어야 합니다(민법 제320조 참고).

이 사건에 유치권을 신고한 명목이 '매매대금'인데, 매매대금 채권은 별도의 부동산 매매계약에 의하여 발생한 채권이지 부동산(건물) 자체로부터 발생한 채권이 아니기 때문에 견련성이 없다는 것이 판례입니다(대법원 2011마2380 결정).

또한 법원 현황조사내역을 보면 "현장에서 만난 병원 직원(전○령)에 의하면 본 건은 프○모병원 진료실로 운영되었으나, 현재는 진료를 하지 않고 있다고 진술하였다"는 내용만 있고, 유치권을 주장하는 점유자나 게시물 등 어떠한 표식(表式)도 확인된 사실이 없다는 점을 감안하면 신고인의 미점유를 추정해 볼 수 있겠습니다. 점유가 유치권의 성립요건이자 존속요건인데, 경매개시결정일 이후에 점유한 경우에는 유치권이 성립할 수 없다는 대법원 판례(2008다70763)가 있습니다.

즉 매매대금 채권은 매각대상 부동산으로부터 발생한 채권이 아니고 유치권 신고인의 미점유가 추정되므로 유치권이 성립하기는 어려울 것으로 판단됩니다.

조 회 수	(단순조회 / 5분이상 열람) · 금일 **1** / 0 · 금회차공고후 **262** / 47 · 누적 **450** / 72	조회통계

관련 물건번호	‹	**1** 종결	**2** 종결	**3** 종결	›

소 재 지	경기 부천시 중동 1167-1 미라클타워 3층 301호 [일괄]302호, (14546) 경기 부천시 석천로177번길 39		
용 도	병원	감 정 가	**930,000,000**
토지 면적	88㎡ (27평)	최 저 가	**651,000,000** (70%)
건물 면적	474㎡ (143평)	보 증 금	65,100,000 (10%)
경매 구분	임의경매	소 유 자	조⬛훈
청 구 액	1,752,162,349	채 무 자	조⬛훈
채 권 자	에이피제4에이유동화전문유한회사(전:국민은행)		
주의 사항	· 유치권 [특수件분석신청]		

■ 감정서요약 (2015.08.24 영재감정)

토지:279,000,000	건물:651,000,000		제시외:X	기타:X	합계:930,000,000

소재지	구분	용도/상태	경매면적	감정가
[420-020] 중동 1167-1 3층 301호	토지	3층 대지	840.1㎡ 중 53.8㎡ (16.3평)	171,000,000
	건물	3층 병원 · 공용:210.106	291.2㎡ (88.1평)	399,000,000
			계 570,000,000	

· 총 10층 · 보존-2004.01.02
· 승인-2003.12.24

중심상업지역 / 방화지구 / 지구단위계획구역(중동지구) / 과밀억제권역

■ 임차인현황

임차인/대항력	점유현황	전입/확정/배당	보증금/월세	예상배당액 예상인수액	인수
프⬛모병원	[병원] 미전입 조사서상 점유기간미상			-	소멸

임차인수 : 1명 / 보증금합계 : 0 / 월세합계 : 0

302호(목록 2번 건물)와 벽체 구분 없이 통합하여 프⬛모병원 진료실로 운영되었음. 현장에서 만난 병원 직원 전⬛령(30대 후반 가량 여자)에 의하면, 최근까지 진료하다가 현재는 진료를 하지 않고 있으며 재활병동(목록 3번 901호, 목록 4번 902호, 목록 5번 1001호)에 입원에 있던 환자들도 모두 퇴원한 상태라고 하였음. 본건 건물에 대한 프⬛모병원의 임대차관계 등 점유권원에 대하여는 아는 바가 없다고 함, 관할세무서에 상가임대차관계 등을 확인하기 위하여 등록사항 등의 열람, 제공 요청한 바, `열람제공대상 임차인 없음`으로 제공받지 못하였으나, 현재 점유하고 있는 프⬛모병원을 일단 임차인으로 등재하였으니 상세한 임대차관계나 점유권원 등은 별도 확인을 바람

*301호 302호는 프⬛모병원 진료실 및 사무실로 벽체 구분 없이 통합하여 사용하다가 진료가 중단된 상태이며, 901호와 902호 1001호는 재활병동 입원실로 사용되다가 환자 모두 퇴원하고 폐쇄된 상태임. 프⬛모병원 직원 전⬛령은 임대차관계 등 본건 건물에 대한 프⬛모병원의 점유관계 등에 대하여 아는 바가 없다고 함.관할세무서에 등록 사항 등의 열람 제공요청한 바, `열람 제공 대상 임차인 없음`으로 나타남

■ 참고사항

· 1. 일괄매각, 본건은 벽체구분없이 사용하고 있음.
· 2. 2015.12.11.자로 민⬛준으로부터 매매계약에 기한 유치권신고(계약금 300,000,000원, 중도금 310,000,000원 납입)가 있으나 그 성립여부는 불분명함
· 3. 2015.12.22.자로 (주)케⬛씨건설로부터 공사대금 금113,281,000원의 유치권신고가 있으나 그 성립여부는 불분명함

유치권 포기각서를 제출하면
유치권은 소멸되는가?

Q 이 사건은 토지와 건물(공장)이 매각대상으로, 건물 신축에 따라 2013년 9월경 소유권보존등기가 되었는데, 등기사항전부증명서상 2순위 근저당권자(이○희)가 2015년 11월경 유치권 신고를 하였다가 3개월 뒤에 유치권 포기각서를 제출한 바 있습니다. 이 경우 유치권이 성립할 수 없는지 궁금합니다.

A 이 사건에 등기사항전부증명서상 '근저당권자 이○희'로부터 유치권이 신고되었는데, 법원 현황조사내역 중 "동소 448-5번지 토지상 건물(가, 나, 다 공장)은 제○케미컬(대표 이○희)로부터 유치권 행사 중이다"라는 내용까지 감안하면 유치권 존부(存否) 문제로 인한 분쟁이 있을 수 있습니다.

그런데 유치권은 법정담보물권이기는 하지만 채권자의 이익보호를 위한 채권담보의 수단에 불과하므로 이를 포기하는 특약은 유효하고, 유치권을 사전에 포기한 경우 다른 법정요건이 모두 충족되더라도 유치권이 발생하지 않는 것과 마찬가지로, 유치권을 사후에 포기한 경우 곧바로 유치권은 소멸한다고 보아야 합니다.

채권자가 유치권이 소멸된 이후에 그 목적물을 계속해서 점유한다고 하여 여기에 적법한 유치의 의사나 효력이 있다고 인정할 수 없고, 다른 법률상 권원이 없는 한 무단점유에 지나지 않는다는 것이 판례(대법원 80다1174 판결, 대법원 2010마1544 결정)입니다.

이 사건에서 2015년 11월경 부동산에 대한 공사대금 명목으로 유치권신고서가 제출되었고, 그 후인 2016년 2월 17일자로 유치권포기각서를 제출한 바 있습니다. 즉 유치권은 포기할 수 있는 권리이므로 유치권이 성립될 수 없을 것으로 판단됩니다.

조 회 수	(단순조회 / 5분이상 열람) ·금일 1 / 0 ·금회차공고후 94 / 13 ·누적 297 / 45	조회통계

관련 물건번호	‹	**1** 종결	**2** 종결		›

소 재 지	경기 김포시 대곶면 석정리 448-5 가동 [일괄]나동, 다동, -12 가동, -12 나동, -19, 외1 (10027) 경기 김포시 대곶면 대곶로 280-77	
용 도	공장	감 정 가	**2,313,027,160**
토지 면적	3,884㎡ (1,175평)	최 저 가	**1,133,383,000** (49%)
건물 면적	947㎡ (286평) 제시외 470㎡ (142.17평)	보 증 금	113,338,300 (10%)
경매 구분	임의경매	소 유 자	신■후
청 구 액	2,216,000,000	채 무 자	신■후
채 권 자	에프에스아이1503유동화전문유한회사		
주의 사항	·유치권 ·일부지분 [특수件분석신청]		

■ 감정서요약 (2015.11.02 영하감정)

토지:1,658,477,400	건물:459,929,760	제시 외:70,500,000	기타:124,120,000	합계:2,313,027,160

소재지	구분	용도/상태	경매면적	감정가
[415-835] 대곶면 석정리 448-5 가동	토지	공장용지	1428㎡ (432평)	654,024,000
	건물	제조업소	165㎡ (49.9평)	77,715,000
	기계	·기계기구7식소재-일부1식소재불명		124,120,000
			계	855,859,000

표준공시지가 : 302,000원 / 감정지가 : 458,000원
-옹벽,바닥포장등포함
▶일반철골조난연판넬지붕　　　　　▶2종근린생활시설

·총 1층 ·보존-2013.09.17

■ 임차인현황 ※ 건물의 권리관계로만 분석되었으므로, 실제와 차이가 있을 수 있습니다. (토지등기부 확인필)

임차인/대항력		점유현황	전입/확정/배당	보증금/월세	예상배당액 예상인수액	인수
(주)포프랑	無	[공장] 다동전부,448-12번지가동2층, 천막창고 대표:이■갑 조사서상전입: 2015.06.18 점유2015.05.12-2018.05.11	사업 2015-05-21 확정 2015-05-21 배당 2015-12-23	보 2,000,000 월 700,000 환산 72,000,000	2,000,000	소멸
스카이코리아		[공장] 나동전부 대표:정■현 조사서상 점유기간미상		-		소멸

임차인수 : 2명 / 보증금합계 : 2,000,000 / 월세합계 : 700,000
채무자(소유자)점유, 현장에 임하여 채권자 관리인 어■환을 만나 공장목록 확인함

■ 참고사항

·제시외건물포함. 공장 및 광업재단저당법 제6조 기계기구목록 Semi-auto Filling M/C 외 5점 포함. 목록8번은 공부상 임야이나 공장등으로 이용중임. 목록9번은 공부상 임야이나 도로 등으로 이용중임. 2015.11.24.자 이■희로부터 이 사건 부동산에 대해 공사대금 166,163,728원의 유치권신고서가 제출되었으나 그 성립여부는 불분명함. 2016.2.17. 유치권신고인 이■희로부터 유치권포기각서가 제출됨.
·2015.11.24 근저당권자 이■희 유치권에 의한 권리신고서 제출
·2016.02.17 근저당권자 이■희 유치권포기각서 제출

유치권부존재 확인소송

유치권이 성립한다는 입증책임은 유치권자에게

민사소송에서 입증책임이란 법원을 설득할 수 있는 증거를 제출하지 않는 경우에 입게 되는 소송상의 위험 또는 불이익을 말하는데, 거증책임(擧證責任)이라고도 한다.

이와 같은 입증책임을 어느 당사자에게 부담시킬 것인가를 정하는 일을 입증책임의 분배라 하는데, 입증책임의 분배는 공평의 요구, 경험상의 개연성, 그 권리의 실질적 목적 등 여러 가지를 고려하여 정한다. 일반적으로 권리관계의 발생·변경·소멸 등의 법률효과를 주장하는 사람은 이에 대한 입증책임을 진다. 그러므로 입증책임은 소송을 제기한 원고가 부담하는 것이 대부분이다.

다만 경매사건에 유치권이 신고되어 있고, 경매 신청채권자가 유치권신고인의 미점유 등 유치권의 성립요건에 부합하지 않는 것으로 추정할 경우에 '유치권부존재 확인소송'을 제기하게 되는데, 이때 유치권이 존재한다는 사실의 입증책임은 피고인 유치권자가 부담한다(대법원 97다45259 판결). 이를 입증책임의 전환이라고 한다.

유치권이 소멸되는 경우

점유상실과 무단임대 등은 유치권 소멸사유

유치권이란 타인의 물건 또는 유가증권을 점유한 자는 그 물건이나 유가증권에 관하여 생긴 채권이 변제기에 있는 경우에는 변제를 받을 때까지 그 물건 또는 유가증권을 유치할 권리를 말한다(민법 제320조).

즉 유치권의 성립요건은 ① 타인의 물건에 대하여 ② 그 물건으로부터 발생한 채권(견련성이라고 함)이 있어야 하고 ③ 피담보채권이 변제기에 있어야 하며 ④ 유치권자가 반드시 점유하고 있어야 성립한다. 유치권자는 유치권이 성립하는 동안 계속하여 점유(존속요건)하고 있어야 하고, 점유는 유치권자가 직접 점유하든 제3자를 내세워 간접 점유(점유보조자)하든 모두 인정된다.

위 요건을 충족하는 등으로 적법하게 성립한 유치권이라도 유치권자가 점유를 상실하면 유치권은 당연히 소멸한다. 그 외에도 유치권자가 불법으로 점유를 하였거나, 채무자 승낙 없이 무단으로 임대·사용·담보 제공한 경우, 채무자가 상당한 담보를 제공한 경우, 선량한 관리자의 주의의무를 위반한 경우, 피담보채권이 소멸시효가 완성된 경우도 소멸사유이다(민법 제324조 내지 제328조 참고).

지상에 공사 중단된 건물이 있고 토지만 낙찰 시 유치권이 성립하는가?

Q/ 이 사건에 2016년 1월 19일자로 디○엔건설(주)로부터 공사대금(4억 2,900만 원)을 위하여 유치권이 신고되었다는 법원기록이 있습니다. 법원 현황사진상 건축허가를 득한 후 철골공사를 하다가 중단된 철골 구조물이 소재하고 있어서 유치권이 성립할 가능성이 높다고 추정되는데, 매수인(낙찰자)이 유치권자의 공사대금채권을 인수해야 하는지 궁금합니다.

A 이 사건에 '디○엔건설(주)'로부터 유치권이 신고되었는데, 법원 현황조사내역을 보면 "지목은 임야이나 공장을 신축하기 위한 철근이 목록 1, 4(군하리 263-8, 동소 263-13)에 각 세워져 있고, 주식회사 디○엔건설이 유치권자로 유치권 행사 중이라는 플래카드가 붙어 있다"는 조사내용이 있습니다.

감정평가서에도 "본 건 토지는 건축허가(일반음식점)를 득하여 현재 철골공사를 하다가 중단된 상태이다"라는 평가의견이 있습니다. 이 내용 등을 감안하면 유치권 존부(存否) 문제로 인한 분쟁 발생을 예상해 볼 수도 있겠습니다.

다만 본 건은 건물을 제외한 토지만의 매각사건이고, 건물 신축 중 토지만이 매각(낙찰)된 사안에서 대법원은 "건물의 수급인이 사회통념상 독립한 건물이라고 볼 수 없는 정착물을 토지에 설치한 상태에서 공사가 중단된 경우에 위 정착물은 토지의 부합물에 불과하여 유치권을 행사할 수 없다. 또한 공사 중단 시까지 발생한 공사금 채권은 토지에 관하여 생긴 것이 아니므로 건축 중인 공사금 채권에 기하여 토지에 대하여 유치권을 행사할 수도 없다"고 판시(대법원 2007마98 결정, 대법원 2013다 2474 판결)하고 있습니다. 이 판례를 감안하면 유치권이 성립하기는 어려울 것으로 예상됩니다.

부천3계 2015-34104 월곶면 임야

| 과거사건 | 부천 2011-24826 , 부천 2012-13922 , 부천 2012-31364 |

| 조 회 수 | (단순조회 / 5분이상 열람) · 금일 1 / 0 · 금회차공고후 85 / 18 · 누적 257 / 45 | 조회통계 |

소 재 지	경기 김포시 월곶면 군하리 263-8 [일괄]-9, -10, -13, -15, [도로명주소]		
용 도	임야	감 정 가	2,066,509,000
토지 면적	5,710㎡ (1,727평)	최 저 가	708,812,000 (34%)
건물 면적	0㎡ (0평)	보 증 금	70,881,200 (10%)
경매 구분	임의경매	소 유 자	동■에스앤씨
청 구 액	1,142,356,123	채 무 자	동■에스앤씨
채 권 자	유아이제십삼차유동화전문유한회사(양도인:중소기업은행) (이전)		
주의 사항	· 유치권 [특수件분석신청]		

■ 등기부현황 (열람일자:2016-07-18)

접수일자	권리종류	권리자	채권금액 예상배당액	말소	비고
2010-07-06	소유권	동■에스앤씨			
2010-07-06	근저당권	중소기업은행 김포	2,160,000,000 728,121,720	말소	말소기준등기
2010-07-06	지상권	중소기업은행 김포		말소	
2014-08-18	압류	김포세무서		말소	
2014-10-27	가등기	강■운		말소	
2015-01-20	압류	김포시		말소	
2015-09-23	가처분	권■안		말소	2015 카합 327 인천 부천 강성운가등기 처 GO
2015-09-23	가압류	권■안	37,180,000	말소	2015 카단 2254 인천 부천 GO
2015-10-13	가압류	유■석	35,100,000	말소	2015 카단 2396 인천 부천 GO
2015-12-29	임의	중소기업은행 여신관리부		말소	경매기입등기
2016-01-12	압류	국민건강보험공단 김포지사		말소	

등기부채권총액 : 2,232,280,000

■ 임차인현황

법원 기록상 임차인이 없습니다.

현장에 임하였으나 아무도 만나지 못함. 지목은 임야이나 공장을 짓기 위한 철근이 263-8,-13번지에 각 세워져 있고 주식회사 D.B.N 건설이 유치권자로 유치권행사중임

■참고사항

· 1. 일괄매각. 2016.1.19.자로 디■엔건설(주)로부터 공사대금(₩429,000,000원)을 위하여 유치권신고가 있으나, 그 성립여부는 불분명.
· 2. 목록1,4,5번 토지는 잡종지 상태이며, 목록2,3번 토지는 도로예정지임.
· 3. 본건 토지는 김포시 2012-종합민원과-신축허가-401호(2012.11.1.)로 건축허가(일반음식점 건축면적 600㎡, 연면적 600㎡)를 득하여 현재 철골공사하다 중단된 상태로 철골구조물 등은 평가 및 매각제외하며 동건축허가와 관련하여 권리승계문제 등은 김포시청에 재확인이 필요함.
· 2016.01.19 기타 디■엔건설 (주) 유치권신고서 제출

형식적 경매사건에서
낙찰자의 유치권 인수 여부

Q 시공업체로 추정되는 유치권자(현○건설)가 유치권에 기하여 임의경매를 신청한 사건에서 낙찰받은 매수인(낙찰자)입니다. 그런데 갑자기 신청채권자인 현○건설 직원이라고 하면서 전화가 왔습니다. 매각가격(낙찰가격)에서 신청채권자의 피담보채권이 전액 변제받지 못한 경우에는 매수인이 인수해야 한다고 하는데, 정말로 유치권을 인수해야 하는지요?

A 유치권자는 유치권 자체에 기하여 임의경매(형식적인 경매)를 신청할 수도 있고, 유치권의 피담보채권에 대한 판결문 등 집행권원을 득하여 강제경매(실직적인 경매)를 신청할 수도 있습니다.

그런데 이 사건은 유치권에 기한 형식적인 경매이고, 유치권에 기한 임의경매일 경우에는 "매수인에게 유치권을 인수하게 한다"는 특별매각조건이 없는 이상 유치권은 소멸한다는 것이 판례입니다(대법원 2011다35593 판결, 소멸주의 원칙).

즉 이 사건은 유치권에 기한 형식적 경매이고, 법원 매각물건명세서상에 매수인이 유치권을 인수해야 한다는 특별매각조건이 없다는 점을 감안하면, 배당절차에서 피담보채권액의 전부가 아닌 일부를 배당받더라도 유치권은 매각으로 완전히 소멸하게 됩니다. 따라서 매수인이 그 유치권을 인수하지 않을 것으로 판단됩니다.

참고로 유치권자가 공사대금지급 청구소송에서 승소한 판결문 등 집행권원을 얻어 강제경매를 신청했을 때에는 그 자체만으로는 유치권이 소멸하지 않습니다. 따라서 유치권으로 담보하는 피담보채권이 전액 변제(배당)되지 않으면 유치권은 유효한바, 결국 잔존 피담보채권은 매수인이 인수하게 됩니다.

서부3계 2014-18137 불광동 아파트

과거사건	서부5계 2010-8064 , 서부2계 2011-16154

조 회 수	(단순조회 / 5분이상 열람) · 금일 1 / 0 · 금회차공고후 523 / 140 · 누적 1,049 / 234	조회통계

소 재 지	서울 은평구 불광동 635 북한산힐스테이트1차 1102동 1층 103호		
	(03366) 서울 은평구 불광로2길 33		
용 도	아파트	감 정 가	**431,000,000**
토지 면적	59㎡ (18평)	최 저 가	**275,840,000** (64%)
건물 면적	85㎡ (26평)	보 증 금	27,584,000 (10%)
경매 구분	임의경매	소 유 자	조▨권
청 구 액	758,769,904	채 무 자	조▨권
채 권 자	현대건설㈜		
주의 사항	· 유치권 [특수件분석신청]		

■ 등기부현황 (열람일자:2015-12-14)

접수일자	권리종류	권리자	채권금액 예상배당액	말소	비고
2014-08-27	소유권	조▨권			
2014-08-27	근저당권	한국양계축협 주사무소	99,600,000 99,600,000	말소	말소기준등기
2014-12-02	임의	현대건설	758,769,904 250,042,272	말소	경매기입등기
등기부채권총액 : 99,600,000					

■ 임차인현황

임차인/대항력	점유현황	전입/확정/배당	보증금/월세	예상배당액 예상인수액	인수
현대건설(주)	전부 점유2008.07.05-			-	소멸
임차인수 : 1명 / 보증금합계 : 0 / 월세합계 : 0					

폐문부재로 안내문을 남겨두고 왔으나 아무 연락이 없고 전입세대열람 내역(동거인포함)서상에도 전입세대가 없어 점유관계 미상. 현관문에는 현대건설(주)에서 08.7.5자 부터 유치권을 행사 중이라는 경고문이 붙어 있음

■ 지지옥션 세대조사 (주민센터확인 : 2015.12.15)

전입세대 없음.

■ 참고사항

· 유치권 행사에 의해 장기간 거주자가 없는 상태로 일부설비에 대한 보수가 필요할 것으로 예상되오니 참고바람
· 현대건설(주): 1.유치권자 현대건설(주)는 경매신청채권자임.1.현관문에는 현대건설(주)에서 2008.7.5.부터 유치권을 행사 중이라는 경고문이 붙어 있음.(2014.12.12.현황조사보고사)
· 2.유치권행사로 인해 장기간 거주자가 없는 상태로 일부 설비에 대한 보수가 필요할 것으로 예상됨.(2014.12.11.감정평가서)
· 3. 유치권자 현대건설(주)는 경매신청채권자임.

선순위 근저당권 설정 이후
상사유치권이 신고된 경우의 인수 여부

Q 이 사건의 유치권 신고인 중에서 2016년 4월 15일자로 정○업이 (주)신○전기의 원자재 구입 등과 관련한 4억여 원 상당의 원자재 매입자금에 대한 상사유치권을 신고한 바 있습니다. 매수인이 상사유치권까지 인수해야 하는지 궁금합니다.

A 상인 간의 상행위로 인한 채권이 변제기에 있는 때에는 채권자는 변제를 받을 때까지 그 채무자에 대한 상행위로 인해 자기가 점유하고 있는 채무자 소유의 물건을 유치할 수 있는데, 이를 상사유치권이라고 합니다. 민사유치권과의 차이점은 피담보채권과 유치물 간의 견련성이 필요 없다는 점입니다. 즉 견련성은 그 요건이 아니지만, 유치권의 대상이 되는 물건(부동산)은 채무자 소유여야 하고 반드시 점유하고 있어야 합니다(상법 제58조, 민법 320조).

그리고 유치권 성립 당시 이미 목적물에 대해 제3자가 권리자인 제한물권이 설정되어 있다면 상사유치권은 제한된 채무자의 소유권에 기초하여 성립할 뿐, 기존의 제한물권이 확보하고 있는 담보가치를 사후적으로 침탈하지는 못합니다.

즉, 채무자 소유의 부동산에 관하여 이미 선행 저당권이 설정되어 있는 상태에서 채권자의 상사유치권이 성립한 경우, 상사유치권자는 채무자 및 그 이후 그 채무자로부터 부동산을 양수하거나 제한물권을 설정받는 자에 대해서는 대항할 수 있지만, 선행저당권자 또는 선행저당권에 기한 임의경매절차에서 부동산을 취득한 매수인에 대한 관계에서는 그 상사유치권으로 대항할 수 없다는 것이 판례(대법원 2010다57350 판결)입니다.

그러나 매각부동산에 대한 집행관 현황조사 당시에 소유자와 임차인만이 점유하는 것으로 조사되었는데, 점유가 유치권(상사유치권 포함)의 성립요건이자 존속요건이고, 경매개시결정일 이후에 점유한 경우에는 유치권이 성립할 수 없다는 판례(대법원 2008다70763 판결)까지 감안하면 유치권이 성립하기는 현실적으로 어려울 것으로 판단됩니다.

중앙2계 2015-11084 도곡동 아파트

병합/중복	2015-14113(중복-한국씨티은행)

소 재 지	서울 강남구 도곡동 969 도곡2차아이파크 101동 6층 601호 (06264) 서울 강남구 도곡로14길 28	
용 도	아파트	감 정 가	1,540,000,000
토지 면적	89㎡ (27평)	최 저 가	985,600,000 (64%)
건물 면적	176㎡ (53평)	보 증 금	98,560,000 (10%)
경매 구분	임의경매	소 유 자	정○순
청 구 액	413,215,882	채 무 자	에○에이케이
채 권 자	㈜신한은행의양수인 한국자산관리공사
주의 사항	· 유치권 [특수件분석신청]

■ 등기부현황 (열람일자:2016-01-26)

접수일자	권리종류	권리자	채권금액 예상배당액	말소	비고 NPL
2006-04-10	소유권	정○순			
2013-05-30	근저당권	한국씨티은행 교문동	924,000,000 924,000,000	말소	말소기준등기
2013-12-11	근저당권	한국자산관리공사 서울지역본부	480,000,000 421,438,374	말소	
2015-04-16	가압류	기술신용보증기금 울산기술평가	1,287,750,000	말소	2015 카단 10223 울산 GO
2015-04-24	가압류	국민은행 부산여신관리	948,569,242	말소	2015 카단 2939 부산 GO
2015-05-22	가압류	기술신용보증기금 울산기술평가	615,000,000	말소	2015 카단 10304 울산 GO
2015-06-19	가압류	한국무역보험공사	600,000,000	말소	2015 카합 10092 울산 GO
2015-07-09	임의	신한은행 여신관리부	413,215,882	말소	경매기입등기
2015-08-18	가압류	국민은행 부산여신관리	398,519,831	말소	2015 카단 6079 부산 GO
2015-08-21	임의	한국씨티은행 소비자금융리스크관리		말소	
2016-01-20	압류	국민건강보험공단 울산중부지사		말소	

등기부채권총액 : 5,253,839,073

■ 참고사항

· 1.(주)일○건영(대표 임○회)로부터 2015. 9. 30.자 공사대금 125,398,000원, 2015. 11. 6.자로 54,340,000원의 각 유치권신고가 있고, 박○신으로부터 2016. 1. 8.자 공사대금 55,000,000원 유치권신고가 있음. 각 유치권의 성립여부는 불분명함.
· 2.근저당권자 한국씨티은행이 권리신고인(임차인) 임○애와 소유자 정○순이 부부사이라는 의견서 제출(2013.05.31. 울산 북구청장 발행 가족관계증명서 사본 첨부).
· 3.2016. 4. 15.자로 정진업이 (주)신○정기의 원자재구입등과 관련한 441,670,000원의 원자재 매입자금에 대한 상사유치권 신고가 있으나 그 성립여부는 불분명함(2016. 4. 19.자로 서울중앙지법 2016가합521810 유치권확인 및 대여금 사건의 소제기증명원 제출) - 2016. 5. 4.자로 근저당권자 한국씨티은행이 상사유치권불성립한다는 취지의 의견서 제출(상사유치권 신고인 정○업과 소유자 정○순은 부자관계이며, 소유자 정○순은 신○정기(주)의 대표이사이고 신고인은 사내이사로 법인등기사항증명서에 등재됨).
· 4.2016. 5. 25.자로 채권자 한국자산관리공사로부터 유치권신고인 (주)일○건영, 박○신, 정○업에 대하여 유치권배제 의견서 제출됨.
· 2015.09.30 유치권자 (주) 일○건영 유치권권리신고서 제출
· 2015.11.06 유치권자 (주) 일○건영 추가유치권신고 및 사실확인서 제출
· 2016.01.08 유치권자 박○신 유치권신고서 제출
· 2016.04.15 유치권자 정○업 상사유치권신고서 제출
· 2016.04.19 유치권자 정○업 상사유치권존재확인의소제기증명원 제출
· 2016.05.12 유치권자 정○업 기입등기이전 유치권점유현장사진 제출
· 2016.05.30 유치권자 정○업 유치권점유 사실확인서 제출
· 2016.05.31 유치권자 정○업 의견서 제출

임차인의 시설인테리어 비용으로
유치권을 주장할 수 있는가?

Q/ 상가임차인 중에서 임차인 윤○철이 유치권을 신고하였는데, 이 경우 유치권이 성립하는지 궁금합니다.

A 이 사건에 임차인으로 조사된 '윤○철(얼○추어탕)'이 유치권을 신고했는데, 매각대상 건물이 2005년에 보존등기 되었고, 법원 현황조사내역에 의하면 "등록사항 등의 현황서상 매각대상 1층 113호 전부를 임차인 윤○철이 2015년 1월부터 점유하고 있었고, 1층 112호, 113호, 114호를 경계 구분 없이 사용 중에 있다고 진술하였다"는 조사내용이 있습니다.

이 내용을 감안했을 때, 매각대상 건물의 공사대금이나 가치증가비용이 아닌 임차인이 지출한 영업장소 권리금이나 시설비(인테리어비용) 명목으로 신고한 것으로 추정됩니다.

임차인이 지출한 영업장소 권리금이나 시설비(인테리어비 등)는 건물의 객관적인 가치증가 비용(유익비)이 아니기 때문에 유치권이 성립할 수 없다는 판례(대법원 91다15591 판결)가 있습니다.

일반적으로 임차인에게 원상복구 의무가 있는데, 이 경우 유익비 상환청구권을 포기한 것으로 간주되어 유치권이 성립할 수 없다는 판례(대법원 94다20389 판결)까지 감안하면 유치권이 성립하기는 어려울 것으로 예상됩니다.

◆[참고판례] 대법원 1994.09.30. 선고 94다20389 판결◆

【판결요지】
가. 민법 제626조 제2항에서 임대인의 상환의무를 규정하고 있는 유익비란 임차인이 임차물의 객관적 가치를 증가시키기 위하여 투입한 비용을 말하는 것으로, 임차인이 임차건물부분에서 간이 음식점을 경영하기 위하여 부착시킨 시설물에 불과한 간판은 건물부분의 객관적 가치를 증가시키기 위한 것이라고 보기 어려울 뿐만 아니라, 그로 인한 가액의 증가가 현존하는 것도 아니어서 그 간판설치비를 유익비라 할 수 없다.

광주10계 2015-10453 쌍암동 상가

조 회 수				조회통계

소 재 지	광주 광산구 쌍암동 694-35 , -36, -37, -38, -39 키넥스9시네마 1동 1층 113호 (62279) 광주 광산구 임방울대로826번길 29-31		
용 도	상가	감 정 가	**182,000,000**
토지 면적	19m² (6평)	최 저 가	**127,400,000** (70%)
건물 면적	50m² (15평)	보 증 금	12,740,000 (10%)
경매 구분	임의경매	소 유 자	윤⬤웅
청 구 액	142,259,940	채 무 자	윤⬤웅
채 권 자	서창농업협동조합		
주의 사항	· 유치권 [특수件분석신청]		

■ 등기부현황 (열람일자:2016-01-26)

접수일자	권리종류	권리자	채권금액 예상배당액	말소	비고
2006-07-28	근저당권	서창농협 마륵	182,000,000 126,708,056	말소	말소기준등기
2010-08-11	소유권	윤⬤웅			
2012-04-17	전세권	지⬤희	50,000,000	말소	
2015-06-02	임의	서창농협		말소	경매기입등기
등기부채권총액 : 232,000,000					

■ 임차인현황

임차인/대항력	점유현황	전입/확정/배당	보증금/월세	예상배당액 예상인수액	인수
지⬤희 전세권자	[점포] 점유2012.04.10-2017.04.09	배당 2015-08-05	보 50,000,000	-	소멸
윤⬤철	[점포] 전부 無 얼⬤추어탕 조사서상 점유2015.01.-	사업 2015-01-12		-	소멸
임차인수 : 2명 / 보증금합계 : 50,000,000 / 월세합계 : 0					

채무자(소유자)점유. 임차인 윤⬤철에게 문의함. 임차인 윤⬤철은 1층 112호,113호,114호를 경계구분없이 사용중에 있음. 지⬤희 : 전세권자로써 전대함

■ 참고사항

· 2015.8.6.윤⬤철 14,420,000원 유치권신고있으나 유치권존재여부는 불분명
· 공부상은 구분건물이나 현황은 임차인이 112호,114호와 일체로 점유중
· 2015.08.06 기타 유치권신고인 윤현철 유치권신고서 제출

유치권자가 경매 신청한 사건,
낙찰 후 유치권은 자동 소멸되는가?

Q 이 사건은 유치권에 기하여 형식적인 경매를 신청했다는 내용이 있습니다. 경매 신청 당시의 청구금액이 7억 원 가까이 되는데, 최저가는 6억 1,000여만 원밖에 되지 않습니다. 최저가에 낙찰받는다면 나머지 차액을 매수인이 인수해야 하는지 궁금합니다.

A 이 사건은 처음에는 유치권에 기한 형식적인 경매(채권자 이○식)가 진행되었지만, 진행 도중에 1순위 근저당권자(성○중앙신협)가 임의경매를 신청하여 중복경매가 진행 중입니다. 유치권자가 단독으로 유치권에 기하여 형식적인 경매를 신청한 경우, 유치권은 매각으로 인하여 소멸되는 권리(소멸주의가 원칙)이기 때문에 유치권으로 담보하는 피담보채권 전액을 배당받았는지 여부와 관계없이 소멸되는 것이 원칙입니다.

그러나 이 사건과 같이 유치권에 기한 형식적인 경매와 민사집행법에 의한 실질적인 경매가 중복된 경우에는 유치권에 기한 경매는 중단되고, 실질적 경매에 의해 진행되므로 유치권은 소멸하지 않고 매수인(낙찰자)에게 인수되는 것이 원칙입니다(대법원 2011다35593 판결). 다만 경매절차에서 유치권자가 피담보채권 전액을 변제(배당)받거나, 중복경매가 취하되는 경우에만 유치권은 소멸되는 권리입니다.

그런데 중복경매를 신청한 1순위 근저당권자의 청구금액이 11억을 초과하는 고액이고, 매각대상 부동산의 감정가격은 상대적으로 소액인 8억 7,700여만 원에 불과하다는 점 등을 감안했을 때, 중복경매가 취하되지 않는 한 유치권은 인수하는 권리로 추정되므로 이해관계인 외의 입찰은 각별히 주의하시기 바랍니다.

병합/중복	2016-5595(중복-성남중앙신협)

조 회 수	(단순조회 / 5분이상 열람) ·금일 6 / 1 ·금회차공고후 233 / 51 ·누적 297 / 63	조회통계

소 재 지	경기 평택시 팽성읍 객사리 40 [일괄]-21, 175-21, [도로명주소]		
용 도	전	감 정 가	**877,590,000**
토지 면적	882m² (267평)	최 저 가	**614,313,000** (70%)
건물 면적	0m² (0평)	보 증 금	61,431,300 (10%)
경매 구분	형식경매(유치권)	소 유 자	배
청 구 액	689,973,530	채 무 자	배
채 권 자	이 식		
주의 사항	·유치권 ·법정지상권 ·입찰외 [특수件분석신청]		

■ 감정서요약 (2015.09.02 조양감정)

소재지	구분	용도/상태	경매면적	감정가
[451-801] 팽성읍 객사리 40	토지	전/대지	743m² (224.8평)	739,285,000
	입찰외 제시외	주택 ·소유자미상	201.6m² (61평)	– [매각제외]
		공동주택 ·소유자미상	195m² (59평)	– [매각제외]
		계	396.6m² (120평)	–
				계 739,285,000

표준공시지가 : 437,000원 / 감정지가 : 995,000원
-법정지상권성립여지있음
1종일반주거지역 / 비행안전구역(5구역,전술) / 비행안전구역(6구역,전술) / 문화재보호구역(도지정300m 이내지역-팽성읍객사)

■ 등기부현황 (열람일자:2016-09-08)

접수일자	권리종류	권리자	채권금액 예상배당액	말소	비고
2014-09-04	소유권	배			
2014-09-04	근저당권	성남중앙신협	1,235,000,000 608,002,992	말소	말소기준등기
2014-09-04	지상권	성남중앙신협		말소	
2014-09-04	근저당권	김 회	455,000,000	말소	
2015-08-03	가처분	이 식		말소	2015 카단 1410 수원 평택 [GO]
2015-08-21	강제	이 식	689,973,530	말소	경매기입등기
2015-12-16	압류	평택시		말소	
2016-06-17	임의	성남중앙신협		말소	
등기부채권총액 : 2,379,973,530					

압류금지채권

04

배당·명도·재매각

배당요구종기일까지 채권계산서를 제출하지 않은 가압류권자도 배당받을 수 있을까?

Q / 이 사건의 등기사항증명서상 5순위 가압류권자가 배당요구종기일까지 채권계산서를 제출하지 않았다면 배당에서 제외되는지 궁금합니다.

A 배당요구란 다른 채권자에 의하여 개시된 집행절차에 참가하여 동일한 재산의 매각대금에서 변제를 받으려는 집행법상의 행위로서, 다른 채권자의 강제집행절차에 편승한다는 점에서 종속적인 것입니다.

배당요구와 대비되는 행위로 권리신고가 있는데, 권리신고는 배당요구와 달리 부동산 위의 권리자가 집행법원에 신고를 하고 그 권리를 증명하는 것이며, 권리신고를 함으로써 이해관계인이 되지만(민사집행법 제90조 4호) 권리신고를 한 것만으로 당연히 배당을 받게 되는 것은 아니고 별도로 배당요구를 하여야 합니다(민사집행법 제148조 참고).

첫 경매개시결정등기 전에 가압류 집행을 한 채권자는 배당요구를 하지 않더라도 배당을 받습니다(민사집행법 제148조 3항). 따라서 이에 해당하는 가압류 채권자가 채권계산서를 제출하지 않았다 하여 배당에서 제외하여서는 안 됩니다(대법원 94다57718호 참고).

따라서 이 사건 2015년 6월 18일자 가압류 채권자는 압류등기(임의경매개시결정등기) 후 배당요구종기일 전에 가압류를 한 상태이므로 배당요구를 했다면 배당에 참가할 수 있습니다.

대전8계 2015-10127[1] 만년동 오피스텔

조 회 수	(단순조회 / 5분이상 열람) ·금일 2 / 1 ·금회차공고후 93 / 24 ·누적 124 / 33										조회통계
조회 분석	·7일내 3일이상 열람자 1 ·14일내 6일이상 열람자 1										(전국연회원전용)

관련 물건번호	<	1 기각	2 기각	3 기각	4 기각	5 기각	6 기각	7 기각	8 기각	9 기각	10 기각	>

소 재 지	대전 서구 만년동 386 ,387,388 골드벤처타워 1동 3층 303호 (35203) 대전 서구 둔산대로117번길 66		
용 도	오피스텔	감 정 가	172,900,000
토지 면적	18㎡ (5평)	최 저 가	121,030,000 (70%)
건물 면적	85㎡ (26평)	보 증 금	12,103,000 (10%)
경매 구분	강제경매	소 유 자	효●인터내셔널
청 구 액	37,000,000	채 무 자	효●인터내셔널
채 권 자	조●욱		

■ 감정서요약 (2015.05.12 터울감정)

소재지	구분	용도/상태	경매면적	감정가
[302-150] 만년동 386 ,387,388 1동 3층 303호	토지	3층 대지권	2745.7㎡ 중 18㎡ (5.4평)	34,580,000
	건물	3층 오피스텔(업무용) ·공용:54.759	85.4㎡ (25.8평)	138,320,000
			1㎡당 2,024,590 1평당 6,701,550	계 172,900,000

· 총 12층
· 승인-2002.07.05

준주거지역
▶중앙난방
▶업무시설(오피스텔)및근린생활시설
▶차량출입용이,교통사정양호
▶가장형등고평탄지
▶부근각종상업용,업무용시설,근린생활시설,대규모아파트단지등혼재

▶철콘조콘크리트슬래브지붕
▶대전문화예술의전당북서측인근
▶버스(정)인근소재
▶서측중로변접함

■ 등기부현황 (열람일자:2015-11-09)

접수일자	권리종류	권리자	채권금액 예상배당액	말소	비고
2002-09-10	근저당권	우리은행 유성	5,460,000,000 120,987,025	말소	말소기준등기
2014-09-22	가압류	골●벤처타워운영위원회	137,704,018	말소	2014 카단 6140 대전 GO
2015-04-24	강제	조●욱	37,000,000	말소	경매기입등기
2015-06-18	근저당권	차●민	25,000,000	말소	
2015-06-18	가압류	코●글로리	40,000,000	말소	2016 카단 2702 대전 GO
2015-09-15	가압류	정●	40,000,000	말소	2016 카단 61946 대전 GO

등기부채권총액 : 5,739,704,018
건물등기임

압류등기 후
가압류 채권자의 배당 여부

Q 본 건의 이해관계자입니다. 배당표를 받아 보니 압류등기 후에 등기된 다수의 가압류 채권자 중에서 '두○캐피탈'과 '웰○크레디라인대부'는 배당에 참여하지 못했는데 이유가 무엇인지 궁금합니다.

A 가압류 채권자 중에서 첫 경매개시결정기입등기 전에 가압류를 한 채권자는 배당요구를 하지 않더라도 당연히 배당받을 수 있으나(민사집행법 제148조 3호), 첫 경매개시결정기입등기 후에 가압류를 한 채권자는 경매신청인에게 대항할 수 없고, 집행법원도 가압류 사실을 알 수 없으므로 배당요구의 종기까지 배당요구를 하여야만 배당받을 수 있습니다.

그런데 이 사건의 등기사항전부증명서를 보면 2012년 8월 6일자로 압류등기(강제경매개시결정등기)가 되고, 배당요구종기일(2012.10.16) 전에 등기된 가압류 채권자 3인(두○캐피탈, 웰○크레디라인대부, 한국○○은행) 중에서 두○캐피탈과 웰○크레디라인대부는 배당요구종기일까지 채권계산서를 제출하지 않았지만, 한국○○은행은 배당요구종기일까지 배당요구를 신청한 사실이 있습니다.

따라서 압류등기 후에 등기된 채권자 중에서 배당요구종기일까지 배당요구를 신청한 한국○○은행만이 배당에 참여한 것으로 보고, 나머지 두 곳은 배당신청을 하지 않은 것으로 보게 되는 것입니다.

과거사건	대구7계 2012-4480

조 회 수	(단순조회 / 5분이상 열람) · 금일 1 / 0 · 금회차공고후 166 / 31 · 누적 282 / 34	조회통계

소 재 지	대구 수성구 범어동 371 궁전맨션 5동 8층 809호 (42099) 대구 수성구 동대구로 274		
용 도	아파트	감 정 가	**140,000,000**
토지 면적	전체 44.44 m² 중 지분 22.22 m² (6.72평)	최 저 가	**98,000,000** (70%)
건물 면적	전체 84.96 m² 중 지분 42.48 m² (12.85평)	보 증 금	9,800,000 (10%)
경매 구분	강제경매	소 유 자	하⬤효외1
청 구 액	8,610,992	채 무 자	하⬤효
채 권 자	앤⬤캐피탈대부 ㈜		
주의 사항	· 지분매각 특수件분석신청		

■ 감정서요약 (2012.08.09 미래새한감정)

소재지	용도/상태	경매면적	감정가
[706-010] 범어동 371	8층 대지권	32961m² 중 44.4m² (6.7평) 44.4m² 중 지분 22.2m²	58,800,000
	5동 809호 [33평형]	85m² 중 지분 42.5m² (12.9평)	81,200,000
		1m²당 3,294,118 1평당 10,852,713	계 140,000,000

· 토지지분 : 1/2 하석효 · 건물지분 : 1/2 하석효
▶ 도시가스중앙난방
▶ 부근아파트단지, 주변상가및일반주택등형성
▶ 대중교통사정무난
▶ 서측약70m도로를주진입로로이용중
▶ 대구여자고등학교서측인근위치
▶ 차량통행용이
▶ 등고평탄한부정형북서측완경사지

· 총 15층 · 보존-1988.06.15

■ 등기부현황 (열람일자:2014-04-16)

접수일자	권리종류	권리자	채권금액 예상배당액	말소	비고
2001-04-27	소유권	하⬤효외1			
2012-03-08	가압류	앤알캐피탈	8,436,841 4,755,593	말소	말소기준등기 2012 카단 1827 대구 GO
2012-08-06	강제	앤알캐피탈대부	8,610,992 4,853,757	말소	경매기입등기
2012-08-20	가압류	두산캐피탈 대구	80,479,187 45,363,691	말소	2012 카단 7231 대구 GO
2012-08-29	가압류	웰컴크레디라인대부	8,099,471 4,565,428	말소	2012 카단 7555 대구 GO
2012-09-06	가압류	한국씨티은행	147,219,487 82,983,186	말소	2012 카단 45524 서울중앙 GO
2012-10-18	가압류	와이앤금융파트너스	300,000,000	말소	2012 카단 8692 대구 GO
2013-10-17	가압류	서울보증보험	100,000,000	말소	2013 카단 7418 대구 GO

등기부채권총액 : 652,845,978

▌문건처리내역

접수일	접수내역
2014.07.30	가압류권자 주식회사한국씨티은행 배당금교부신청 제출
2014.07.30	가압류권자 주식회사한국씨티은행 배당표등본 제출

월차임을 연체한 임차인에게
신청채권자가 배당이의 신청할 수 있을까?

Q 이 사건에 대항력 없는 후순위 임차인(김○주)이 있는데, 이 임차인이 압류등기(임의경매) 전후로 월차임(월세 150만 원)을 지급하지 않는다고 한다면, 연체액만큼 공제하고 배당액을 결정하도록 신청채권자가 배당이의를 신청할 수 있는지 궁금합니다.

A 경매개시결정기입등기(압류등기)의 전후와 관계없이, 임차인이 연체를 시작한 때부터 경매 사건에서 매수인(낙찰자)이 매각대금을 납부하기 전까지의 차임 또는 차임상당 부당이득금의 합계액은 임차인이 배당받을 임대차 보증금(우선변제금)에서 당연히 공제됩니다(대법원 판례 2015다 230020호).

즉 월차임을 연체한 합계액이 경매절차에서 우선변제 받을 보증금을 초과한다면, 배당받을 수 있는 보증금은 존재하지 않는다고 할 것입니다.

이 사건 임차인(김○주)은 압류등기(임의경매)가 되기 3개월 전에 전입신고를 하였는데, 채무초과 상태에서 소액 최우선변제금액을 배당받기 위한 임차인으로 추정해 볼 수 있다는 점에서, 신청채권자로부터 사해행위 취소소송 및 배당이의 소송이 제기될 가능성이 높을 것으로 예상됩니다.

임차인이 채무초과 상태를 인지하고 입주하였다면 임대차계약은 사해행위로 취소될 수 있는바, 임차인은 우선배당 받을 수 없을 것이고, 채무초과 상태를 알지 못한 진정한 임차인이라고 하더라도 경매절차가 진행되는 기간 동안 연체한 월차임이 있다면, 우선변제금에서 당연히 공제되고 배당될 것으로 예상됩니다.

의정부15계 2015-27999 호평동 아파트

조 회 수	(단순조회 / 5분이상 열람) · 금일 1 / 0 · 금회차공고후 113 / 16 · 누적 268 / 29	조회통계

소 재 지	경기 남양주시 호평동 724 호평파라곤 110동 2층 203호 (12141) 경기 남양주시 천마산로 65		
용 도	아파트	감 정 가	**467,000,000**
토지 면적	87㎡ (26평)	최 저 가	**373,600,000** (80%)
건물 면적	153㎡ (46평)	보 증 금	37,360,000 (10%)
경매 구분	임의경매	소 유 자	신◯미
청 구 액	103,927,010	채 무 자	신◯미
채 권 자	광명(새)		
주의 사항	·유치권 [특수件분석신청]		

■ 등기부현황 (열람일자:2016-01-26)

접수일자	권리종류	권리자	채권금액 예상배당액	말소	비고
2011-04-14	소유권	신◯미			
2011-04-14	근저당권	한국외환은행 호평	392,400,000 386,455,120	말소	말소기준등기
2011-04-14	근저당권	광명[새]	130,000,000	말소	
2014-10-29	압류	남양주시		말소	
2015-02-03	가압류	전◯회	8,000,000	말소	2015 카단 443 의정부 GO
2015-04-28	가압류	아주캐피탈	21,318,290	말소	2015 카단 1515 의정부 GO
2015-07-28	임의	광명[새]		말소	경매기입등기
2015-08-07	가압류	케이비국민카드 채권관리지원	2,467,003	말소	2015 카단 2722 의정부 GO
등기부채권총액 : 554,185,293					

■ 임차인현황

임차인/대항력		점유현황	전입/확정/배당	보증금/월세	예상배당액 예상인수액	인수
김◯주	無	[주거] 점유 2015.04.05-2016.04.04	전입 2015-04-14 확정 2015-05-29 배당 2015-10-07	보 30,000,000 월 1,500,000	22,000,000	소멸
임차인수 : 1명 / 보증금합계 : 30,000,000 / 월세합계 : 1,500,000						

전입세대열람결과 김공주 세대 외에는 다른 전입세대가 없으나 폐문부재로 점유자를 직접 확인하지 못하였으므로 그 점유관계는 별도의 확인을 요함

■ 지지옥션 세대조사 (주민센터확인 : 2015.12.24)

세대주	전입일	비고	세대주	전입일	비고
김○○	2015.04.14				

■ 참고사항

· (주)리더스건설로부터 7,500만원의 유치권신고 있으나 그 성립여부는 불분명함.
· 2015.10.12 기타 (주)리더스건설 유치권신고서 제출
· 2015.12.29 유치권자 (주) 리더스건설 서증제출신청서 제출

배당금의 생(生)과 사(死)

배당기일 불참으로 배당이의를 못한 경우 부당이득반환청구 가능

채무자는 배당기일에 출석하여 이의할 수 있을 뿐만 아니라, 배당표 원안이 비치된 이후 배당기일이 끝날 때까지 서면으로 이의할 수 있다. 반면에 채권자는 반드시 배당기일에 출석하여 이의를 진술하여야 한다. 이의를 제기한 채권자 등은 배당이의의 소를 제기하고 배당기일로부터 1주 이내에 그 사실을 증명하여야 하고, 소 제기 증명을 하지 못하면 이의가 취하된 것으로 본다 (이상 민사집행법 제149조, 제151조, 154조).

배당절차에서 민법, 상법, 그 밖의 법률에 의하여 우선변제청구권이 있는 채권의 순서대로 배당을 받게 되는데, 실제로 배당받아야 할 채권자가 배당을 받지 못하고 배당을 받지 못할 자가 배당을 받은 경우가 발생하게 된다.

채권자가 배당기일에 출석하지 못하여 이의를 하지 못하는 등 배당이의 소송을 통하여 구제받을 수 없게 된 경우, 배당을 받지 못한 채권자는 배당을 받은 자를 상대로 부당이득반환청구의 소를 제기하여 구제받을 수 있다(대법원 2006다49130 판결).

부동산 인도거부 근원

주택의 인도를 거부할 수 있는 것은 동시이행항변권

주임법상 대항력과 우선변제권의 두 권리를 겸유하고 있는 임차인이 우선변제권을 선택, 임차주택에 대하여 진행되고 있는 경매절차에서 배당요구를 하여 보증금 전액을 배당받을 수 있는 경우에는 특별한 사정이 없는 한 임차인이 그 배당금을 지급받을 수 있는 때까지는 임차권이 소멸하지 않는다.

또한 매수인(낙찰자)이 낙찰대금을 납부하여 임차주택에 대한 소유권을 취득한 이후에 임차인이 임차주택을 계속 점유하여 사용·수익하였다고 하더라도, 임차인에 대한 배당표가 확정될 때까지의 사용·수익은 적법한 임차권에 기인한 것이므로 부당이득이 성립되지 않는다(대법원 2003다23885 판결).

즉 대항력과 확정일자에 의한 우선변제권이 있는 임차인이 보증금 전액을 배당받을 때까지 임차주택의 인도를 거부할 수 있는데, 이 권리의 근원은 동시이행항변권이다(민법 제536조).

배당 지연으로 명도가 늦어질 경우
임대료를 청구할 수 있는가?

Q/ 등기사항전부증명서상 말소기준권리보다 대항력(전입신고, 점유)과 확정일자가 우선하는 선순위 임차인(박○도)이 있는데, 이 임차인이 배당요구종기일까지 배당요구를 신청하였기 때문에 보증금 전액을 우선 배당받을 것으로 예상됩니다.

그런데 이 사건은 신청채권자가 채무자 소유의 부동산 4건을 일괄하여 판결문 등 집행권원에 기하여 강제경매를 신청한 경우인데, 4개의 물건번호 중에서 해당 물건번호 4번이 먼저 낙찰되더라도 다른 물건번호 3건이 모두 종결될 때까지 동시배당원칙에 따라 배당기일이 지연될 수도 있다고 합니다.

이 경우 다른 물건번호보다 먼저 낙찰받은 매수인(낙찰자)이 대금납부와 동시에 소유권을 취득한 시점부터 배당기일까지 수개월 동안 부동산을 인도받지 못하는데, 그 기간 동안 점유자인 임차인을 상대로 소유권 이전일부터 배당기일까지 임료 상당액의 손해배상(부당이득)을 청구할 수 있는지 궁금합니다.

A 주임법 제3조의5의 입법취지와 규정내용에 비추어 보면, 주임법상의 대항력과 우선변제권의 두 권리를 겸유하고 있는 임차인이 우선변제권을 선택, 임차주택에 대하여 진행되고 있는 경매절차에서 보증금에 대한 배당요구를 하여 보증금 전액을 배당받을 수 있는 경우에는, 특별한 사정이 없는 한 임차인이 그 배당금을 지급받을 수 있는 때, 즉 임차인에 대한 배당표가 확정될 때까지는 임차권이 소멸하지 않는다고 해석함이 마땅합니다. 따라서 매수인(낙찰자)이 매각대금(낙찰대금)을 납부하여 임차주택에 대한 소유권을 취득한 이후에 임차인이 임차주택을 계속 점유하여 사용·수익하였다고 하더라도, 임차인에 대한 배당표가 확정될 때까지의 사용·수익은 소멸하지 아니한 임차권에 기한 것이므로 경락인에 대한 관계에서 부당이득이 성립되지 아니한다는 것이 판례입니다(대법원 2003다23885 판결).

따라서 이 사건에서 보증금 전부를 배당받을 임차인의 점유는 배당기일까지 임차권이 소멸하지 않기 때문에 매수인(낙찰자)이 임차인에게 불법점유를 이유로 손해배상을 청구할 수는 없다고 할 것입니다.

조 회 수	(단순조회 / 5분이상 열람) · 금일 1 / 0 · 금회차공고후 97 / 14 · 누적 206 / 20	조회통계

관련 물건번호	<	1 종결	2 종결	3 종결	4 종결	>

소 재 지	경기 부천시 심곡동 142-10 에코스마트3 19층 1912호 (14643) 경기 부천시 부천로2번길 49		
용 도	오피스텔(주거용)	감 정 가	78,000,000
토지 면적	2㎡ (1평)	최 저 가	54,600,000 (70%)
건물 면적	12㎡ (4평)	보 증 금	5,460,000 (10%)
경매 구분	강제경매	소 유 자	윤●자
청 구 액	128,128,000	채 무 자	윤●자
채 권 자	이●례		

■ 감정서요약 (2015.12.17 이에이감정)

소재지	구분	용도/상태	경매면적	감정가
[420-010] 심곡동 142-10 19층 1912호	토지	19층 대지권	586.5㎡ 중 2.2㎡ (0.7평)	23,400,000
	건물	19층 오피스텔(주거용)	12.3㎡ (3.7평) 전용 12.3㎡ (3.7평) 공용 15.2㎡ (4.6평)	54,600,000
			1㎡당 6,341,463 1평당 21,081,081	계 78,000,000

일반상업지역 / 방화지구 / 과밀억제권역
- ▶도시가스개별난방
- ▶공동주택,업무시설,1종근린생활시설
- ▶차량출입가능
- ▶제반교통사정양호
- ▶남측6mn도로접함
- ▶주변각종근린시설,중소규모공동주택및숙박시설등혼재
- ▶철콘구조철콘지붕
- ▶부천역동측인근
- ▶버스(정),부천역인근소재
- ▶정방형토지
- ▶소로3류(8m미만)접함

· 총 19층 · 보존-2014.07.22
· 승인-2014.06.27

■ 등기부현황 (열람일자:2016-06-06)

접수일자	권리종류	권리자	채권금액 예상배당액	말소	비고
2014-07-22	소유권	윤●자			
2015-12-14	강제	이●례	128,128,000 23,799,268	말소	말소기준등기/경매기입등기
2016-05-20	압류	부천세무서		말소	
등기부채권총액 : 128,128,000					

■ 임차인현황

임차인/대항력		점유현황	전입/확정/배당	보증금/월세	예상배당액 예상인수액	인수
박●도	有	[주거] 전부 점유2014.09.30-2016.09.29	전입 2014-09-24 확정 2014-09-24 배당 2015-12-22	보 43,000,000	43,000,000	소멸
임차인수 : 1명 / 보증금합계 : 43,000,000 / 월세합계 : 0						

대항력 및 확정일자가 앞선 임차인과
국세 및 지방세의 배당순서는?

Q/ 선순위 대항력과 확정일자를 갖춘 임차인이 신청채권자이기 때문에 배당요구를 한 것으로 간주됩니다. 그런데 해당 법원 경매계로부터 "임차인의 우선변제권보다 국세 등 조세채권의 법정기일이 우선하여 신청채권자인 임차인에게 한 푼도 배당되지 않는다"고 연락이 왔는데, 보증금은 보호받을 수 있는지 궁금합니다.

A 이 사건의 신청채권자는 매각대상 부동산의 주거임차인으로서 판결문 등 집행권원에 기하여 강제경매를 신청하였는데, 이 임차인은 등기사항전부증명서상 말소기준권리인 2012년 11월 13일자 근저당권(박○복)보다 대항력과 확정일자 모두 앞서므로 1순위자로 보증금 전액을 우선배당 받을 것으로 예상할 수 있겠습니다.

그런데 본 건에는 10여 건의 국세와 지방세 체납으로 인하여 압류가 되었는데, 조세채권 중 당해세는 이른바 0순위로 임차인보다 우선하여 배당하고, 당해세가 아니더라도 법정기일(과세확정일)이 임차인의 전입신고와 확정일자보다 우선한다면, 이 조세채권 또한 임차인보다 우선변제 받을 것으로 예상됩니다.

즉 임차인의 우선변제권(전입신고와 확정일자)이 인천세무서 등 다수의 조세채권자의 압류등기보다는 앞서지만, 조세채권의 법정기일보다 늦다면 조세채권자의 세금이 우선배당의 대상이 될 것으로 판단됩니다. 이 경우 임차인은 매수인(낙찰자)에게 보증금 전액을 반환받을 때까지 대항력을 행사할 수 있습니다.

대항력 있는 임차인이 있고 조세채권이 많을 경우, 그 법정기일을 확인해 보고 입찰해야 한다는 점에 유의할 필요가 있는 사건입니다.

과거사건	부천9계 2014-13780

조회수	(단순조회 / 5분이상 열람) ·금일 1 / 0 ·금회차공고후 190 / 30 ·누적 306 / 43	조회통계

소재지	경기 부천시 여월동 4-42 ,-43 유플러스 4층 402호 (14460) 경기 부천시 성곡로92번길 12	
용 도	다세대	감 정 가	160,000,000
토지 면적	25㎡ (8평)	최 저 가	112,000,000 (70%)
건물 면적	45㎡ (14평)	보 증 금	11,200,000 (10%)
경매 구분	강제경매	소 유 자	이■형
청 구 액	130,000,000	채 무 자	이■형
채 권 자	박■미		

■ 등기부현황 (열람일자:2015-12-14)

접수일자	권리종류	권리자	채권금액 예상배당액	말소	비고
2012-11-13	근저당권	박■복	170,000,000 9,450,040	말소	말소기준등기
2014-04-17	가등기	주■홍		말소	
2014-09-05	소유권	이■형			
2014-09-15	압류	인천세무서		말소	
2014-10-31	압류	안동시		말소	
2014-11-11	압류	안산시		말소	
2014-12-26	압류	안산세무서		말소	
2014-12-30	압류	잠실세무서		말소	
2015-02-02	압류	삼성세무서		말소	
2015-02-05	압류	잠실세무서		말소	
2015-03-25	압류	단양군		말소	
2015-05-19	압류	안산시단원구		말소	
2015-06-03	강제	박■미		말소	경매기입등기
2015-07-14	압류	인천시		말소	
2015-10-07	압류	동안양세무서		말소	

등기부채권총액 : 170,000,000

■ 임차인현황

임차인/대항력		점유현황	전입/확정/배당	보증금/월세	예상배당액 예상인수액	인수
박■미	有	[주거] 402호전부 조사서상확정: 2012.07.24 점유2012.07.26-	전입 2012-07-24 확정 2012-07-20 배당 2015-06-02	보 130,000,000	130,000,000	소멸

임차인수 : 1명 / 보증금합계 : 130,000,000 / 월세합계 : 0

현지에 방문하여 임차인 박■미(본건 경매신청채권자)를 만났으며, 임차인의 진술에 의하면 현재 본건 주택에는 임차인 가족이 거주하고 있으며 임대차보증금 반환을 받기 위하여 경매신청을 한 것이라고 함 박■미 : 신청채권자임, 박■미가 제출한 빌라전세계약서에 확정일자는 2012.07.20.로 되어있음.

■ 지지옥션 세대조사 (주민센터확인 : 2015.11.11)

세대주	전입일	비고	세대주	전입일	비고
한○○	2012.07.24				

이행강제금을 근저당권보다
우선하여 변제받을 수 있을까?

Q/ 이 사건 등기부사항전부증명서를 보면, 압류등기(권리자 부산광역시 기장군) 이후인 2013년 11월 4일 자로 후순위 근저당권설정등기(근저당권자 현○순)가 있습니다. 선순위 압류등기에 대한 내역을 확인해 보기 위하여 기장군청 건축과 담당자에게 문의한 결과, 무단증축에 대한 이행강제금이라고 합니다. 이 경우 압류등기가 선순위 지위로서 배당 1순위로 볼 수 있지만, 이행강제금이 근저당권의 피담보채권보다 우선하여 변제받을 수 있는지 궁금합니다.

A 민사집행법 제91조(인수주의와 잉여주의의 선택 등) 제3항에 따르면 "지상권, 지역권, 전세권 및 등기된 임차권은 (근)저당권, 압류채권, 가압류채권에 대항할 수 없는 경우에는 매각으로 소멸된다"는 내용이 있습니다.

즉 (근)저당권과 압류채권 그리고 가압류채권은 일명 말소기준권리로서 매각으로 소멸되는 기준이 되는 권리에는 해당하지만, 그중 압류채권이 선순위 권리라 할지라도 이행강제금은 준조세라 볼 수 없고 일반채권에 불과하다는 점에서, 우선변제권이 있는 근저당권보다 우선하여 배당받을 수는 없을 것으로 판단됩니다. 즉 일반채권과 동일한 순위로 배당받을 뿐입니다(《법원실무제요 민사집행 II》 487쪽).

결국 선순위 지위에 있는 압류채권(이행강제금)은 근저당권자 및 가압류채권자와 동등하게 안분배당을 받게 됩니다. 다만 매각(낙찰)가격이 전체 채권액을 초과하기 때문에 모든 채권자가 전액 배당받을 것으로 판단된다는 점에서, 배당절차의 이론적인 의미 외에 안분배당에 특별한 의미를 부여할 필요는 없겠습니다.

과거사건	동부산1계 2012-7651 , 동부산1계 2013-3274

조 회 수	(단순조회 / 5분이상 열람) ·금일 1 / 0 ·금회차공고후 112 / 24 ·누적 403 / 71	조회통계

소 재 지	부산 기장군 기장읍 청강리 482 (46075) 부산 기장군 기장읍 차성로 90		
용 도	축사	감 정 가	306,291,000
토지 면적	565㎡ (171평)	최 저 가	196,026,000 (64%)
건물 면적	267㎡ (81평) 제시외 70㎡ (21.18평)	보 증 금	19,602,600 (10%)
경매 구분	임의경매	소 유 자	김●갑
청 구 액	54,757,320	채 무 자	김●갑
채 권 자	신●선(변경전:현●순)		
주의 사항	·맹지 ·위반건축물 [특수件분석신청]		

■ **건물등기부** [열람일자:2016-02-02] ※ 건물의 권리관계로만 분석되었으므로, 실제와 차이가 있을 수 있습니다. (토지등기부 확인필)

접수일자	권리종류	권리자	채권금액 예상배당액	말소	비고
2004-06-11	소유권	김●갑			
2009-02-03	압류	부산시기장군		말소	말소기준등기
2009-11-27	압류	부산시기장군		말소	
2013-11-04	근저당권	현●순	60,000,000 60,000,000	말소	
2015-01-29	가압류	장●상	7,000,000 7,000,000	말소	2015 카단 77 부산 부산동부 GO
2015-05-21	임의	현●순		말소	경매기입등기
2015-08-17	압류	진안군		말소	
등기부채권총액 : 67,000,000					

■ **토지등기부** [+建공동포함보기] ※ 건물의 권리관계로만 분석되었으므로, 실제와 차이가 있을 수 있습니다. (토지등기부 확인필)

접수일자	권리종류	권리자	채권금액 예상배당액	建 공동	비고
2004-10-15	압류	부산시기장군		별도	
2009-06-15	압류	부산시수영구		별도	
2013-02-01	가등기	김●영		별도	

■ **임차인현황** ※ 건물의 권리관계로만 분석되었으므로, 실제와 차이가 있을 수 있습니다. (토지등기부 확인필)

법원 기록상 임차인이 없습니다.

현황은 공가 상태임. 인근 점유자 남성에게 문의한 결과, 오랜기간 폐문상대라고 함. 육안으로 보이는 건물의 용도는 기독교 기도원으로 보임. 방문취지를 적은 통지서를 두고 왔으나 연락 없음. 육안으로 그 정확한 경계및 면적등을 확인 할 수 없으며 측량을 요함. 전입세대열 람결과 소유자1명만 있음. 세무서에 등록사항등의현황열람결과: 없음

다수의 임금채권자가 신고된 경우
매수인에게 불이익은 없을까?

Q 이 사건은 건물을 제외한 토지(대지)만의 강제경매인데, 등기사항전부증명서상 권리자 외에 다수의 임금채권자가 권리신고를 한 것으로 판단됩니다. 이 경우에 매수인에게 인수되는 등 불이익이 있는지 궁금합니다.

A 근로기준법(제38조 2항)과 근로자퇴직급여보장법(제12조 2항)에 따르면 "최종 3월분의 임금, 재해보상금, 최종 3년간의 퇴직급여 등은 질권, 저당권 또는 동산, 채권 등의 담보에 관한 법률에 따라 담보된 채권, 조세 공과금 및 일반채권보다 우선하여 변제받는다"고 규정하고 있습니다.

또한 주임법 제8조 및 상임법 제14조는 소액임차인의 최우선변제 규정으로, 임금채권과 주임법 및 상임법상 소액 최우선변제금 채권과는 동 순위로 안분배당이 주어집니다.

즉 주임법과 상임법상 소액임차인은 임금채권과 동 순위로 안분배당을 하기 때문에, 이 임차인이 대항력이 있다면 배당받지 못하는 보증금은 매수인(낙찰자)이 인수해야 합니다.

다만 이 사건은 건물을 제외한 토지만의 매각으로, 대항력 있는 임차인은 없기 때문에 임금채권자로 인한 매수인의 불이익은 없습니다.

병합/중복	2015-5425(중복-이 ● 순)

조회수	(단순조회 / 5분이상 열람) · 금일 1 / 0 · 금회차공고후 48 / 1 · 누적 284 / 4	조회통계

관련 물건번호	‹	1 진행	2 매각	3 진행	4 매각	5 매각	6 진행	7 매각	8 진행	9 매각	10 매각	›

소 재 지	경기 의정부시 가능동 745-46 [일괄]-37, 도로명주소		
용 도	도로	감 정 가	81,925,000
토지 면적	145㎡ (44평)	최 저 가	14,387,000 (18%)
건물 면적	0㎡ (0평)	보 증 금	1,438,700 (10%)
경매 구분	강제경매	소 유 자	신 ● 종합건설외1
청 구 액	500,000,000	채 무 자	신 ● 종합건설
채 권 자	파산채무자 ㈜제일저축은행의 파산관재인 예금보험공사		
주의 사항	· 맹지 특수件분석신청		

■ 등기부현황 (열람일자:2016-06-23)

접수일자	권리종류	권리자	채권금액 예상배당액	말소	비고
1989-04-24	소유권	신 ● 주택			
2011-03-30	압류	남양주시		말소	말소기준등기
2011-08-08	압류	의정부시		말소	
2012-09-27	가압류	신용보증기금 광진	345,274,214 110,011	말소	2012 카단 8448 서울서부 GO
2013-12-17	압류	국민건강보험공단 의정부지사		말소	
2014-08-04	가압류	제일저축은행	2,500,000,000 796,547	말소	2014 카단 807456 서울중앙 GO
2014-08-14	가압류	진흥저축은행	1,100,000,000 350,481	말소	2014 카단 807672 서울중앙 GO
2014-09-11	가압류	제일이저축은행	1,000,000,000 318,619	말소	2014 카단 808146 서울중앙 GO
2014-11-03	가압류	신라저축은행	765,000,000 243,743	말소	2014 카단 811368 서울중앙 GO
2014-12-31	가압류	기술신용보증기금 의정부기술평 가센터	5,681,367,026 1,810,190	말소	2014 카단 5512 의정부 GO
2015-06-23	강제	자제일저축은행		말소	경매기입등기
2015-08-10	가압류	국민은행 특수여신관리센터	33,860,224,855 10,788,500	말소	2015 카단 45483 서울중앙 GO

등기부채권총액 : 45,251,866,095

■ 참고사항

· 관련사건 ☞ 의정부지방법원 2015가단117837   의정부지방법원 2016타인1027
　　　　　　　서울중앙지방법원 2014차37870

· 임금채권자 : 강회수, 이계성, 황용찬, 민병관, 김대필, 신길철, 이주민, 김길태, 황민철, 채규만, 전석란, 정재열, 고성균, 김규완, 박진하, 이희순, 한상민, 서해열, 김무영, 송원용, 조광옥, 김태현, 이정훈, 김재혁, 이고봉, 김성구, 정경구, 전범식, 박지훈, 이재원, 여경수, 이상욱, 홍남호, 서남진, 김이형, 김대필, 강인효, 장은준, 서용규, 지수진, 홍수정, 김영기, 이재욱, 조현주, 이주민, 민병관, 정부창, 이추우, 김은진, 문종호, 김준식, 손상욱, 정성철, 손광진, 박준용, 성기문, 임종욱, 송진국, 박승덕, 김기만, 김민철, 박정준, 박병렬, 신윤섭, 안재성, 유정환, 이정표, 이상욱, 조광수, 김동훈, 김신우, 김종만, 안재범, 오윤주, 유남현, 조강현, 홍순혁, 이제석, 장민성, 염용섭, 박선흠, 한지훈, 손종현, 송용법, 전성학, 임철환, 신동엽, 송용국, 박용우, 조경민, 전재식, 조용회, 이일석, 임상빈, 최만식, 박혜연, 도강언

외화를 채권자에게 배당하는 경우
외화채권의 환산 기준시기는?

Q 이 사건의 등기사항전부증명서를 보면 2004년 4월 7일자 우○은행이 채권최고액 4억 8,000만 원으로 하는 근저당권을 설정하였고, 2년 뒤인 2006년 10월 16일자 우○은행이 채권최고액 미화 48만 달러로 하는 근저당권을 추가로 설정한 사실이 있습니다. 외화는 환율 등락이 빈번한 편인데, 이러한 외화채권은 근저당권에 기하여 임의경매를 신청할 당시의 기준으로 환산해야 하는지, 아니면 매각기일에 최고가 매수인이 정해진 때를 기준으로 환산해야 하는지 궁금합니다.

A 경매절차에서 외화채권자에게 배당을 하는 경우에 외화채권의 환산 기준시기는 배당기일 당시의 외국환 시세로 결정하게 됩니다.

채권액이 외국통화로 정해진 금전채권인 외화채권을 채무자가 우리나라 통화로 변제하는 경우에 그 환산시기는 이행기가 아니라 현실로 이행하는 때를 말합니다. 즉 현실 이행 시의 외국환 시세에 의하여 환산한 우리나라 통화로 변제하여야 하고, 이와 같은 법리는 외화채권자가 경매절차를 통하여 변제를 받는 경우에도 동일하게 적용되어야 할 것입니다.

이와 관련하여 집행법원이 경매절차에서 외화채권자에 대하여 배당을 할 때에는 특별한 사정이 없는 한 배당기일 당시의 외국환 시세를 우리나라 통화로 환산하는 기준으로 삼아야 한다는 것이 판례입니다(대법원 2010다103642 판결).

그러므로 우○은행이 근저당권에 기하여 임의경매를 신청할 당시를 기준으로 하거나, 매각기일에 최고가 매수신고인이 정해진 때를 기준으로 하지 아니하고, 매수인(낙찰자)이 매각대금을 완납하고 배당기일이 정해지면, 그때를 기준으로 외국환 시세를 반영하여 우리나라 통화로 환산한 금액을 채권액으로 정하여 배당이 실행됩니다.

병합/중복	2015-33624(중복-우리은행)

조 회 수	(단순조회 / 5분이상 열람) ·금일 1 / 0 ·금회차공고후 229 / 26 ·누적 567 / 86	조회통계

관련 물건번호	<	1 매각	2 매각		>

소 재 지	경기 용인시 수지구 성복동 726 성동마을 LG빌리지3차 314동 8층 801호 (16851) 경기 용인시 수지구 성복2로 126	
용 도	아파트	감 정 가	551,000,000
토지 면적	81㎡ (24평)	최 저 가	385,700,000 (70%)
건물 면적	135㎡ (41평)	보 증 금	38,570,000 (10%)
경매 구분	임의경매	소 유 자	빈 연
청 구 액	1,282,108,171	채 무 자	제 스트레이딩
채 권 자	윤 진(양도인:에이피제4씨유동화전문유한회사(양도인:㈜우리은 행))	

■ 등기부현황 (열람일자:2016-07-07)

접수일자	권리종류	권리자	채권금액 예상배당액	말소	비고 NPL
2002-10-22	소유권	빈 연			
2004-04-07	근저당권	우리은행 인천남	480,000,000 480,000,000	말소	말소기준등기
2006-10-16	근저당권	우리은행 인천항	546,710,400 39,078,620	말소	
2015-07-02	임의	우리은행 여신관리부		말소	경매기입등기

등기부채권총액 : 1,026,710,400
환율기준일:2016.08.24

■ 임차인현황

법원 기록상 임차인이 없습니다.
현황조사차 방문하였으나 폐문부재로 소유자 및 점유자를 만나지 못하였으며, 이에 '안내문'을 부착하여 두었으나 점유자들의 연락이 없어 점유관계를 확인할 수 없으며 관할동사무소에서 전입세대열람 결과 해당 주소에 전입세대가 없음.

【 을 구 】		(소유권 이외의 권리에 관한 사항)		
순위번호	등 기 목 적	접 수	등 기 원 인	권 리 자 및 기 타 사 항

1	근저당권설정	2004년4월7일
		제46242호
			2004년4월6일
			설정계약
				채권최고액 금480,000,000원
				채무자 주식회사제 스트레이딩
				    인천 연수구 옥련동 194-52
				근저당권자 주식회사우리은행 110111-0023393
				    서울 중구 회현동1가 203
				    (인천남지점)

2	근저당권설정	2006년10월16일
		제200128호
			2006년10월16일
			설정계약
				채권최고액 미화 480,000달러
				채무자 주식회사제 스트레이딩
				    인천 연수구 옥련동 194-79
				근저당권자 주식회사우리은행 110111-0023393
				    서울 중구 회현동1가 203
				    (인천항지점)

확정일자가 없는 대항력 있는
임차인의 배당요구

Q/ 이 사건에 대항력 있는 임차인이 배당요구를 신청하였으므로 보증금에 대하여 전액 배당이 주어질 것으로 예상되는데도, 낙찰될 당시 단독입찰 하였고 2회씩이나 대금을 미납하여 보증금이 몰수되는 특별한 이유가 무엇인지 궁금합니다.

A 등기사항전부증명서상 말소기준권리인 2012년 3월경 근저당권(부○하나신협)보다 먼저 전입신고가 된 선순위 지위에 있는 대항력 임차인(김○임)이 있는데, 이 임차인은 확정일자 없이 배당요구종기일까지 권리신고 및 배당요구를 신청한 상태입니다.

즉 대항력 있는 임차인이 보증금을 반환받기 위하여 배당요구를 신청하였지만, 소액임차인이 아니고 확정일자도 없는 경우입니다. 따라서 배당절차에서 보증금 전액을 배당받지 못하고 그 배당받지 못한 보증금 전액을 매수인(낙찰자)이 인수해야 합니다. 이런 점을 감안하면 선순위 대항력 있는 임차인의 보증금 인수부분에 대한 권리분석 착오로 인하여 대금을 미납한 것으로 판단됩니다.

참고로 대항력 있는 임차인이 경매절차에서 배당요구를 신청하게 되면, 기존 임대차계약에 따른 존속기간이 만료되기 전이라도 임대차계약 해지의 의사표시로서 임차권은 소멸하게 되므로, 매수인은 보증금 전부에 대하여 협의 또는 공탁을 한 후에 건물을 인도받을 수 있을 것으로 판단됩니다.

조 회 수	（ 단순조회 / 5분이상 열람） ·금일 1 / 0 ·금회차공고후 **237** / 46 ·누적 **1,669** / 210		조회통계

소 재 지	부산 연제구 연산동 969-2 청마파크맨션 1동 3층 305호 (47583) 부산 연제구 고분로 106		
용 도	아파트	감 정 가	**94,000,000**
토지 면적	43㎡ (13평)	최 저 가	**24,642,000** (26%)
건물 면적	52㎡ (16평)	보 증 금	4,928,400 (20%)
경매 구분	임의경매	소 유 자	박 복
청 구 액	32,984,722	채 무 자	박 복
채 권 자	신용보증기금		
주 의 사항	·재매각물건 [특수件분석신청]		

■ **진행과정**

구분	일자	접수일~
경매개시일	2014.06.10	1일
감정평가일	2014.06.12	3일
배당종기일	2014.08.22	74일
최초경매일	2015.01.05	210일
최종매각일	2015.12.18	557일
매각허가일	2015.12.24	563일
납부기한	2016.01.18	588일
경매종결일	2016.02.24	625일

■ **매각과정**

회차	매각기일	최저가		비율	상태	접수일~
①	2015.01.05 (10:00)		94,000,000	100%	유찰	210일
②	2015.02.06 (10:00)	↓20%	75,200,000	80%	유찰	242일
③	2015.03.13 (10:00)	↓20%	60,160,000	64%	유찰	277일
④	2015.04.17 (10:00)	↓20%	48,128,000	51%	매각	312일
		매수인 김 근 / 응찰 1명 매각가 48,900,000 (52.02%)				대금미납
④	2015.06.26 (10:00)	-	48,128,000	51%	유찰	382일
⑤	2015.07.31 (10:00)	↓20%	38,502,000	41%	매각	417일
		매수인 정 자 / 응찰 1명 매각가 39,000,000 (41.49%)				대금미납

■ **등기부현황** (열람일자:2015-12-02)

접수일자	권리종류	권리자	채권금액 예상배당액	말소	비고
2011-02-17	소유권	박 복			
2012-03-28	근저당권	부산하나신협	26,000,000 26,000,000	말소	말소기준등기
2012-04-18	근저당권	신용보증기금 부산	40,800,000 3,871,686	말소	
2014-02-12	압류	동래세무서		말소	
2014-06-10	임의	신용보증기금 부산		말소	경매기입등기
2014-07-22	압류	부산시연제구		말소	
등기부채권총액 : 66,800,000					

■ **임차인현황**

임차인/대항력		점유현황	전입/확정/배당	보증금/월세	예상배당액 예상인수액	인수
김 임	有	[주거] 방3 점유2011.03.03-	전입 2011-03-08 배당 2014-06-17	보 65,000,000	- 65,000,000	인수
임차인수 : 1명 / 보증금합계 : 65,000,000 / 월세합계 : 0						

선순위 임차권자가 선행사건에서
일부 배당을 못 받은 경우,
후행사건 배당자격은?

Q 이 사건의 선순위 임차권등기권자(신○호)는 배당요구종기일까지 배당을 신청하였기 때문에 보증금 전부 배당받을 것으로 예상되는데도, 대금미납으로 재매각이 진행되는 이유가 궁금합니다.

A 법원 매각물건명세서를 보면 "주택임차권자 신○호는 2015년 10월 18일자로 임차인으로서 배당요구신청서를 제출하였으나, 이 사건 경매절차에서는 임차인으로서 우선변제권은 없다(1차 경매에서 배당받고 남은 임차보증금 잔액은 약 3,850만 원임)"는 내용이 있습니다.

즉 선행 경매절차(광주 2013타경3734호)에서 신청채권자로서 채권(보증금)회수 목적으로 강제경매를 신청하였는데, 임금채권자의 임금채권 관계로 보증금 중 일부만 회수한 후에 다시 경매가 진행된 사건입니다. 이 임차인이 배당요구를 신청하였지만, 동일 임차인이 새로운 소유자와 새로운 임대차 계약을 체결했다는 등의 특별한 사정이 없는 이상, 그 이후 후행 경매사건(광주 2015타경13414)에서는 재차 우선변제권을 행사할 수 없습니다(대법원 98다4552 판결).

결국 이 임차인이 배당요구종기일까지 배당을 신청하였지만 우선변제권이 없기 때문에, 제1차 선행 경매절차에서 배당받지 못한 보증금 잔액(약 3,850만 원)을 매수인(낙찰자)이 인수해야 하므로 각별히 주의하시기 바랍니다.

광주3계 2015-13414 치평동 오피스텔(주거용)

과거사건	광주11계 2013-3734

조 회 수	(단순조회 / 5분이상 열람) · 금일 1 / 0 · 금회차공고후 47 / 6 · 누적 434 / 70	조회통계

소 재 지	광주 서구 치평동 1202-2 랜드피아 5층 515호 (61947) 광주 서구 상무중앙로 114		
용 도	오피스텔(주거용)	감 정 가	**63,000,000**
토지 면적	5㎡ (2평)	최 저 가	**28,224,000** (45%)
건물 면적	31㎡ (9평)	보 증 금	2,822,400 (10%)
경매 구분	임의경매	소 유 자	(주)S
청 구 액	42,000,000	채 무 자	(주)S
채 권 자	김 미		
주의 사항	· 재매각물건 · 선순위임차권 [특수件분석신청] · 소멸되지 않는 권리 : 매수인에게 대항할 수 있는 임차인이 있음 (2011. 8. 2. 접수 제150538호로 경료된 주택임차권)		

■ 진행과정

구분	일자	접수일~
경매개시일	2015.07.09	1일
감정평가일	2015.07.29	21일
배당종기일	2015.10.12	96일
최초경매일	2016.02.03	210일
최종매각일	2016.10.14	464일

■ 매각과정

법원기일내역

회차	매각기일	최저가	비율	상태	접수일~
①	2016.02.03 (10:00)	63,000,000	100%	유찰	210일
②	2016.03.18 (10:00)	↓30% 44,100,000	70%	매각	254일
②		매수인 백 자 / 응찰 1명 매각가 55,555,000 (88.18%)			대금미납
②	2016.05.27 (10:00)	- 44,100,000	70%	유찰	324일
③	2016.07.01 (10:00)	↓20% 35,280,000	56%	매각	359일
③		매수인 김 아 / 응찰 2명 매각가 44,500,000 (70.63%)			대금미납

■ 등기부현황 (열람일자:2016-08-24)

접수일자	권리종류	권리자	채권금액 예상배당액	말소	비고
2011-08-02	임차권	신 호	40,000,000 28,763,300	인수	
2015-05-19	소유권	(주)S			
2015-05-19	근저당권	김 미	60,000,000	말소	말소기준등기
2015-07-09	임의	김 미		말소	경매기입등기
등기부채권총액 : 100,000,000					

■ 임차인현황

임차인/대항력	점유현황	전입/확정/배당	보증금/월세	예상배당액 예상인수액	인수
신 호 임차권자	有 [주거] 전부 임차권자 점유 2007.06.29-	전입 2007-06-29 확정 2007-06-29 배당 2011-08-02	보 40,000,000	28,763,300 11,236,700	일부 인수
임차인수 : 1명 / 보증금합계 : 40,000,000 / 월세합계 : 0					

■ 참고사항

· 주택임차권자 신 호는 2015. 10. 8.자로 임차인으로서 배당요구신청서를 제출하였으나, 이 사건 경매절차에서는 임차인으로서의 우선변제권은 없음(1차 경매에서 배당받고 남은 임차보증금 잔액은 금 38,553,102원임)

토지 근저당 설정 이후,
신축된 건물에 대항력 있는 임차인의 보증금 인수

Q / 이 사건은 토지 별도등기상 근저당권자가 신청한 임의경매사건인데, 2회 차 매각기일에 단독입찰로 최저 매각가격에 낙찰받고, 낙찰가도 수긍할 만한 가격대라고 볼 수 있는데도 대금을 미납한 사유가 무엇인지 궁금합니다.

A 본 건에 대항력과 확정일자를 갖춘 선순위 임차인 '마○선'이 있고, 보증금이 1억 8,000만 원이라고 배당요구종기일 전에 배당을 신청한 상태입니다. 그런데 본 건에는 토지 별도등기가 있고, 별도등기의 내용이 신청채권자의 근저당권입니다(토지 등기사항전부증명서 을구 순위 2번 참고).

이 근저당권 설정일이 '2012년 12월 6일'인데, 임차인의 전입신고일보다 빠른 선순위입니다. 이와 같이 토지에 근저당권을 설정한 후에 건물을 신축하고 임차인이 입주한 경우, 토지분의 매각대금은 근저당권자(별도등기권자)가 우선배당을 받고, 임차인은 토지분 매각대금을 제외한 건물분 매각대금에서만 우선배당을 받게 되며, 임차인은 건물 등기사항전부증명서를 기준으로 대항력이 있기 때문에 배당받지 못하는 나머지 보증금은 매수인이 인수해야 합니다.

즉 매각(낙찰)가격을 토지분(45%)과 건물분(55%)으로 안분한 다음, 신청채권자는 토지분에서 우선배당을 받고 임차인은 건물분에서 우선배당을 받게 되는데, 토지분의 감정가격이 전체 감정가격의 45%라는 점을 감안하면 매수인이 인수해야 하는 보증금액이 상당할 것(종전 낙찰가격을 기준으로 대략 1억 원 정도 예상)으로 예상됩니다. 이 점을 감안하면 대항력 있는 임차인의 보증금을 인수하는 부분에 대한 권리분석의 착오로 인하여 대금을 미납한 것으로 판단됩니다.

이 임차인이 진정한 임차인임을 전제로 향후 보증금 1억 8,000만 원 중 배당받지 못하는 보증금을 인수해야 한다는 점을 감안하면, 임차인 외의 입찰은 각별히 주의하시기 바랍니다.

북부1계 2015-16071 면목동 다세대(생활주택)

조 회 수	(단순조회 / 5분이상 열람) · 금일 1 / 0 · 금회차공고후 234 / 47 · 누적 938 / 181		조회통계

소 재 지	서울 중랑구 면목동 139-6 자연인아파트 102동 4층 402호 (02147) 서울 중랑구 겸재로27길 19		
용 도	다세대(생활주택)	감 정 가	**240,000,000**
토지 면적	32㎡ (10평)	최 저 가	**153,600,000 (64%)**
건물 면적	53㎡ (16평)	보 증 금	30,720,000 (20%)
경매 구분	임의경매	소 유 자	박●도
청 구 액	102,352,530	채 무 자	박●도
채 권 자	광명제일(새)		
주의 사항	· 재매각물건 · 토지별도등기 [특수件분석신청]		

■ 진행과정

구분	일자	접수일~
경매개시일	2015.09.09	1일
감정평가일	2015.09.30	22일
배당종기일	2015.11.24	77일
최초경매일	2016.01.18	132일
최종매각일	2016.08.22	349일
매각허가일	2016.08.29	356일

■ 매각과정

법원기일내역

회차	매각기일	최저가	비율	상태	접수일~
①	2016.01.18 (10:00)	240,000,000	100%	유찰	132일
②	2016.03.07 (10:00)	↓20% 192,000,000	80%	매각	181일
		매수인 (주)세●실업 / 응찰 1명 매각가 193,860,000 (80.78%)			대금미납
②	2016.07.04 (10:00)	- 192,000,000	80%	유찰	300일
③	2016.08.22 (10:00)	↓20% 153,600,000	64%	매각	349일
		매수인 천●경 / 응찰 3명 매각가 206,830,000 (86.18%) 2위 173,620,000 (72.34%)			불허

■ 등기부현황 (열람일자:2016-06-14)

접수일자	권리종류	권리자	채권금액 예상배당액	말소	비고
2014-09-24	소유권	박●도			
2014-10-01	가압류	진●그린건설	804,183,330 21,844,121	말소	말소기준등기 2014 카단 2282 서울중앙 GO
2014-12-03	가압류	광명제일새마을금고	96,314,820 2,616,210	말소	2014 카단 4571 수원 안산 GO
2015-09-09	임의	광명제일[새]		말소	경매기입등기

등기부채권총액 : 900,498,150
토지별도등기있음 -열람바랍니다.

■ 임차인현황

임차인/대항력	점유현황	전입/확정/배당	보증금/월세	예상배당액 예상인수액	인수
마●선 有	[주거] 전부방3 점유2014.09.20-2016.09.19	전입 2014-09-22 확정 2014-09-22 배당 2015-10-01	보 180,000,000	180,000,000	소멸
마●성 有	마●선의 父 임 조사서상	전입 2014-09-22		-	인수

임차인수 : 2명 / 보증금합계 : 180,000,000 / 월세합계 : 0

본 건 현황조사를 위하여 현장을 방문. 입구에 공동중앙시스템이 설치되어 있어 해당호수 호출하였으나 무반응하여 점유자 확인 불능임.
전입세대주 마●성을 발견하여 주민등록 표에 의하여 작성하였음 마금선 : 채무자 박●도의 파산관재인 변호사 홍●필 제출서류(채무자
지위승계신고 및 배당금교부신청서)에 의하면 마●선의 임차보증반환금 채권액은 금 130,000,000원임

■ 참고사항

· 관련사건☞ 서울북부지방법원 2016타기188 (매각허가결정취소)

· 토지 별도등기(을구 2번 근저당권) 있음.

특별매각조건으로 인수되는
후순위 가처분

Q 등기사항전부증명서상 말소기준권리인 2012년 4월 근저당권(허○준)보다 후순위 지위에 있는 가처분은 매각(낙찰)으로 소멸되는 것이 일반적인데, 매각물건명세서를 보면 특별매각조건으로 인수된다고 표시되어 있습니다. 그 이유가 무엇인지 궁금하고, 2회씩이나 대금미납으로 재매각 절차가 진행되는 이유 또한 궁금합니다.

A 이 사건은 1회 유찰되고 2회 차 매각기일에 상당히 높은 매각가율 108.6%에 낙찰된 바 있으나, 대금을 미납하여 재경매에 나온 사건입니다. 본 건은 토지를 제외한 건물만의 매각 사건으로, 본 건 집합건물 등기사항전부증명서상 갑구 8번 가처분등기(피보전권리-건물철거권)는 매각(낙찰)으로 인하여 소멸되지 아니하고 매수인에게 인수된다는 특별매각조건이 있습니다.

즉 토지 소유자가 건물 소유자를 상대로 건물철거를 위한 본안소송을 제기하기 전에 보전처분으로서 가처분등기가 된 사실을 감안하면, 매각으로 건물의 소유권을 취득하더라도 경우에 따라서는 건물철거로 인한 불측의 손해가 발생할 수도 있습니다.

그 외에 건축물대장상 무단 용도변경으로 인한 위반건축물로 등재되었는데, 매수인에게 이행강제금이 승계되지는 않지만 원상회복되지 않는 한 매수인에게 다시 이행강제금이 부과되거나 원상회복에 따른 사후 추가비용이 소요될 수도 있겠습니다.

즉 사후에 토지 소유자의 선택에 따라 지료(토지사용료)를 지급할 수도 있지만, 경우에 따라 건물이 철거대상이 될 수도 있고, 위반건축물에 대한 원상복구와 이행강제금 문제 등으로 대금을 미납한 것으로 추정됩니다. 이를 감안하면 이해관계인 외의 입찰은 각별히 주의할 필요가 있겠습니다.

수원1계 2014-42966 신동 기숙사(고시원)

병합/중복	2015-16384(중복-강⬛주), 2015-16391(중복-이⬛구), 2015-16407(중복-송⬛환), 2015-16414(중복-임⬛영)

소 재 지	경기 수원시 영통구 신동 340-1 , 339-5 지층 B01호 [일괄]2층 201호, 3층 301호, 4층 401호, 5층 501호, 6층 601호, 외1 (16679) 경기 수원시 영통구 신원로 150-2		
용 도	기숙사(고시원)	감 정 가	**1,023,000,000**
토지 면적	0㎡ (0평)	최 저 가	**501,270,000** (49%)
건물 면적	1,386㎡ (419평)	보 증 금	150,381,000 (30%)
경매 구분	임의경매	소 유 자	아⬛아건설
청 구 액	2,231,031,274	채 무 자	아⬛아건설
채 권 자	농협은행㈜		

주의 사항	· 재매각물건 · 건물만입찰 · 위반건축물 特수件분석신청 · 소멸되지 않는 권리 : 매각으로 그 효력이 소멸되지 않는 주택임차권등기 있음. 갑구순위 9번 가처분 등기는 매각으로 소멸하지 않고, 매수인에게 인수됨. 만약 위 가처분의 피보전권리가 실제로 존재하는 것으로 확정되는 경우에는 매수인이 소유권을 상실할 수 있음.

■ 진행과정

구분	일자	접수일~
경매개시일	2014.09.12	1일
감정평가일	2014.09.30	19일
배당종기일	2014.12.04	84일
최초경매일	2015.06.26	288일
최종매각일	2016.08.18	707일
매각허가일	2016.08.25	714일

■ 매각과정

법원기일내역

회차	매각기일	최저가	비율	상태	접수일~
①	2015.06.26	1,860,000,000	182%	변경	288일
①	2015.09.15 (10:30)	1,023,000,000	100%	유찰	369일
②	↓30%	716,100,000	70%	매각	411일
②	2015.10.27 (10:30)	매수인 남⬛숙 / 응찰 1명 매각가 1,111,100,000 (108.61%)			대금미납
②	2016.02.05 (10:30)	- 716,100,000	70%	유찰	512일
③	↓30%	501,270,000	49%	매각	554일
③	2016.03.18 (10:30)	매수인 김⬛국 / 응찰 2명 매각가 732,000,000 (71.55%) 2위 548,000,000 (53.57%)			대금미납

■ 등기부현황 (열람일자:2016-08-04)

접수일자	권리종류	권리자	채권금액 예상배당액	말소	비고
2012-01-20	소유권	아⬛아건설			
2012-04-05	근저당권	허⬛준	600,000,000	말소	말소기준등기
2012-06-27	근저당권	농협은행 분당금융센터	2,800,000,000	말소	
2014-01-17	압류	수원시영통구		말소	
2014-09-12	임의	농협은행 성남여신관리		말소	경매기입등기
2015-04-23	강제	강⬛주		말소	
2015-04-23	강제	이⬛구		말소	
2015-04-23	강제	송⬛환		말소	
2015-04-23	강제	임⬛영		말소	
2015-06-25	가처분	덕⬛산업개발		말소	2015 카단 100496 수원 GO
2015-09-21	가압류	덕⬛산업개발	27,615,480	말소	2015 카단 4063 수원 GO
2016-02-02	압류	수원세무서		말소	

4회 대금미납으로 재매각되는 사유,
당해세 과다 가능성은?

Q/ 이 사건에 등기사항전부증명서상 말소기준권리인 강제경매기입등기(2014.3.20)보다 주민등록상 전입일자가 앞서 대항력 있는 임차인이 있는데, 이 임차인이 확정일자에 의하여 배당요구를 신청한 상태입니다. 현재 4회 차 최저 매각가격(2,332만 4,000원)을 기준으로 볼 때 낙찰로 인하여 보증금 중에서 일부를 배당받고, 미배당되는 보증금 일부를 매수인이 인수해야 할 것으로 예상됩니다. 그럼에도 4회씩이나 대금을 미납하여 재매각으로 진행되는 특별한 이유가 있는지 궁금합니다.

A 이 사건은 권리분석상 대항력 있는 임차인의 보증금에 대하여 매각가격(낙찰가격)에서 배당받지 못하는 보증금이 발생하면 매수인이 인수해야 할 것으로 예상됩니다만, 4회나 대금미납이 이루어진 사유로 보기는 어렵습니다.

주요 재매각 사유는 등기사항전부증명서상 공시되지 않는 조세채권으로 추정됩니다. 즉 지방세와 국세 등 조세채권은 압류등기를 하거나 해당 부동산이 경매되는 경우, 배당요구종기일까지 교부 청구를 한 경우라면 배당받을 자격이 주어집니다(대법원 2002다22212 판결).

특히 지방세 중 재산세 등 당해세는 등기사항전부증명서상 압류등기 전까지 압류등기를 하였거나 배당요구종기일까지 교부 청구를 하게 되면, 임차인의 확정일자와 근저당권의 설정일자보다 조세의 법정기일이 늦다고 하더라도 배당원칙상 우선변제를 받게 됩니다(당해세 우선의 원칙).

결국 이 사건에서 4회씩이나 대금미납으로 재매각되는 이유는 위와 같이 당해세의 조세채권 금액이 과다하여 임차인이 보증금을 배당받지 못하고, 매수인이 그 보증금 전액을 인수해야 할 가능성이 상당히 높기 때문인 것으로 추정됩니다. 이해관계인 외의 입찰은 신중할 필요가 있겠습니다.

조 회 수	(단순조회 / 5분이상 열람) · 금일 1 / 0 · 금회차공고후 259 / 30 · 누적 1,604 / 148									조회통계

관련 물건번호	<	1 종결	2 종결	3 종결	4 종결	5 종결	6 종결	7 종결	8 종결	9 종결	10 취하	>

소 재 지	인천 남동구 구월동 1164-18 남부빌라 가동 3층 301호 (21572) 인천 남동구 성말로53번길 9-9		
용 도	다세대	감 정 가	68,000,000
토지 면적	21㎡ (6평)	최 저 가	11,429,000 (17%)
건물 면적	34㎡ (10평)	보 증 금	2,285,800 (20%)
경매 구분	강제경매	소 유 자	전■경
청 구 액	35,000,000	채 무 자	전■경
채 권 자	이■형		
주 의 사 항	· 재매각물건 특수件분석신청		

■ 진행과정

구분	일자	접수일~
경매개시일	2014.03.20	1일
감정평가일	2014.04.14	26일
배당종기일	2014.05.29	71일
최초경매일	2014.11.12	238일
경매종결일	2016.03.07	719일

■ 매각과정 [매각과정 접기]

회차	매각기일	최저가	비율	상태	접수일~
①	2014.11.12 (10:00)	68,000,000	100%	유찰	238일
②	2014.12.09 (10:00)	↓30% 47,600,000	70%	유찰	265일
③	2015.01.12 (10:00)	↓30% 33,320,000	49%	유찰	299일
④	2015.02.13 (10:00)	↓30% 23,324,000	34%	매각	331일
		매수인 손■희 / 응찰 2명 매각가 27,000,000 (39.71%) 2위 24,820,000 (36.50%)			대금미납
④	2015.05.01 (10:00)	- 23,324,000	34%	유찰	408일
⑤	2015.06.05 (10:00)	↓30% 16,327,000	24%	유찰	443일
⑥	2015.07.09 (10:00)	↓30% 11,429,000	17%	매각	477일
		매수인 김■원 / 응찰 1명 매각가 20,077,700 (29.53%)			대금미납
⑥	2015.09.17 (10:00)	- 11,429,000	17%	매각	547일
		매수인 김■주 / 응찰 2명 매각가 49,135,700 (72.26%) 2위 27,700,000 (40.74%)			대금미납
⑥	2015.12.03 (10:00)	- 11,429,000	17%	매각	624일
		매수인 김■원 / 응찰 3명 매각가 16,700,000 (24.56%) 2위 11,888,880 (17.48%) 3위 11,451,500 (16.84%)			대금미납

■ 임차인현황

임차인/대항력		점유현황	전입/확정/배당	보증금/월세	예상배당액 예상인수액	인수
허■무	有	[주거] 전부 점유2011.10.15-2013.10.14	전입 2011-10-17 확정 2011-10-04 배당 2014-05-20	보 53,000,000	11,320,519 41,679,481	일부 인수
임차인수 : 1명 / 보증금합계 : 53,000,000 / 월세합계 : 0						
현황조사차 현장에 임하여 임차인을 면대한 바,임차인 가족이 점유 사용하고 있다고 진술						

입찰에는 망하는 1등이 있다

전국 법원경매 진행건수 중 4~5%가 재매각사건

지지옥션이 분석하는 특수조건 중 재매각사건이 전체 분석건수의 약 19%나 차지하였다. 재매각사건이란 최고가 매수신고인(낙찰자)이 된 사람(법인)이 매각(낙찰)대금의 잔금을 미납하여 다시 경매가 진행되는 사건을 말하는데, 재매각을 할 경우 종전 매수인(낙찰자)은 입찰보증금의 반환을 청구할 수 없다(민사집행법 제138조). 즉 어렵게 낙찰을 받았다가 매수신청(입찰) 보증금을 떼이면서 잔금을 납부하지 않은 건수가 의외로 많았다.

2016년 하반기 기준 통계를 보면, 전국 법원에서 진행되는 경매사건 수는 월 1만 2,000여 건 내외이고, 이 중 재매각사건은 480~510여 건 사이이다. 즉 100건 중 4~5건은 재매각사건인 것이다.

대금미납의 주요 사유로 추정된 것은 권리분석(각종 인수문제)에 대한 착오가 가장 많았으며, 그 외에도 물건분석(물건의 상태와 개발행위 문제)과 실거래가격에 대한 착오, 명도 난이도, 경락잔금 내출불가(매각대금 조달의 어려움) 등이 있었다.

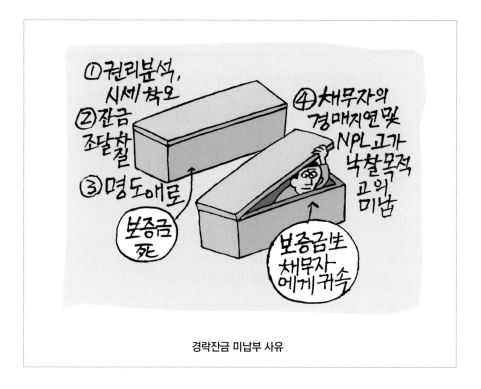

경락잔금 미납부 사유

재매각 사유는 권리분석에 대한 착오가 가장 많아

매수인이 대금납부기한까지 그 의무를 이행하지 아니한 경우에는 집행법원은 재매각을 명하여야 한다. 매수인이 재매각기일의 3일 이전까지 대금 및 지급기한이 지난 뒤부터 지급일까지의 대금에 대한 연 15%에 따른 지연이자와 절차비용을 지급한 때에는 재매각절차를 취소하여야한다. 재매각을 할 경우 종전 매수인(낙찰자)은 매수신청을 할 수 없으며, 입찰보증금의 반환을 청구할 수 없다(민사집행법 제138조).

즉 매각(낙찰)대금의 잔금을 미납하여 다시 경매가 진행되는 사건을 '재매각'이라고 하는데, 가장 많은 사유는 선순위 등기권리나 임차인의 보증금을 인수하는 등의 권리분석에 대한 착오로 추정된다. 그 외에 물건분석(물건의 상태와 개발행위 문제)이나 실거래가격에 대한 착오, 명도의 난이도, 잔금대출의 어려움, NPL(부실채권) 문제 등이 그 뒤를 잇고 있는 것으로 추정된다.

입찰가격에 '0'을 하나 더 쓴 경우, 매각불허가 받을 수 있을까?

Q/ 아파트 감정가격이 4억 5,100만 원이고, 경매 당시 6명이 경합하여 최고가 매수신고인이 감정가보다 상당히 높은 38억여 원에 낙찰을 받았는데, 감정가격이나 입찰가격 등을 감안할 때 입찰표를 잘못 작성한 것으로 추정됩니다(입찰가격 난에 '0'을 하나 더 기재한 것으로 추정됨). 이 경우 최고가 매수신고인은 경매절차상 매각불허가를 신청하여 입찰보증금을 돌려받을 수 있는지 궁금합니다.

A 민사집행법에 의한 부동산 경매절차에서는 민사집행법 제121조 각 호 및 제124조 제1항에 규정된 사유가 아닌 이상 매각을 불허할 수 없고, 최고가 매수신고인이 착오로 인하여 자신이 본래 기재하려고 한 입찰가격보다 높은 가격을 기재하였다는 사유는 민사집행법 제121조 각 호 및 제124조 제1항의 어디에도 해당한다고 볼 수 없으므로, 결국 그러한 사유로는 매각을 불허할 수 없다는 것이 판례(대법원 2009마2252 결정)입니다.

또한 법원문건 처리내역을 보면, 매각기일 다음 날인 2015년 12월 24일 최고가 매수신고인으로부터 매각불허가신청서가 제출되었으나 2015년 12월 30일 매각결정기일에 매각허가결정이 있었으며, 감당하기 어려운 고액의 입찰가격으로 인하여 대금을 미납한 상태입니다. 즉 자신의 중대한 실수가 수반된 고액의 입찰이라고 하더라도 매각불허가 사유로 보지 않는 것이 대법원 판례이기 때문에 입찰보증금을 돌려받기는 어려울 것으로 판단됩니다.

창원4계 2015-8434 상남동 아파트

조 회 수	(단순조회 / 5분이상 열람) · 금일 1 / 0 · 금회차공고후 150 / 25 · 누적 194 / 35	조회통계

소 재 지	경남 창원시 성산구 상남동 45-1 성원 514동 15층 1501호 (51499) 경남 창원시 성산구 원이대로 774	

용 도	아파트	감 정 가	**451,000,000**
토지 면적	45㎡ (14평)	최 저 가	**360,800,000 (80%)**
건물 면적	137㎡ (41평)	보 증 금	36,080,000 (10%)
경매 구분	임의경매	소 유 자	백 숙
청 구 액	420,000,000	채 무 자	세 쇼트기계
채 권 자	한국자산관리공사(변경전:㈜경남은행)		
주의 사항	· 재매각물건　特殊件분석신청		

■ 진행과정

구분	일자	접수일~
경매개시일	2015.06.23	1일
감정평가일	2015.07.08	16일
배당종기일	2015.09.14	84일
최초경매일	2015.11.25	156일
최종매각일	2016.02.23	246일
매각허가일	2016.02.29	252일
납부기한	2016.03.31	283일
경매종결일	2016.04.26	309일

■ 매각과정

회차	매각기일	최저가	비율	상태	접수일~
①	2015.11.25 (10:00)	451,000,000	100%	유찰	156일
②	2015.12.23 (10:00)	↓20%　360,800,000 매수인 신■철 / 응찰 6명 매각가 3,878,000,000 (859.87%) 2위 412,300,000 (91.42%)	80%	매각	184일 대금미납
②	2016.02.23 (10:00)	-　360,800,000 매수인 김■수 / 응찰 3명 매각가 421,800,000 (93.53%) 2위 381,999,000 (84.70%)	80%	매각	246일 납부완료 (2016.03.29)
	2016.04.26			종결	309일

■ 등기부현황 (열람일자:2015-07-01)

접수일자	권리종류	권리자	채권금액 예상배당액	말소	비고
2002-03-22	소유권	백 숙			
2004-12-29	근저당권	경남은행 팔용동	100,000,000 100,000,000	말소	말소기준등기
2011-12-06	근저당권	경남은행 창원공단	320,000,000 317,103,460	말소	
2015-05-29	가압류	기술신용보증기금 창원기술평가 센터	100,000,000	말소	2015 카단 10435 창원 GO
2015-06-01	가압류	서울보증보험 부산신용지원	176,330,000	말소	2015 카단 687 창원 마산 GO
2015-06-18	압류	마산세무서		말소	
2015-06-23	임의	경남은행 여신관리부		말소	경매기입등기

등기부채권총액 : 696,330,000

LPG 연료를 사용하는
영업용 승용차의 양도 규정

Q/ 이 사건은 LPG 연료를 사용하는 영업용 승용차(개인택시)에 대한 자동차 경매로 되어 있는데, 특별히 대금을 미납하여 재매각되는 사유가 무엇인지 궁금합니다.

A 이 사건은 1회 유찰되고 2회 차 매각기일에 매각가율 79.8%에 낙찰된 바 있으나, 대금을 미납하여 재매각된 사건입니다. 자동차 경매에서 수리비로 인하여 유치권이 성립하는 경우 외에 매수인이 인수하는 권리는 거의 없으며, 이 사건도 차량원부상의 모든 권리는 매각으로 인하여 소멸되고 인수하는 권리는 없습니다.

그런데 낙찰될 당시 단독입찰 하였고, 특히 본 차량은 LPG를 연료로 사용하는 영업용 승용차(개인택시)로 국가유공자 또는 장애인이 등록 5년이 경과한 후 일반인에게 양도(이전등록)할 수 있습니다. 그런데 매각대상 차량은 2012년 2월경 최초 등록된 후 아직 5년이 경과하지 않았다는 점을 감안하면, 실거래가격이나 매수인의 자격에 대한 착오로 인하여 대금을 미납한 것으로 추정됩니다.

그러므로 중고차량 매매업소 등을 통하여 실거래가격에 대한 조사가 필요하고, 장애인과 국가유공자 및 그들과 주민등록상 세대를 같이하는 보호자 등에 한하여 입찰이 가능하므로, 필요한 자격을 확인한 후에 입찰하시기 바랍니다.

조 회 수	(단순조회 / 5분이상 열람) · 금일 1 / 0 · 금회차공고후 25 / 3 · 누적 114 / 5	조회통계

소 재 지	인천 남동구 남촌동 625-58 대명자동차(032-817-9400)내 보관 [도로명주소]		
용 도	차량	감 정 가	**6,000,000**
토지 면적	0m² (0평)	최 저 가	**4,200,000** (70%)
건물 면적	0m² (0평)	보 증 금	840,000 (20%)
경매 구분	강제경매	소 유 자	박■근
청 구 액	50,000,000	채 무 자	박■근
채 권 자	오■정		

■ 진행과정

구분	일자	접수일~
경매개시일	2014.09.29	14일
감정평가일	2014.12.08	84일
배당종기일	2015.02.09	147일
최초경매일	2016.04.05	568일

■ 매각과정 집행정지

법원기일내역

회차	매각기일	최저가	비율	상태	접수일~
①	2016.04.05 (10:00)	6,000,000	100%	유찰	568일
②	2016.05.11 (10:00)	↓30% 4,200,000	70%	매각	604일
		매수인 이■성외1 / 응찰 1명 매각가 4,789,800 (79.83%)		대금미납	
②	2016.07.20	– 4,200,000	70%	변경	674일

■ 감정서요약 (2014.12.08 프라임감정)

모델	쏘나타	제조사	현대	차종	중형차	배기량	1,999 CC
연식	2012년식	주행거리	164,711km	연료	LPG	변속기	수동
색상	은색	차량번호	인천30바5314	감정가			6,000,000
비고	사용본거지:인천 남동구 용천로17번길 차대번호:KMHEC41LBCA421653 유효검사기간:2014.02.14-2015.02.13 보관상태보통 영업용개인택시이나영업권을포함하지않은자동차차량만이매각대상으로액화석유가스의안전관리및사업법제36조및동시 행규칙제53조에의하여소유권이전등록제한있음						

■ 사고이력 [ⓘ 차량사고이력보기] [ⓘ 차량 원부 보기]

내차피해	1회 379,700원	소유자변경횟수	0회
타차가해	없음	특수사고	없음
비고	·차량번호변경횟수 : 없음 ·최초보험가입일 : 2012.02.14 ·차체형상 : 4도어세단 ·사용용도 : 영업용		

■ 참고사항

· 관련사건[ⓒ] 인천지방법원 2014개회113177

인도명령 및 강제집행 신청절차와 소요기간은?

Q/ 이 사건의 낙찰자입니다. 현재 대항력 없는 임차인(문ㅇ국)이 있는데, 보증금 중에서 일부만 배당받기 때문에 명도가 쉽지 않을 것으로 보입니다. 합의명도(이사)가 안 될 경우 대금을 완납한 후 언제부터 강제집행을 신청할 수 있는지 궁금합니다.

A 민사집행법 제136조에 따르면 "법원은 매수인이 대금을 낸 뒤 6월 이내에 신청하면 채무자·소유자 또는 부동산 점유자에 대하여 부동산을 매수인에게 인도하도록 명할 수 있다. 다만 점유자가 매수인에게 대항할 수 있는 권원에 의하여 점유하고 있는 것으로 인정되는 경우에는 그러하지 아니하다"라고 규정하고 있습니다.

즉 매수인(낙찰자)이 매각대상 부동산의 소유자, 임차인 등 점유자를 상대로 매각에 따른 대금납부를 한 후에 6개월 전까지 부동산인도명령을 신청하면 됩니다. 부동산 인도명령결정문이 피신청인(점유자)에게 송달된 후, 송달증명과 집행문 부여를 받아서 강제집행 신청이 가능합니다.

다만 강제집행 시에는 상당한 집행 비용과 기간이 소요될 수 있으므로, 강제집행 비용 범위 내에서 이사비용을 책정하고 협의를 통하여 이사일자를 잡아 보는 것이 좋습니다.

※ 참조 법률조문

민사집행법 제136조(부동산의 인도명령 등)

④법원이 채무자 및 소유자 외의 점유자에 대하여 제1항 또는 제3항의 규정에 따른 인도명령을 하려면 그 점유자를 심문하여야 한다. 다만, 그 점유자가 매수인에게 대항할 수 있는 권원에 의하여 점유하고 있지 아니함이 명백한 때 또는 이미 그 점유자를 심문한 때에는 그러하지 아니하다.

⑤제1항 내지 제3항의 신청에 관한 결정에 대하여는 즉시항고를 할 수 있다.

⑥채무자·소유자 또는 점유자가 제1항과 제3항의 인도명령에 따르지 아니할 때에는 매수인 또는 채권자는 집행관에게 그 집행을 위임할 수 있다.

조 회 수	(단순조회 / 5분이상 열람) · 금일 **1** / 0 · 금회차공고후 **160** / 31 · 누적 **435** / 73	조회통계

소 재 지	강원 춘천시 퇴계동 983 퇴계(2)주공 209동 1층 102호 (24378) 강원 춘천시 퇴계로 168	
용 도	아파트	감 정 가	**116,000,000**
토지 면적	36㎡ (11평)	최 저 가	**81,200,000** (70%)
건물 면적	60㎡ (18평)	보 증 금	8,120,000 (10%)
경매 구분	임의경매	소 유 자	김■옥
청 구 액	71,884,520	채 무 자	김■옥
채 권 자	㈜더■비즈		

■ 등기부현황 (열람일자:2015-10-08)

접수일자	권리종류	권리자	채권금액 예상배당액	말소	비고
2012-12-28	소유권	김■옥			
2012-12-28	근저당권	더■비즈	91,000,000 91,000,000	말소	말소기준등기
2013-04-04	근저당권	더■비즈	9,000,000	말소	
2014-07-31	근저당권	신■재	300,000,000	말소	
2015-02-27	근저당권	(주)제■	15,000,000	말소	
2015-03-12	임의	북춘천 [새]		말소	경매기입등기
2015-04-28	질권	대신저축은행 춘천	91,000,000	말소	
등기부채권총액 : 506,000,000					

■ 임차인현황

임차인/대항력		점유현황	전입/확정/배당	보증금/월세	예상배당액 예상인수액	인수
문■국	無	[주거] 전부 조사서상: 점유 2012.12.28- 2014.12.28 확정 2014.12.11 점유2013.01.14-	전입 2013-01-14 확정 2012-12-17 배당 2015-06-11	보 70,000,000	32,377,292	소멸
임차인수 : 1명 / 보증금합계 : 70,000,000 / 월세합계 : 0						

임차인점유. 임차인 문■국의 처 김■영의 진술을 들은 바, 제시부동산은 자신의 가족이 임대차계약을 하고 점유.사용한다고 함. 주민등록
등재자:문■국. 임대차관계조사서는 임차인 문■국의 처 김■영이 제출한 임대차계약서(1~3차) 및 동사무소에서 조사한 주민등록등본에
의거하여 작성한 것임. 임대차관계조사서 문■국의 임대인은 조■희로 되어있었음 문■국:현황조사보고서의 임대차관계조사서에는 아래
와 같이 문■국 계약내용이 3차례이므로 확인바람. 1.점유기간:2013.01.20-2015.01.20(24개월)/계약일자:2012.12.15/전입일자:2013.01.14/
확정일자:2012.12.17. 2.점유기간:2012.12.28-2014.12.28(24개월)/계약일자:2012.12.21/확정일자:2012.12.21. 3.점유기간:2012.12.28-
2014.12.28(24개월)/계약일자:2013.01.14/확정일자:2014.12.11

■ 지지옥션 세대조사 (주민센터확인 : 2015.09.03)

세대주	전입일	비고	세대주	전입일	비고
문○○	2013.01.14				

인도명령 신청기간

인도명령은 대금납부 후 6개월 내 신청해야

집행법원은 매수인(낙찰자)이 대금을 완납한 뒤 6개월 이내에 인도명령을 신청하면 채무자와 소유자 또는 매수인에게 대항할 수 없는 부동산 점유자에 대하여 매각대상 부동산을 매수인에게 인도하도록 명할 수 있다. 다만 점유자가 매수인에게 대항할 수 있는 경우에는 그러하지 아니하다. 여기에서 매수인에게 대항할 수 있는 점유자란, 대항력 있는 임차인이나 유치권에 기하여 점유하고 있는 자가 대표적이다.

매수인의 인도명령 신청 후 집행법원이 채무자와 소유자 외의 점유자에 대하여 인도명령을 하려면 그 점유자를 심문(審問)하여야 한다. 다만 그 점유자가 매수인에게 대항할 수 있는 권원에 의하여 점유하고 있지 아니함이 명백한 때에는 심문하지 않고 인도명령 신청을 인용(認容)해 준다(민사집행법 제136조).

주의할 것은 인도명령은 매각대금을 납부한 뒤 반드시 6개월 이내에 신청서를 제출해야 하고, 6개월이 경과하면 인도명령은 신청할 수 없고 명도소송을 제기해야 한다는 점이다.

부재중인 집에 대한 강제집행

강제집행 현장에는 성인 2명을 동행하는 것이 필수

강제집행이 예상되는 경우에는 점유자가 변경될 경우를 대비한 사전조치로써 '점유이전금지 가처분'을 해두는 것이 유익하며, 점유자에게 심리적 압박을 가하기 위하여 가재도구 등 유체동 산을 가압류하는 경우도 있다.

강제집행 현장에서 점유자가 문을 열어 주지 않는 등으로 저항할 경우, 집행관은 집행을 하기 위하여 잠근 문을 여는 등 적절한 조치를 할 수 있다. 또한 채무자(점유자)의 주거에서 집행을 실 시하려는데 채무자나 사리를 분별할 지능이 있는 그 친족이나 고용인을 만나지 못한 때에는 성 년 두 사람이나 동이나 읍·면 직원 또는 경찰공무원 중 한 사람을 증인으로 참여하게 해야 한다 (민사집행법 제5조, 제6조).

다만 실무에서는 공무원이나 경찰이 강제집행에 참여하는 경우는 거의 없고, 성인 2명을 증인 으로 입회시켜 집행하는 경우가 대부분이다. 그러므로 강제집행을 하는 현장에는 채권자(낙찰자) 나 그 대리인 외에 성인 2명을 동행하는 것이 필수이다.

토지 지분 매수인이
입찰 외 건물 소유자를 상대로
인도명령 · 강제집행 가능한가?

Q/ 토지 공유지분에 대한 임의경매사건인데, 입찰 외 건물로 사무실 및 양계장 등이 소재하고 있습니다. 낙찰자가 경매에 나온 지분 소유자 겸 입찰 외 건물 소유자인 오○진을 인도명령을 통해 명도할 수 있는지 궁금합니다.

A 전체 토지 중에서 그 일부인 오○진 공유지분(약 61%)에 대한 매각사건인데, 매각대상 토지상에 입찰 외 건물(사무실, 양계장)이 소재하여 법정지상권 성립 여부가 문제 될 수 있겠습니다.

그런데 공유지분상에 소재하는 건물 소유자에게 법정지상권을 인정할 경우, 다른 공유자의 권리행사를 제한할 수 있기 때문에 법정지상권이 성립할 수 없다는 판례(대법원 2011다73038 판결)를 감안하면 법정지상권이 성립하기는 어려울 것으로 예상됩니다.

법정지상권이 성립하지 못할 경우, 이 사건 지분 매수인(낙찰자)은 직접 (또는 다른 공유자와 함께) 공유물의 보존차원(민법 제265조 참고)에서 건물철거와 지료지급 청구소송 등을 제기하여 대응할 수 있습니다.

다만 토지와 건물은 별개의 부동산이므로, 우선적으로 입찰 외 건물 소유자를 상대로 토지에 대한 점유권원(법정지상권, 토지임대차)이 없는 이유를 들어 건물철거 소송과 토지인도 소송 및 건물 점유자에 대한 퇴거청구 소송을 제기한 다음, 그 소송결과에 따라 집행을 하면 됩니다.

따라서 토지 공유지분을 낙찰받은 소유자는 입찰 외 건물 소유자를 상대로 인도명령에 따른 강제집행이 가능할 것으로 판단됩니다.

조 회 수	(단순조회 / 5분이상 열람) · 금일 1 / 0 · 금회차공고후 83 / 16 · 누적 214 / 33	조회통계

관련 물건번호	<	**1** 종결	**2** 종결		>

소 재 지	경기 화성시 장안면 어은리 582-1 [일괄]583-, 도로명주소	
용 도	전	감 정 가	**145,285,420**
토지 면적	전체 1779 m² 중 지분 865.42 m² (261.79평)	최 저 가	**71,190,000 (49%)**
건물 면적	0m² (0평)	보 증 금	7,119,000 (10%)
경매 구분	임의경매	소 유 자	오■진외1
청 구 액	250,000,000	채 무 자	이■수
채 권 자	이■란 ▶more		
주의 사항	· 지분매각 · 법정지상권 · 입찰외 · 농지취득자격증명 특수件분석신청		

■ 감정서요약 (2015.09.21 태평양감정)

소재지	구분	용도/상태	경매면적	감정가
[445-941] 장안면 어은리 582-1	토지	전/전기타(양계장등)	876m² 중 지분 536.6m² (162.3평)	84,784,380 1m²당 158,003 1평당 522,393
· 토지지분 : 1306/2132 오■진 표준공시지가 : 68,000원 / 감정지가 : 158,000원 -입찰외제시외소유자미상건물소재(582-1,583지상) 법정지상권성립여지있음 -농취증필요 계획관리지역 / 성장관리권역 ▶동측으로지적도상도로접해있으나현황폐도상태임				
[445-941] 장안면 어은리 583	토지	전/전기타(양계장등)	903m² 중 지분 328.8m² (99.5평)	60,501,040 1m²당 184,006 1평당 608,051
· 토지지분 : 473/1299 오■진 표준공시지가 : 68,000원 / 개별공시지가 : 70,700원 / 감정지가 : 184,000원 -농취증필요 계획관리지역 / 성장관리권역 ▶북측약4m도로접함 ▶하천구역은재난안전과방재부서(031-369-2461)확인바랍니다				

▶해원학교남동측인근위치 ▶인근단독주택,소규모공장,농경지,임야등혼재 ▶차량접근가능 ▶서측근거리버스(정)소재 ▶제반
교통상황무난 ▶부정형등고평탄지

■ 임차인현황

법원 기록상 임차인이 없습니다.
<582-1번지,583번지> 채무자(소유자)점유

■ 참고사항

· 농지취득자격증명원 제출요함(미제출시 보증금을 몰수함). 지상에 소유자 미상의 건물이 소재하나 매각에서 제외함(법정지상권 성립여지 있음). 지분매각임. 공유자 우선매수신고 제한있음(공유자 우선매수신청을 한 공유자는 매각기일 종결전까지 보증금을 제공하여야 유효하며 매수신청권리를 행사하지 않는 경우에 차회기일부터는 우선권이 없음).

채권자가 임차인을 상대로
배당이의를 신청한 경우 낙찰자 대응은?

Q/ 이 사건을 낙찰받은 최고가 매수신고인입니다. 대금납부 후 배당기일이 잡혔는데, 강제경매 신청채권자측이 임차인이 '소유자의 형'이기 때문에 진정한 임차인이 아니라는 이유로 배당이의 신청을 하겠다고 합니다. 낙찰자의 대응방법으로는 무엇이 있나요?

A 해당 사건의 경우 임차인이 후순위이지만 보증금 전액을 배당받을 수 있습니다. 하지만 배당표가 작성되고 이에 대해 신청채권자가 배당이의 소송을 제기할 경우 매수인(낙찰자)은 배당이의 소송이 끝날 때까지 명도가 불가능하며, 이 절차가 6개월 이상 소요될 수도 있습니다. 아쉽게도 배당이의 청구소송이 끝날 때까지는 특별한 대응방법이 없습니다. 다만 임차인이 배당이의 소송에서 패소한다면 임료 상당액의 부당이득금은 청구해 볼 수 있겠습니다.

법원에서는 관련 판례(대법원 97다11195호 판결)를 통해 "임차인이 보증금 전액을 배당받을 수 있는 때에는 매수인에게 대항하여 보증금을 반환받을 때까지 임대차관계의 존속을 주장할 수는 없다고 하더라도, 다른 특별한 사정이 없는 한 임차인이 경매절차에서 보증금 상당의 배당금을 지급받을 수 있는 때, 즉 임차인에 대한 배당표가 확정될 때까지는 매수인에 대하여 임차주택의 명도를 거절할 수 있는바, 매수인의 임차주택의 명도청구에 대하여 임차인이 동시이행의 항변을 한 경우, 동시이행의 항변 속에는 임차인에 대한 배당표가 확정될 때까지 경락인의 명도청구에 응할 수 없다는 주장이 포함되어 있는 것으로 볼 수 있다는 것"이라고 설명하고 있습니다.

소 재 지	부산 연제구 연산동 399-5 세영 3층 307호 (조표제70202호) (47565) 부산 연제구 안연로8번길 14		
용 도	아파트	감 정 가	**118,000,000**
토지 면적	30㎡ (9평)	최 저 가	**94,400,000** (80%)
건물 면적	52㎡ (16평)	보 증 금	9,440,000 (10%)
경매 구분	강제경매	소 유 자	신●정
청 구 액	70,000,000	채 무 자	신●정
채 권 자	기술신용보증기금		

■ 진행과정

구분	일자	접수일~
경매개시일	2015.04.17	1일
감정평가일	2015.04.29	13일
배당종기일	2015.07.03	78일
최초경매일	2015.10.14	181일
최종매각일	2016.01.20	279일
매각허가일	2016.01.27	286일
납부기한	2016.02.19	309일
경매종결일	2016.03.22	341일

■ 매각과정

회차	매각기일	최저가	비율	상태	접수일~
①	2015.10.14 (10:00)	118,000,000	100%	유찰	181일
②	2016.01.20 (10:00)	↓20% 94,400,000	80%	매각	279일
		매수인 문●숙 / 응찰 6명 매각가 115,299,000 (97.71%) 2위 107,389,000 (91.01%) 3위 106,242,000 (90.04%)			납부완료 (2016.02.19)
	2016.03.22			종결	341일

■ 등기부현황 (열람일자:2015-09-29)

접수일자	권리종류	권리자	채권금액 예상배당액	말소	비고
2001-11-28	근저당권	중소기업은행 부전동	50,000,000 50,000,000	말소	말소기준등기
2004-10-19	소유권	신●정			
2009-11-26	가압류	기술신용보증기금 동래기술평가	454,537,735 15,355,132	말소	2009 카단 21786 부산 GO
2011-07-19	압류	동래세무서		말소	
2013-04-23	가압류	중소기업은행 여신관리부	90,000,000 3,040,368	말소	2013 카단 46360 서울중앙 GO
2015-04-17	강제	기술신용보증기금 부산기술평가		말소	경매기입등기
등기부채권총액 : 594,537,735					

■ 임차인현황

임차인/대항력		점유현황	전입/확정/배당	보증금/월세	예상배당액 예상인수액	인수
신●도	無	[주거] 307호전부 조사서상: 점유 2008.03.20- 전입 2004.09.21 점유 2006.03.20-	전입 2006-03-20 확정 2009-04-17 배당 2015-04-30	보 45,000,000	45,000,000	소멸
임차인수 : 1명 / 보증금합계 : 45,000,000 / 월세합계 : 0						
임차인점유 신●도 : 현황조사보고서상 전입일자는 임차인의 자 신●준의 전입일자임.						

소유자가 배당잉여금을 수령할 때에도 명도확인서가 필요한가?

Q/ 매각대상 부동산에 대한 채권자들의 채권총액이 낙찰가격보다 적은 경우 배당잉여금은 소유자에게 귀속하게 되는데, 이 경우 소유자도 임차인과 마찬가지로 매수인(낙찰자)의 명도확인서가 필요한지 궁금합니다.

A 매각대상 부동산에 점유 중인 임차인은 보증금 전부 또는 일부에 대하여 배당을 받을 여지가 있을 경우에는 배당기일 또는 그 이후에 매수인(낙찰자)으로부터 명도확인서(매수인의 인감증명서 첨부)를 받는 동시에 임차인이 점유하던 부동산의 점유권을 매수인(낙찰자)에게 이전해 주는 것이 일반적입니다.

그런데 매각대상 부동산의 소유자는 임차인과 달리 명도확인서가 필요하지 않습니다. 이 경우 매수인은 원만한 건물 인도(명도)를 위하여 대금납부와 동시에 부동산인도명령신청을 통하여 강제집행 절차로 대응하는 것이 합리적이라고 판단됩니다.

※ **참조 법률조문**

민사집행법 제151조(배당표에 대한 이의)

①기일에 출석한 채무자는 채권자의 채권 또는 그 채권의 순위에 대하여 이의할 수 있다.

②제1항의 규정에 불구하고 채무자는 제149조제1항에 따라 법원에 배당표원안이 비치된 이후 배당기일이 끝날 때까지 채권자의 채권 또는 그 채권의 순위에 대하여 서면으로 이의할 수 있다.

③기일에 출석한 채권자는 자기의 이해에 관계되는 범위 안에서는 다른 채권자를 상대로 그의 채권 또는 그 채권의 순위에 대하여 이의할 수 있다.

경매 명심보감

흥분으로 인한 고가입찰은 금물

고가입찰의 원인은 여러 가지를 꼽을 수 있는데 첫째, 협소한 입찰장의 많은 사람과 웅성거리는 분위기, 둘째, 수회의 입찰에서 패찰(敗札)한 후 이번에는 낙찰받고 말겠다는 경쟁심리, 셋째, 급매물가격 등 실거래가격에 대한 착오, 넷째, 감정가격에 대한 맹신, 다섯째, 언론매체나 컨설팅업체 및 지인 등이 제공하는 그릇된 정보 신뢰, 여섯째, 이번에도 떨어지면 어쩌나 하는 불안심리 등이다. 고가입찰을 피하기 위해 경매전문가와 경험자들이 전하는 조언은 다음과 같다.

① 현장의 분위기에 휩쓸리지 말고 소신을 갖고 입찰하라.

② 법원에서 제공하는 감정가격을 맹신하지 말고 발품(임장활동)을 팔아 가면서 급매물도 찾아보는 등 실거래가격 파악에 주력하라.

③ 유찰에 대한 불안에서 벗어나라. 오늘이 끝이 아니라 내일도 다음 달에도 내년에도 경매가 진행된다는 여유를 가져라.

④ 패찰한 물건에 미련을 갖지 마라. 내 물건이 아니다.

⑤ 주위들은 정보는 참고만 하고 신뢰하지 마라.

⑥ 입찰장에 가기 전에 입찰가격은 결정해 두고, 가능하면 입찰표도 작성해서 가라.

▲ 요즘 APT 낙찰 성공률—7전8기

05

절차·용어
공매·기타

공매도 인도명령결정을 받아
명도할 수 있을까?

Q 국세징수법에 따라 진행하는 공매사건으로 동소에 임차인이 있는데, 이 임차인은 등기부사항전부증명서상 말소기준권리인 2008년 2월 4일 근저당권보다 전입신고(2011.4.18)가 늦기 때문에 후순위 임차인입니다. 사후에 명도협의가 안 될 경우 경매와 마찬가지로 인도명령결정문으로 강제집행을 신청할 수 있는지 궁금합니다.

A 국세징수법에 따른 한국자산관리공사의 공매와 민사집행법에 따른 법원경매는 별개의 절차로, 그 절차 상호간의 관계를 조정하는 법률의 규정이 없습니다.

즉 민사집행법에 따라 진행하는 경매절차에서 대항력 없는 임차인 등 모든 점유자에 대하여 매각대금을 납부한 후 6개월 이내에 인도명령을 신청할 수 있으며, 매수인(낙찰자)이 대항력 없는 점유자와 협의를 통하여 매각대상 부동산의 점유권을 인도받지 못한 경우에는 인도명령결정문을 집행권원으로 강제집행을 신청하여 신속하게 점유를 이전받을 수 있습니다.

반면 국세징수법에 따라 진행하는 공매절차에서는 이러한 인도명령제도가 규정되어 있지 않기 때문에 모든 점유자(대항력 없는 임차인, 소유자 등)를 상대로 인도명령을 신청할 수 없습니다. 그러므로 매각대금을 납부하고 소유권을 취득한 매수인은 별도로 건물명도(인도) 청구소송을 제기하여 승소한 다음, 확정된 승소판결문을 집행권원으로 강제집행을 신청하여 해결할 수밖에 없습니다.

이 점이 경매와 공매의 중요한 차이점 중 하나이며, 인도명령절차에 소요되는 기간은 일반적으로 2주일 이내이지만, 명도소송 절차에 소요되는 기간은 통상 6~7개월(1심 재판 기준) 정도입니다.

소 재 지	서울 성북구 장위동 219-93 제3층 제1호 [도로명주소] 서울 성북구 돌곶이로41가길 33				

처 분 방 식	매각	재 산 종 류	압류재산	물 건 상 태	취소
감 정 가	200,000,000 원	위 임 기 관	성북세무서	개 찰 일	16.10.27 (11:00)
최 저 가	180,000,000 원	소 유 자	김■석	입찰시작일	16.10.24 (10:00)
용 도	다세대주택	배분종기일	14.06.09	입찰종료일	16.10.26 (17:00)
면 적	대 41.2㎡ 지분(총면적 172㎡), 건물 63.62㎡				
조 회 수	(단순조회 / 5분이상 열람) ·금일 1 / 0 ·누적 67 / 10				조회통계

주 의 사 항	·명도책임자 - 매수자

집 행 기 관	한국자산관리공사	담 당 부 서	조세정리부	담 당 자	공매1팀
연 락 처	02-3420-5171	E m a i l			

■ 등기부등본 (열람일자: 2014.04.24)

구분	권리종류	권리자명	등기일자 (배분요구일)	설정액 (배분요구채권액)	인수	비고
집합	소유	김■석	1994.03.07	0원	말소	
	근저	하나은행 우이동	2008.02.04	96,000,000원	말소	말소기준권리
	근저	하나은행 우이동	2011.03.28	60,000,000원	말소	
	압류	성북세무서	2012.10.12	0원	말소	
	압류	서울시성북구	2013.05.09	0원	말소	
	공매	한국자산관리공사	2014.04.23	0원	말소	관리번호: 2014-02355-001

■ 온비드 등기사항증명서 주요정보

순번	권리종류	권리자명	등기일자	설정액
1	위임기관	성북세무서		미표시
2	근저당권	(주)하나은행[우이동지점]	2008.02.04	130,904,323 원
3	압류	성북구청(세무2과)		미표시
4	압류	국민건강보험공단 성북지사		미표시

■ 임차내용

임대차내용	이름	전입일	확정(설정일)	보증금	차임(월세)	환산보증금
전입세대주	진**	2009.08.05				
전입세대주	김**	2011.04.18				

공매도 임차인이 보증금을 배분받으려면 명도확인서가 필요한가?

Q/ 경매절차에서는 임차인이 보증금 중에서 전부 또는 일부를 배당받기 위해서 매수인(낙찰자)에게 해당 부동산의 점유권을 인도하였다는 명도확인서를 받아 제출해야 하는데, 공매절차도 경매와 마찬가지로 배분기일에 배분받기 위하여 임차인이 낙찰자의 명도확인서를 제출하여야 하는지 궁금합니다.

A 국세징수법 제80조의2 제1항과 제2항에서는 "세무서장은 압류재산의 매각대금 등의 금전을 배분하려면 체납자, 제3채무자 또는 매수인으로부터 해당 금전을 받은 날부터 30일 이내에서 배분기일을 정하여 배분하여야 한다. 다만 30일 이내에 배분계산서를 작성하기 곤란한 경우에는 배분기일을 30일 이내에서 연기할 수 있다. 세무서장은 제1항에 따른 배분기일을 정하였을 때에는 체납자, 채권신고대상 채권자 및 배분요구를 한 채권자(이하 '체납자 등'이라 한다)에게 통지하여야 한다"고 규정하고 있습니다.

그리고 국세징수법 시행규칙 [별지 제60호의2 서식]에 따르면 "배분기일에 출석하는 채권자 또는 체납자는 채권원인서류 원본(채권입증서류, 설정계약서, 임대차계약서, 명도확인서 등), 본인임을 확인할 수 있는 신분증을 지참하여야 한다"는 내용이 있습니다.

그러므로 공매절차에서도 경매와 마찬가지로 배분기일에 보증금을 배분받는 임차인은 매수인의 명도확인서와 임대차계약서(원본)를 지참하여야 배분받을 수 있다고 할 것입니다(국세징수법시행규칙 [별지 제60호2 서식] 참고).

■ 국세징수법시행규칙 [별지 제60호의2서식] <신설 2012.2.28>

행 정 기 관 명

수신자
(경유)

제 목 **배분기일 통지**   (앞쪽)

아래 공매재산의 매각대금을 배분하기 위하여 배분기일을 지정하였으니,   년   월   일까지 확정된 채권을 제출하여 주시기 바랍니다(근거: 「국세징수법」 제80조의2제2항).

체 납 자	성 명 (상 호)		생년월일 (사업자등록번호)	
	주 소 (사업장)			
처분청				
매각재산의 표시				
매각 대금				
배분 일자	년 월 일			
배분 장소				

끝.

발 신 명 의   [직인]

이 통지에 대한 문의사항이 있을 때에는 ○○○과 담당자 ○○○(전화 :   )에게 연락하시면 친절하게 상담해 드리겠습니다.

기안자 직위(직급) 서명   검토자 직위(직급)서명   결재권자 직위 (직급)서명

협조자

시행   처리과-일련번호(시행일자)   접수   처리과명-일련번호(접수일자)

우   주소   / 홈페이지 주소

전화( )   전송( )   / 기안자의 공식전자우편주소   / 공개구분

210mm×297mm[백상지 80g/㎡ 또는 중질지 80g/㎡]

경매와 공매
동시진행 중일 때의 장단점

Q/ 이 사건의 법원기록에 "2016년 3월 30일자로 공매대행통지서가 제출되었다"는 내용이 있습니다. 이 경우 경매와 공매 중 어느 절차에서 입찰에 참여하여야 소유권을 취득하는 데 유리한지 궁금합니다.

A 국세체납(국세징수법)으로 진행하는 공매절차와 민사집행법에 따라 진행하는 경매절차는 별개의 절차로, 그 절차 상호간의 관계를 조정하는 법률의 규정이 없으므로 한쪽의 절차가 다른 쪽의 절차에 간섭할 수 없고, 쌍방 절차에서 각 채권자는 서로 다른 절차에서 정한 방법으로 참여할 수밖에 없습니다(대법원 88다카42 판결).

국세체납 처분에 의한 공매절차가 진행 중인 경우에도 집행법원은 그 부동산에 대하여 강제경매나 임의경매 절차를 별도로 진행할 수 있으며, 이 경우 양 매수인 중 먼저 그 소유권을 취득한 자가 진정한 소유자로 확정됩니다. 즉 경매 또는 공매 절차 진행 중에 낙찰을 받아 먼저 대금을 납부한 자가 소유권을 취득하고, 다른 절차는 그에 따라 취소됩니다(대법원 2001두7329 판결).

참고로 공매보다는 경매절차가 대중화되어 있어서 입찰자 수가 많은 것이 일반적이지만, 공매절차는 인도명령제도가 없기 때문에 경매절차에 비하여 상대적으로 매각대상 부동산을 인도받는 데 장기간이 소요될 수 있습니다.

과거사건	인천 25계 2001-68992 , 인천 4계 2003-31550 , 인천 1계 2015-12071

조 회 수	(단순조회 / 5분이상 열람) ·금일 1 / 0 ·금회차공고후 106 / 10 ·누적 296 / 15	조회통계

소 재 지	인천 남동구 간석동 37-131 새빛하이츠빌라 4동 3층 302호 (21511) 인천 남동구 간석로87번길 15-14		
용 도	다세대	감 정 가	58,000,000
토지 면적	13㎡ (4평)	최 저 가	28,420,000 (49%)
건물 면적	36㎡ (11평)	보 증 금	2,842,000 (10%)
경매 구분	임의경매	소 유 자	김●곤
청 구 액	32,475,632	채 무 자	김●곤
채 권 자	㈜국민은행		

■ 감정서요약 (2015.12.29 써브감정)

소재지	구분	용도/상태	경매면적		감정가
[405-230] 간석동 37-131 4동 3층 302호	토지	3층 대지권	133㎡ 중 13.3㎡	(4평)	20,300,000
	건물	3층 다세대	36.2㎡ 전용 36.2㎡ 공용 4.9㎡	(10.9평) (10.9평) (1.5평)	37,700,000
			1㎡당 1,602,210 1평당 5,321,101		계 58,000,000

· 총 4층 ·보존-1997.01.17
· 승인-1996.12.20

2종일반주거지역 / 과밀억제권역
▶ 도시가스개별난방 　　　　　　▶ 철콘조슬래브지붕
▶ 간석3동주민센터북동측인근 　　▶ 인근차량접근가능
▶ 버스(정)인근소재 　　　　　　 ▶ 제반교통사정보통
▶ 사다리형완경사지 　　　　　　 ▶ 남측2m내외도로접함
▶ 주변아파트단지,공동및단독주택,근린.편의시설등형성된주거지대

■ 등기부현황 (열람일자:2016-06-24)

접수일자	권리종류	권리자	채권금액 예상배당액	말소	비고
2014-03-07	소유권	김●곤			
2014-03-07	근저당권	국민은행 동암	36,000,000 22,183,424	말소	말소기준등기
2015-07-08	압류	남인천세무서		말소	
2015-12-21	임의	국민은행 특수여신관리센터		말소	경매기입등기
등기부채권총액 : 36,000,000					

■ 임차인현황

임차인/대항력	점유현황	전입/확정/배당	보증금/월세	예상배당액 예상인수액	인수
김●성 　無	[주거] 전부 점유2014.04.19-2016.04.18	전입 2014-04-21 확정 2014-04-21 배당 2016-03-07	보 12,000,000	12,000,000	소멸
임차인수 : 1명 / 보증금합계 : 12,000,000 / 월세합계 : 0					

■ 참고사항

· 2016.3.30.자 공매대행통지서, 2016.6.2.자 공매통지서 각 제출됨.

후순위 임차인의 선순위 채권 대위변제를 통한 대항력 취득 여부

Q. 의정부세무서에서 조세채권을 회수할 목적으로 한국자산관리공사에 위임하여 공매절차가 진행 중인데, 등기사항전부증명서를 보면 말소기준권리인 압류(국민건강보험공단)의 채권액(490만 원)이 소액이라서 후순위 임차인이지만 배분순위상 2순위에 해당되므로 보증금을 전부 또는 대부분을 배당받을 수 있을 것으로 예상됩니다.

그런데 공매 위임기관인 의정부세무서의 교부청구액이 최저가격을 초과하고, 임차인보다 법정기일(과세확정일)이 우선순위일 수 있어서 임차인에게 실질적으로 배분될 보증금이 없을 것으로 예상되는데, 후순위 임차인이 자신의 보증금을 보호하기 위하여 대위변제를 하고 순위 상승으로 낙찰자에게 대항력을 주장할 수 있는지요?

A. 이 사건 임차인(유○정)은 확정일자를 갖추고 자신의 보증금 9,000만 원에 대하여 배분요구 종기일까지 배분요구를 신청함으로써 외관상 배분순위 1순위 국민건강보험공단 다음인 2순위 지위에 있는 것으로 예상해 볼 수 있습니다.

하지만 주의해서 살펴봐야 할 점이 있습니다. 등기사항전부증명서상 말소기준권리인 국민건강보험공단의 압류등기일(2012.12.6)이 의정부세무서의 압류기입등기일(2013.2.8)보다 우선순위이지만, 의정부세무서 조세채권(국세)의 법정기일이 말소기준권리보다 우선할 것으로 예상됩니다. 조세채권의 법정기일이 말소기준권리보다 우선하게 된다면, 대항력 없는 후순위 임차인이 4회 차 최저매각가격(8,960만 원)을 기준으로 볼 때 한 푼도 배당받지 못할 수도 있겠습니다.

따라서 질문하신 것처럼 임차인은 자신의 보증금을 보호하기 위하여 말소기준권리인 국민건강보험공단의 채권을 대위변제 함으로써 순위 상승을 통하여 대항력을 꾀할 수 있겠습니다. 입찰 전 국민건강보험공단을 찾아가 대위변제 여부를 확인해 보거나, 최소한 등기사항전부증명서를 발급받아 변동사항이 있는지 반드시 확인해 볼 필요가 있습니다.

소 재 지	경기 양주시 백석읍 방성리 511-2 외 1필지 대교산과내아파트 제103동 제4층 제402호 [도로명주소] 경기 양주시 부흥로 1166-3				

처 분 방 식	매각	재 산 종 류	압류재산	물 건 상 태	낙찰
감 정 가	128,000,000 원	위 임 기 관	의정부세무서	개 찰 일	16.10.06 (11:00)
최 저 가	89,600,000 원	소 유 자	최■수	입찰시작일	16.10.03 (10:00)
용 도	아파트	배분종기일	15.03.02	입찰종료일	16.10.05 (17:00)
면 적	대 44.754㎡ 지분(총면적 14,593㎡), 건물 84.96㎡				
조 회 수	(단순조회 / 5분이상 열람) ·금일 **1** / 0 ·누적 **334** / 72				조회통계

주 의 사 항	·재매각 · 명도책임자 - 매수자 · -본건은 권리신고한 임차인의 서류에 의하여 대항력 있는 임차인이 있을 수 있으므로 사전조사 후 입찰바람. -본건 매각결정취소(잔대금 불납) 후 재공매 건이므로 확인후 입찰바람.

집 행 기 관	한국자산관리공사	담 당 부 서	서울지역본부	담 당 자	조세정리3팀
연 락 처	1588-5321	E m a i l			

■ **등기부등본** (열람일자:2015.01.14)

구분	권리종류	권리자명	등기일자 (배분요구일)	설정액 (배분요구채권액)	인수	비고
집합	소유	최■수	2012.11.12	0원	말소	전소유자:문■원
	압류	국민건강보험공단 양주지사	2012.12.06 (2015.01.16)	0원 (4,900,040원)	말소	말소기준권리
	압류	의정부세무서	2013.02.08 (2014.06.12)	0원 (171,402,690원)	말소	
	가압	심■태	2013.03.04	33,804,103원	말소	2013 카단 1211 의정부지법 내역보기
	가압	대■산과내아파트입주자대표	2013.10.11	2,229,970원	말소	2013 카단 5957 의정부지법 내역보기
	압류	서울시서초구	2014.02.24 (2014.10.23)	0원 (1,200,000원)	말소	

■ **온비드 등기사항증명서 주요정보**

순번	권리종류	권리자명	등기일자	설정액
1	위임기관	의정부세무서		미표시
2	가압류	심■태	2013.03.04	40,045,544 원
3	가압류	대■산과내아파트입주자대표회의	2013.10.11	15,103,435 원
4	임차권	유■정(주택임차권자)	2015.09.03	90,000,000 원
5	압류	국민건강보험공단 양주지사		미표시
6	압류	서초구청(세무2과세외)		미표시

■ **임차내용**

임대차내용	이름	전입일	확정(설정일)	보증금	차임(월세)	환산보증금
임차권	유■정(주택임차권자)	2013.01.02	2013.01.02	90,000,000		90,000,000

경매, 공매의 잔금 납부일

경매와 공매의 대금납부기한의 차이

민사집행법에 의한 경매와 국세징수법에 의한 공매절차에서의 대금납부기한에 차이가 있다. 경매절차에서는 매각기일에 최고가 매수신고인(낙찰자)이 정해지고, 그로부터 1주일 후에 매각허가결정이 나오게 되는데, 동 허가결정에 대하여 항고 제기가 없는 등으로 허가결정이 확정되면 30일 이내에 대금납부기한을 정한다(민사집행규칙 제78조).

국세징수법에 의한 압류재산의 공매절차에서 대금납부기한은 매각결정일부터 매각대금이 3,000만 원 미만이면 7일 이내, 3,000만 원 이상이면 30일 이내이다(국세징수법 제75조).

지난 10년간의 경매 소요기간 분석

경매 시작부터 끝까지 412일 걸려

부동산이 법원경매로 처분될 경우 법원의 경매개시결정부터 낙찰, 대금납부, 배당절차를 포함하여 경매사건이 완전히 종결될 때까지 평균 412일(13개월 17일)이 소요되는 것으로 나타났다. 지지옥션은 지난 2005년 1월부터 11월까지 법원경매를 통해 종결된 사건 116만 3,740건을 대상으로, 경매개시결정일·첫 매각(경매)기일·낙찰일·종국일 등을 기준점으로 삼아 각 조건별 경매 소요기간을 경매 관련업계 처음으로 산출했다.

종결사건을 기준으로 구체적인 소요기간을 살펴보면 법원경매 전체 용도의 평균 경매기간은 412일이 걸렸으며, 경매개시결정일부터 첫 매각(경매)기일이 잡힐 때까지 228일(7개월 18일)이 걸리는 것으로 산출되었다. 그간 통상적으로 경매개시일부터 첫 매각기일이 잡힐 때까지 4~6개월가량 소요된다고 업계에서 관행처럼 이야기해 왔으나 평균 7개월 이상이 걸리는 것으로 처음 밝혀졌다.

도시형생활주택에 대한
취득세 감면 여부

Q 의정부지방법원 2015-42004 임의경매사건의 낙찰자입니다. 도시형생활주택은 세제혜택을 받아 취득세를 1.1%만 납부하는 것으로 알고 있는데, 일부에서는 4.6%를 납부해야 한다는 말도 있습니다. 정확한 취득세율은 얼마인가요?

A 도시형생활주택은 주택으로 구분하기 때문에 취득세는 1.1%(교육세 포함)가 맞습니다. 일부에서 4.6%라고 하는 것은 동일한 건물에 도시형생활주택과 업무시설인 오피스텔이나 근린생활시설(해당 건물도 근린생활시설이 포함되어 있음)을 함께 건축(일부 층은 도시형생활주택이고 일부 층은 오피스텔 등으로 구성)하여 분양(임대)하기도 하는데, 여기에서 비롯되는 혼선이라고 생각됩니다.

참고로 도시형생활주택은 1~2인 가구와 서민의 주거안정을 위하여 필요한 곳에 신속하고 저렴하게 주택을 공급할 수 있도록 각종 주택건설 기준과 부대시설 등의 설치기준을 적용하지 않거나 완화한 주택정책으로, 2009년 2월 3일에 개정된 주택법에 근거하여 같은 해 5월 4일부터 시행되었습니다.

크게 단지형 연립주택, 단지형 다세대주택, 원룸형 주택으로 구분되는데, '단지형 연립주택'은 세대당 주거 전용면적 $85m^2$ 이하인 주거형태로서 주거 층은 4층 이하, 연면적은 $660m^2$ 초과로 건축해야 하며, 건축물의 용도는 연립주택입니다. '단지형 다세대주택'은 세대당 주거 전용면적 $85m^2$ 이하인 주거형태로서 주거 층은 4층 이하, 연면적은 $660m^2$ 이하로 건축해야 하며, 건축물의 용도는 다세대주택입니다.

마지막으로 '원룸형 주택'은 세대당 주거 전용면적이 $14m^2$ 이상 $50m^2$ 이하인 주거형태로서 세대별로 독립된 주거가 가능하도록 욕실과 부엌을 설치하되, 욕실을 제외한 부분을 하나의 공간으로 구성해야 합니다.

의정부4계 2015-42004 호원동 다세대(생활주택)

조 회 수	(단순조회 / 5분이상 열람) · 금일 1 / 0 · 금회차공고후 131 / 20 · 누적 255 / 31			조회통계

소 재 지	경기 의정부시 호원동 114-2 양우내안에 팰리스 4층 410호 (11643) 경기 의정부시 호암로 111		
용 도	다세대(생활주택)	감 정 가	**120,000,000**
토지 면적	13㎡ (4평)	최 저 가	**84,000,000 (70%)**
건물 면적	23㎡ (7평)	보 증 금	8,400,000 (10%)
경매 구분	임의경매	소 유 자	황O수
청 구 액	70,129,273	채 무 자	황O수
채 권 자	㈜하나은행		

■ 감정서요약 (2015.12.28 삼성감정)

소재지	구분	용도/상태	경매면적	감정가
[480-020] 호원동 114-2 4층 410호	토지	4층 대지권	1650㎡ 중 12.5㎡ (3.8평)	19,200,000
	건물	4층 다세대(생활주택) ·원룸, 주방, 욕실등 공용포 함:38.8432	22.7㎡ (6.9평)	100,800,000
· 총 7층 · 보존-2013.08.23 · 승인-2013.08.16		1㎡당 5,286,344 1평당 17,391,304		계 120,000,000

2종일반주거지역 / 과밀억제권역 / 상대정화구역(신흥대학) / 한강폐기물매립시설설치제한지역
▶ 도시가스개별난방 ▶ 철콘구조평지붕
▶ 도시형생활주택,1,2종근린생활시설 ▶ 지하철1호선망월사역서측인근
▶ 주위다세대주택,단독주택및근린시설등형성 ▶ 차량진입및주정차가능
▶ 인근노선버스(정)및지하철1호선망월사역소재 ▶ 제반교통사정보통
▶ 등고평탄한삼각형토지 ▶ 동측으로왕복2차선,남서측약3m내외도로접함
▶ 중로1류(폭20-25m)접함
▶ 건축법제2조제1항제11호나목에따른도로(도로일부포함)

■ 등기부현황 (열람일자:2015-12-16)

접수일자	권리종류	권리자	채권금액 예상배당액	말소	비고
2013-09-09	소유권	황O수			
2013-09-09	근저당권	하나은행	82,800,000 82,800,000	말소	말소기준등기
2015-09-25	가압류	기술신용보증기금 안산기술평가 센터	297,500,000 3,725,848	말소	2015 카단 101383 수원 안산 GO
2015-10-02	가압류	신용보증기금 시흥	272,000,000 3,406,489	말소	2015 카단 101387 수원 안산 GO
2015-12-08	임의	하나은행 여신관리부		말소	경매기입등기
등기부채권총액 : 652,300,000					

■ 참고사항

· 도시형생활주택(원룸) 임

농지 취득 시 취득세
감면받기 위한 요건은?

Q/ 현재 농사를 짓고 있는 영농인으로서 농지원부 발급이 가능한 낙찰자입니다. 농지와 같은 토지를 취득할 때 기본세율 3.4%에 대하여 취득세 감면을 받기 위한 요건으로 무엇이 있는지 궁금합니다.

A 농지를 취득할 때 농업인이라는 사실을 증명하는 서류(농지원부, 농업인 경영체 등록원부 등)를 제출할 경우에는 취득세를 50%를 감면해 주었으나, 2015년 1월 1일부터 지방세특례제한법 제3조1항 등에 따라 농지 등의 취득세 감면대상 기준이 강화되었습니다.

일반적으로 농지를 매매로 취득할 때의 세율은 신규취득의 경우 3.4%(취득세 3%, 농특세 0.2%, 교육세 0.2%)이며, 2년 이상 자경농민의 경우 1.6%(취득세 1.5%, 농특세 비과세, 교육세 0.1%)입니다.

농지 취득 시 취득세 50%를 감면받기 위해서는 아래와 같이 일정한 요건을 갖추어야 합니다.

◆**농지 취득세 감면요건**◆

① **농업종사 요건**
본인 또는 그 동거가족 중 1명 이상이 농지를 소유하거나 임차하여 경작하는 방법으로 2년 이상 계속 농업에 종사하여야 합니다.

② **거주지 요건**
농지소재지에 거주하거나, 농지소재지로부터 20㎞ 이내에 거주하여야 합니다.

③ **소득요건**
농지 취득 직전년도의 종합소득금액이 3,700만 원 미만이어야 합니다.

그러므로 이 사건 매수인이 주민등록등본(자경농민 농지 소유자와 동거가족임을 확인하는 서류), 소득금액증명원(종합소득금액을 증명하는 서류), 농지원부 등(농업을 주업으로 하는 자로서 2년 이상 농업종사자임을 확인하는 서류), 농지 소재지의 이장 또는 통장이 발급한 농지실경작확인서 등을 첨부하여 제출하면 농지 취득세 감면혜택을 받을 수 있습니다.

조 회 수	(단순조회 / 5분이상 열람) · 금일 1 / 0 · 금회차공고후 64 / 10 · 누적 172 / 29			조회통계

소 재 지	충북 괴산군 불정면 외령리 641-1 도로명주소		
용 도	전	감 정 가	**160,965,000**
토지 면적	10,731 m² (3,246평)	최 저 가	**128,772,000 (80%)**
건물 면적	0m² (0평)	보 증 금	12,877,200 (10%)
경매 구분	강제경매	소 유 자	홍■호
청 구 액	277,664,143	채 무 자	홍■호
채 권 자	기술신용보증기금		
주의 사항	·맹지 ·분묘기지권 ·입찰외 ·농지취득자격증명 특수件분석신청		

■ 감정서요약 (2015.08.07 대한감정)

소재지	구분	용도/상태	경매면적		감정가
[367-912] 불정면 외령리 641-1	토지	전/임야화된휴경지,일부묘지	10731 m²	(3246.1 평)	160,965,000 1㎡당 15,000 1평당 49,587

감정지가 : 15,000원
-입찰외소유자미상분묘약1기소재 분묘기지권성립여지있음
-농취증필요
생산관리지역 / 가축사육제한구역(일부제한300m)
▶정인지묘북서측인근　　　　　　　　▶주위단독주택,농경지,자연림등혼재
▶인근차량접근가능　　　　　　　　　▶인근간선도로및대중교통시설소재
▶교통상황무난　　　　　　　　　　　▶부정형완경사지
▶지적상맹지이나인접지통해진출입가능

■ 등기부현황 (열람일자:2016-01-27)

접수일자	권리종류	권리자	채권금액 예상배당액	말소	비고
1972-02-16	소유권	홍■호			
2014-03-26	가압류	기술신용보증기금 안양기술평가	270,000,000 138,272,376	말소	말소기준등기 2014 카단 1000393 수원 안양 GO
2015-08-04	강제	기술신용보증기금 수원기술평가		말소	경매기입등기
등기부채권총액 : 270,000,000					

■ 임차인현황

법원 기록상 임차인이 없습니다.
소유자를 만나지 못하여 점유관계는 확인할 수 없음

■ 참고사항

· 관련사건 부산동부지원 2015가단200052 (구상금)
· 농지취득자격증명 필요(미제출시 보증금 몰수). 현황은 일부 임야이며 소유자 미상의 분묘소재(분묘기지권 성립여지 있음)

감정평가서상 세로(불)라는
용어가 무슨 뜻인가?

 감정평가서 내용 중에 인접한 도로 상태를 설명하면서 "북서측으로 인접필지를 통하여 비포장 및 콘크리트 포장된 세로(불) 한 면에 연결됨"이라는 내용이 있는데, 이 가운데 '세로(불)'라는 용어가 생소하여 그 의미가 무엇인지 궁금합니다.

A 일반적으로 세로(細路)는 '좁은 길'이라는 뜻으로, 관련용어로 '세로(가)'와 함께 비교하여 이해하면 좋습니다.

- 세로(가): 자동차 통행이 가능한 폭 8m 미만의 도로
- 세로(불): 자동차 통행이 불가능하나 경운기의 통행이 가능한 도로

■ 표. 도로의 구분 및 판단

구 분			내 용
광대로	광대한면	광대로한면	폭 25m 이상의 도로에 한 면이 접하고 있는 토지
	광대소각	광대로 – 광대로 광대로 – 중로 광대로 – 소로	광대로 한 면이 접하고 소로(폭 8m 이상 12m 미만) 이상의 도로에 한 면 이상 접하고 있는 토지
	광대세각	광대로 – 세로(가)	광대로 한 면이 접하면서 자동차 통행이 가능한 세로(폭 8m 미만)에 한 면 이상 접하고 있는 토지
중로	중로한면	중로한면	폭 12m 이상 25m 미만 도로에 한 면이 접하고 있는 토지
	중로각지	중로 – 중로 중로 – 소로 중로 – 세로	중로에 한 면이 접하면서 중로, 소로, 자동차 통행이 가능한 세로(가)에 한 면 이상 접하고 있는 토지
소로	소로한면	소로한면	폭 8m 이상 12m 미만의 도로에 한 면이 접하고 있는 토지
	소로각지	소로 – 소로	소로에 두 면 이상이 접하거나 소로에 한 면이 접하면서 자동차 통행이 가능한 세로(가)에 한 면 이상 접하고 있는 토지
세로	세로(가)	세로한면(가)	자동차 통행이 가능한 폭 8m 미만의 도로에 한 면이 접하고 있는 토지
	세각(가)	세로(가) – 세로(가)	자동차 통행이 가능한 세로에 두 면 이상이 접하고 있는 토지
	세로(불)	세로한면(불)	자동차 통행이 불가능하나 경운기의 통행이 가능한 세로에 한 면이 접하고 있는 토지
	세각(불)	세로(불) – 세로(불)	자동차 통행이 불가능하나 경운기의 통행이 가능한 세로에 두 면 이상 접하고 있는 토지
맹지			경운기의 통행이 불가능한 토지

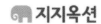
조 회 수	(단순조회 / 5분이상 열람) · 금일 1 / 0 · 금회차공고후 162 / 45 · 누적 167 / 45			조회통계

소 재 지	강원 삼척시 도계읍 점리 산111 [도로명주소]		
용 도	임야	감 정 가	**38,662,770**
토지 면적	56,033㎡ (16,950평)	최 저 가	**38,662,770** (100%)
건물 면적	0㎡ (0평)	보 증 금	3,866,277 (10%)
경매 구분	임의경매	소 유 자	최■헌
청 구 액	50,000,000	채 무 자	최■헌
채 권 자	양■동		

■ 감정서요약 (2015.10.28 미래새한감정)

소재지	구분	용도/상태	경매면적	감정가
[245-904] 도계읍 점리 산111	토지	임야/일부전	56033㎡ (16950평)	38,662,770 1㎡당 690 1평당 2,281

표준공시지가 : 390원 / 개별공시지가 : 274원 / 감정지가 : 690원
-분묘소재여부불분명
-입목포함
계획관리지역(2013.03.09) / 농림지역 / 임업용산지(보전산지) / 준보전산지
▶성황촌북서측인근　　　　　　　　　　　▶차량접근가능
▶대중교통사정불편　　　　　　　　　　　▶부정형완급경사지,대부분자연림
▶북서측인접필지통하여비포장및포장된세로(불)한면연결
▶주위일부산간농경지,임야등혼재하는산간농촌마을주변임야지대

■ 등기부현황 (열람일자:2015-10-22)

접수일자	권리종류	권리자	채권금액 예상배당액	말소	비고
2001-03-28	소유권	최■헌			
2006-03-21	압류	국민건강보험공단 양천지사		말소	말소기준등기
2012-03-12	근저당권	양■동	50,000,000 37,128,910	말소	
2015-10-14	임의	양■동		말소	경매기입등기
등기부채권총액 : 50,000,000					

■ 임차인현황

법원 기록상 임차인이 없습니다.
채무자(소유자)점유

■ 참고사항

- · -일부 현황 전
- · -분묘소재여부 불분명

'입찰 외'와
'제시 외'의 차이점

> **Q/** 건물을 제외한 토지만의 강제경매사건인데, 토지상에 입찰 외 석축과 기념비 등이 소재한다고 되어 있습니다. 입목은 매각에 포함된다고 되어 있는데 '입찰 외'와 '제시 외'는 무슨 의미이고, 매각에 포함되는 기준이 무엇인지 궁금합니다.

A '입찰 외'란 매각대상에서 제외되었다는 의미이고, '제시 외'란 미등기(미등록)된 물건이지만 매각대상에 포함되었다는 의미입니다.

이 사건 토지의 지목이 임야로서 현황상 자연림 상태로 이용되고 있기 때문에, 동소 지상에 소재하고 있는 입목은 토지의 정착물로서 부동산의 일부에 부합되는 것으로 취급, 매각에 포함된 것으로 판단됩니다.

수목은 '입목에 관한 법률'에 따라 등기된 입목이거나 명인방법을 갖춘 수목이 아닌 한 토지의 구성부분으로서 토지의 일부로 간주되어 토지와 함께 경매됩니다(대법원 98마1817 결정).

타인의 토지상에 권원(임차권 등) 없이 식재한 수목의 소유권은 토지 소유자에게 귀속하고, 권원에 의하여 식재한 경우에는 그 소유권이 식재한 자에게 있습니다(대법원 97도3425 판결).

반면 토지상에 분리가 가능하거나 타인의 권원에 의하여 설치된 구조물이 있을 경우에는 토지에 부합되기 어렵다고 판단하여 매각에서 제외된 것으로 추정해 볼 수 있겠습니다.

이 경우 매수인은 입찰 외 석축과 기념비 소유자를 상대로 협의명도를 통해 합의점을 찾아 해결하거나, 합의가 안 될 경우 인도명령결정문을 집행권원으로 강제집행을 통하여 해결하면 되겠습니다.

안양4계 2015-7825 안양동 임야

병합/중복	2015-3304(중복-광주시축협)
과거사건	안양4계 2015-3304

조 회 수	(단순조회 / 5분이상 열람) · 금일 1 / 0 · 금회차공고후 131 / 30 · 누적 265 / 58	조회통계

소 재 지	경기 안양시 만안구 안양동 20-16 [일괄]-17, -19, -20, -21, -22, 외3 [도로명주소]		
용 도	임야	감 정 가	**1,229,708,300**
토지 면적	4,249㎡ (1,285평)	최 저 가	**1,229,708,300** (100%)
건물 면적	0㎡ (0평)	보 증 금	245,941,660 (20%)
경매 구분	강제경매	소 유 자	박◯선
청 구 액	1,124,000,000	채 무 자	박◯선
채 권 자	박◯호		
주 의 사 항	· 재매각물건 · 맹지 · 입찰외 [특수件분석신청]		

■ 감정서요약 (2015.11.02 JN감정)

소재지	구분	용도/상태	경매면적	감정가
[430-010] 안양동 20-16	토지	임야	1010.1㎡ (305.6평)	359,595,600 1㎡당 356,000 1평당 1,176,687

표준공시지가 : 49,000원 / 감정지가 : 356,000원
-입찰외석축,기념비소재
-입목포함
도시지역 / 자연녹지지역 / 대기환경규제지역 / 도시교통정비지역 / 준보전산지 / 대기관리권역 / 과밀억제권역 / 상대정화구역(해관유치원,세부사항은안양과천교육지원청에문의하시기바람) / 한강폐기물매립시설설치제한지역
▶ 교통기타용도지역지구미분류(대도시권)
▶ 토지는건축허가가취소되었으며,이와관련한사항은만안구청관련부서에문의바람

■ 등기부현황 (열람일자:2016-05-31)

접수일자	권리종류	권리자	채권금액 예상배당액	말소	비고
2010-03-17	소유권	박◯선			
2013-10-21	근저당권	윤◯병	100,000,000 100,000,000	말소	말소기준등기
2014-10-20	가등기	최◯종		말소	
2014-11-26	가처분	박◯호		말소	2014 카단 1001691 수원 안양 최재중가등가처 GO
2015-01-06	가압류	박◯호	1,124,000,000 897,717,059	말소	2014 카단 1001820 수원 안양 GO
2015-08-19	근저당권	임◯미	5,000,000 5,000,000	말소	
2015-08-20	근저당권	유◯애	500,000,000 500,000,000	말소	
2015-09-21	강제	박◯호		말소	경매기입등기
2015-10-05	압류	안양시만안구		말소	
2015-12-16	가압류	윤◯병외1	405,269,783 222,014,869	말소	2015 카단 100290 수원 안양 GO

등기부채권총액 : 2,134,269,783

신속한 경매 진행 위해
1기일 2회 입찰제도를 실시하는 사례

Q 매각대상이 차량인 사건으로, 경매 진행과정을 보면 2회 차 경매가 오전 10시에 유찰되어서 오후 2시에 진행한다고 나와 있는데, 오전에 유찰된 금액에서 최저매각가격을 낮추어 진행하는지 궁금합니다.

A 2002년 7월 1일에 현행 민사집행법이 제정(민사소송법 강제집행 편을 분리하여 별도의 법률을 제정)되어 시행된 바 있습니다. 민사소송법에서 민사집행법으로 바뀌면서 몇 가지 개정 혹은 도입된 것이 있는데, 그중 하나는 공정하고 신속한 경매진행을 위하여 매각허가결정에 불복하는 모든 항고인에게 항고보증금(매각대금의 10%)을 공탁하게 하는 것입니다. 또한 낙찰자의 편의를 위해 인도명령대상자를 확대하여 명도를 한층 수월하게 제도화하였습니다. 점유권이 없는 모든 점유자가 인도명령 대상자가 되었고, 이와 더불어 1기일 2회 입찰제도를 도입하였습니다.

위 3가지 제도는 경매 대중화와 신속한 경매 진행에 기여하였고, 경매물건 수가 증가할 때 일부 법원에서 1기일 2회 입찰제도를 실제 시행하기도 하였습니다. 1기일 2회 입찰은 통상적으로 오전과 오후에 진행하였고, 첫 번째 입찰 시 유찰되면 두 번째 입찰 시에는 당연히 일정한 비율(대전지방법원의 경우 30%) 저감하여 진행한 바 있습니다. 그러나 2015년부터 2016년 상반기 현재 경매물건 수가 급감하면서 대부분의 법원에서 시행하지 않고 있으며, 향후 경매물건 수가 증가한다면 다시 시행될 가능성도 있습니다.

소 재 지	대전 중구 중촌동 265-4 영광주차장(042-253-2467)내 보관 (34805) 대전 중구 대종로 731		
용 도	차량	감 정 가	**42,000,000**
토지 면적	0m² (0평)	최 저 가	**29,400,000 (70%)**
건물 면적	0m² (0평)	보 증 금	2,940,000 (10%)
경매 구분	임의경매	소 유 자	백●석
청 구 액	1,000,000	채 무 자	백●석
채 권 자	현●캐피탈 ㈜		

■ 진행과정

구분	일자	접수일~
경매개시일	2015.09.30	-28일
감정평가일	2015.11.10	13일
배당종기일	2015.12.28	61일
최초경매일	2016.03.04	128일
최종매각일	2016.03.04	128일
매각허가일	2016.03.11	135일
납부기한	2016.04.08	163일
경매종결일	2016.05.19	204일

■ 매각과정

회차	매각기일	최저가	비율	상태	접수일~
①	2016.03.04 (10:00)	42,000,000	100%	유찰	128일
	↓30%	29,400,000	70%	매각	128일
②	2016.03.04 (14:00)	매수인 정●철 / 응찰 10명 매각가 36,964,000 (88.01%) 2위 35,200,000 (83.81%)			납부완료 (2016.03.23)
	2016.05.19			종결	204일

■ 감정서요약 (2015.11.10 삼일감정)

모델	K9	제조사	기아	차종	대형차	배기량	3,342 CC
연식	2014년식	주행거리	31,730km	연료	휘발유	변속기	자동
색상	검정색	차량번호	43누6964	감정가			42,000,000
비고	사용본거지:대구 남구 양지로16길 29 (대명동) 차대번호:KNALU411BES015579 원동기형식:G6DH 5인승 제작일자:2013.10.21 관리상태보통으로운전조작에큰문제점은발견되지않음			검사유효기간:2013.11.12-2017.11.11 에어백,전/후방주차보조시스템,전동,냉난방통풍시트,운전 자세메모리시스템,버튼시동스마트키시스템,전자식파킹브 레이크,크루즈컨트롤,썬루프등장착			

■ 사고이력　[N 차량사고이력보기]　[N 차량 원부보기]

내차피해	없음	소유자변경횟수	0회
타차가해	없음	특수사고	없음
비고	·차량번호변경횟수 : 없음	·최초보험가입일 : 2013.11.12 · 차체형상 : 세단	

■ 참고사항

· 3342cc

채권자가 애초 신청한 청구금액보다
실채권액이 많을 땐 어떻게 하는가?

Q 이 사건의 등기사항전부증명서를 보면 2015년 8월 25일자 2순위 근저당권자(최○애)가 제1차 임의 경매 신청을 한 후에 곧이어 제2차 임의경매를 신청하였는데, 이렇게 이중(중복)경매를 신청한 사유가 무엇인지요?

A 신청채권자가 등록세를 절감하기 위하여 신청단계에서는 경매신청서에 집행권원상의 채권 또는 피담보채권 중 일부에 한정하여 기재하였다가 그 후 채권계산서를 제출하면서 당초의 청구금액을 확장하여 기재하는 경우가 있는바, 이를 '청구금액의 확장'이라고 합니다.

채권자가 신청한 임의경매에서 피담보채권의 일부에 대하여만 담보권을 실행하겠다는 취지로 경매신청서에 피담보채권의 원금 중 일부만을 청구금액으로 하여 경매를 신청하였을 경우, 경매채권자의 청구금액은 그 기재된 채권액을 한도로 확정되고, 경매채권자는 배당단계에서 채권계산서에 청구금액을 확장하여 제출하는 방법에 의하여 청구금액을 확장할 수 없습니다(대법원 92다50270 판결). 또한 경매신청서에 이자의 기재가 없었는데 이후에 채권계산서를 제출하면서 이자를 청구하는 경우, 청구금액의 확장으로 보아 이를 받아들일 수 없다 할 것입니다.

다만 신청채권자가 경매신청서에 피담보채권 중 일부만을 청구금액으로 기재하여 경매를 신청하였을 경우, 다른 특별한 사정이 없는 한 신청채권자가 당해 매각절차에서 배당받을 금액이 그 기재된 채권액을 한도로 확정되는 것일 뿐, 피담보채권이 경매신청서에 기재된 청구금액으로 확정되는 것은 아닙니다. 따라서 경매신청 당시 누락된 피담보채권액은 배당요구종기일까지 이중경매를 신청하여 구제받을 수 있습니다(대법원 96다39479 판결).

이 사건의 등기사항전부증명서상 2순위 근저당권자는 선행사건으로 경매신청 당시 원금(추정)만을 청구금액으로 하였다가, 뒤늦게 청구금액을 확장하기 위하여 선행사건의 배당요구종기일(2016.02.29) 전까지 이중경매를 신청한 것으로 판단됩니다.

병합/중복	2016-291(중복-최■애)

조 회 수	(단순조회 / 5분이상 열람) ·금일 1 / 0 ·금회차공고후 39 / 3 ·누적 136 / 20	조회통계

소 재 지	경남 창원시 마산합포구 자산동 11-15 , -17, -18 서원에버빌 8층 802호 (51254) 경남 창원시 마산합포구 문신길 26		
용 도	주상복합(아파트)	감 정 가	170,000,000
토지 면적	37㎡ (11평)	최 저 가	108,800,000 (64%)
건물 면적	79㎡ (24평)	보 증 금	10,880,000 (10%)
경매 구분	임의경매	소 유 자	이 광
청 구 액	15,000,000	채 무 자	이 광
채 권 자	최■애		

■ 감정서요약 (2015.12.17 미래새한감정)

소재지	구분	용도/상태	경매면적	감정가
[631-140] 자산동 11-15 , -17, -18 8층 802호	토지	8층 대지권	741.3㎡ 중 36.5㎡ (11평)	40,800,000
	건물	802호	78.8㎡ (23.8평) 전용 78.8㎡ (23.8평) 공용 33.4㎡ (10.1평)	129,200,000
			1㎡당 2,157,360 1평당 7,142,857	계 170,000,000

· 총 10층 · 보존-2004.06.02
· 승인-2004.05.25

2종일반주거지역 / 문화재보존영향검토대상구역 / 상대정화구역
▶도시가스난방
▶합포고등학교남동측인근위치
▶차량접근가능
▶3필일단의완경사지내부정형평탄지
▶소로2류(국지도로)접합
▶공동주택(아파트),교육연구및복지시설
▶주위아파트,빌라,근린생활시설,상가등소재
▶제반교통사정보통
▶북측,동측소로접합

■ 등기부현황 (열람일자:2016-06-01)

접수일자	권리종류	권리자	채권금액 예상배당액	말소	비고
2010-06-15	소유권	이 광			
2013-11-15	근저당권	서 구신협	149,500,000 107,768,940	말소	말소기준등기
2015-08-25	근저당권	최■애	30,000,000	말소	
2015-12-07	임의	최■애		말소	경매기입등기
2016-01-18	임의	최■애		말소	
등기부채권총액 : 179,500,000					

■ 임차인현황

법원 기록상 임차인이 없습니다.

채무자(소유자)점유.본건 전부 소유자세대(세대주:정■찬-배우자)가 점유 사용하는 것으로 조사됨.

경매물건의 채무자가 아닌 공유자는 매수자격이 제한되는가?

Q/ 이 사건은 토지와 건물 전부에 대하여 근저당권에 기한 임의경매사건으로, 매수인의 이름과 매각대상 부동산의 채무자가 아닌 소유자(공동소유) 중 1인(이○수)이 낙찰받은 것으로 추정되는데, 이와 같이 소유자도 매수자격이 있는지 궁금합니다.

A 민사집행규칙 제59조에 따르면, "채무자, 매각절차에 관여한 집행관, 매각 부동산을 평가한 감정인(감정평가법인이 감정인인 때에는 그 감정평가법인 또는 소속감정평가사)은 매수의 신청을 할 수 없다"고 규정하고 있습니다.

여기에서 말하는 '채무자'란 매각대상 부동산에 대한 강제경매절차에서 채무자로 취급되는 자만을 말하므로, 경매절차상의 채무자와 동일한 급부의무를 부담하는 실체법상의 연대채무자, 연대보증인 등은 해당되지 않습니다.

임의경매의 경우 채무자가 아닌 소유자(물상보증인)는 다른 이해관계인을 불리하게 하는 바 없고 특별한 규정도 없으므로, 매수신청인과 제3취득자(담보물권이 설정된 부동산에 대한 소유권 내지 용익권을 취득한 자)가 될 수 있습니다.

한편 이 사건 매각 부동산의 소유자 지위에 있는 공유자 중 1인은 채무자가 아니며, 집행절차상 매수신청의 제한을 받지 않기 때문에 매수인 자격에 문제가 없습니다. 오히려 우리 민사집행법은 "공유자는 매각기일까지 보증을 제공하고 최고매수신고가격과 같은 가격으로 채무자의 지분을 우선매수 하겠다는 신고를 할 수 있다. 이 경우 법원은 최고가매수신고가 있더라도 그 공유자에게 매각을 허가해야 한다"고 규정하여 공유자의 우선매수권을 보장하고 있습니다(민사집행법 제140조 제112항).

과거사건	천안3계 1999-3777

조 회 수	(단순조회 / 5분이상 열람) ·금일 1 / 0 ·금회차공고후 233 / 35 ·누적 241 / 35	조회통계

소 재 지	충남 천안시 동남구 원성동 429-77 (31132) 충남 천안시 동남구 원성천1길 79-5		
용 도	단독주택	감 정 가	**233,068,000**
토지 면적	227㎡ (69평)	최 저 가	**163,148,000 (70%)**
건물 면적	116㎡ (35평) 제시외 44.7㎡ (13.52평)	보 증 금	16,314,800 (10%)
경매 구분	임의경매	소 유 자	심■자외1
청 구 액	195,000,000	채 무 자	김■규
채 권 자	임■수		

■ 진행과정

구분	일자	접수일~
경매개시일	2015.08.26	1일
감정평가일	2015.09.10	16일
배당종기일	2015.11.09	76일
최초경매일	2016.03.29	217일
최종매각일	2016.05.03	252일
매각허가일	2016.05.10	259일
납부기한	2016.06.09	289일
경매종결일	2016.08.11	352일

■ 매각과정

회차	매각기일	최저가	비율	상태	접수일~
①	2016.03.29 (10:00)	233,068,000	100%	유찰	217일
②	2016.05.03 (10:00)	↓30% 163,148,000	70%	매각	252일
		매수인 이■수 / 응찰 1명 매각가 190,000,000 (81.52%)			기한후납부
	2016.07.12	↓30% 163,148,000	70%	납부	322일
	2016.08.11			종결	352일

■ 건물등기부 (열람일자:2016-03-14) ※ 건물의 권리관계로만 분석되었으므로, 실제와 차이가 있을 수 있습니다.(토지등기부 확인필)

접수일자	권리종류	권리자	채권금액 예상배당액	말소	비고
2015-02-17	근저당권	임■수	195,000,000 186,981,440	말소	말소기준등기
2015-08-26	임의	임■수		말소	경매기입등기
등기부채권총액 : 195,000,000					

■ 임차인현황 ※ 건물의 권리관계로만 분석되었으므로, 실제와 차이가 있을 수 있습니다.(토지등기부 확인필)

임차인/대항력		점유현황	전입/확정/배당	보증금/월세	예상배당액 예상인수액	인수
정■진	有	[주거] 일부 조사서상	전입 2000-08-19	보 6,000,000	- 6,000,000	인수
시■구	有	[주거] 일부 조사서상	전입 2014-12-09	보 1,000,000 월 200,000	- 1,000,000	인수
임차인수 : 2명 / 보증금합계 : 7,000,000 / 월세합계 : 200,000						

조사현장 방문하니 소유자가 있어 임차인 여부에 대하여 문의하니 임대차 있다 진술(전입세대:소유자 이■수,정■진,시■구).성명미상자가 10월 입주키로 하고 계약금 일백만원을 지급하였으나 계약서는 미작성이라함.조사시점 임차인 부재중이라 소유자의 진술을 참고함

■ 지지옥션 세대조사 (주민센터확인 : 2016.03.14)

세대주	전입일	비고	세대주	전입일	비고
이○○	1996.11.06		정○○	2000.08.19	
강○○	2015.10.28				

학교법인 재산 중 교육목적 외
다른 용도 매각 시 주무관청 허가 여부

Q/ 매각대상 토지와 건물 소유자가 학교법인 광○학원으로 되어 있고, 건축물대장상 주 용도가 '숙박시설'로 되어 있습니다. 학교법인의 기본재산 중에서 교육목적으로 이용되는 학교시설 외에 다른 용도로 이용되는 경우에도 주무관청의 허가를 받아야 하는지 궁금합니다.

A 사립학교법 제28조 제1항, 제2항 및 동법 시행령 제12조 제1항에 의하면, 학교법인이 매도하거나 담보로 제공할 수 없는 교지(校地), 교사(校舍) 등을 제외한 기본재산에 대하여는 학교법인이 이를 매도, 증여, 임대, 교환 또는 용도변경하거나 담보로 제공하고자 할 때 또는 의무의 부담이나 권리의 포기를 하고자 할 때에는 관할청의 허가를 받아야 한다고 제한하고 있을 뿐이므로, 관할청의 허가를 받을 수 없는 사정이 확실하다고 인정되는 등의 특별한 사정이 없는 한, 이러한 기본재산에 대한 압류는 허용된다는 것이 판례의 태도입니다(대법원 2002두3669 판결).

이 사건의 부동산은 매도하거나 담보로 제공할 수 없는 교지, 교사 등이 아닌 수익용 기본재산인 사실을 알 수 있으므로, 신청채권자로부터 강제경매신청에 따른 압류등기는 허용된다고 할 것입니다.

다만 매각물건명세서를 보면 "매각결정기일까지 주무관청의 취득허가서 제출을 요구하며 미제출 시 보증금이 몰수된다"는 특별매각조건이 있습니다. 즉 주무관청의 취득허가서를 제출해야 한다는 특별매각조건이 있으므로, 사전에 주무관청을 찾아가 취득허가서를 받기 위한 절차와 요건 등을 확인해 본 후 입찰하시기 바랍니다.

병합/중복	2015-6912(중복-이욱), 2016-1839(중복-임봉선)

조회수	(단순조회 / 5분이상 열람) · 금일 1 / 0 · 금회차공고후 103 / 12 · 누적 801 / 141	조회통계

소 재 지	강원 동해시 어달동 184-22 (현:184-22,-23지상) [일괄]-23, (25708) 강원 동해시 일출로 283		
용 도	숙박	감 정 가	1,400,462,790
토지 면적	463㎡ (140평)	최 저 가	480,359,000 (34%)
건물 면적	1,611㎡ (487평) 제시외 3.29㎡ (1평)	보 증 금	48,035,900 (10%)
경매 구분	강제경매	소 유 자	광 학원
청 구 액	299,544,808	채 무 자	광 학원
채 권 자	오 훈		
주의 사항	· 선순위전세권 · 입찰외 특수件분석신청		

■ 건물등기부 (열람일자:2016-08-04) ※ 건물의 권리관계로만 분석되었으므로, 실제와 차이가 있을 수 있습니다. (토지등기부 확인필)

접수일자	권리종류	권리자	채권금액 예상배당액	말소	비고
2003-05-09	소유권	광 학원			
2009-07-14	전세권	김 열	150,000,000	인수	
2016-01-19	강제	오 훈	299,544,808 299,544,808	말소	말소기준등기/경매기입등기
2016-01-19	강제	이		말소	
2016-04-19	강제	임 선		말소	

등기부채권총액 : 449,544,808
184-22번지

■ 토지등기부 +建공동포함보기

건물등기부와 일치합니다.

■ 임차인현황 ※ 건물의 권리관계로만 분석되었으므로, 실제와 차이가 있을 수 있습니다. (토지등기부 확인필)

임차인/대항력	점유현황	전입/확정/배당	보증금/월세	예상배당액 예상인수액	인수
김 열 전세권자	有	[주거,점포] 전부 조사서상점유: 2004.09.14- 현황서상: 5000만/50만 점유2009.03.16-	전입 2004-09-14 사업 2009-03-24 배당 2016-02-03	보 150,000,000	- 150,000,000	인수

임차인수 : 1명 / 보증금합계 : 150,000,000 / 월세합계 : 0

<184-23번지> 채무자(소유자)점유
<184-22번지> 채무자(소유자)점유.임차인 김 열이 점유 사용하고 있음. 김 열 : 등록사항등 현황서에 의하면 보증금 50,000,000원 차임 500,000원으로 기재되어 있음.

■참고사항

· 관련사건 강릉지원 2008가합217 (임금청구)   강릉지원 2015가합161 (임금)
  강릉지원 2014가합232 (임금)

· 학교법인의 기본재산의 처분을 위하여 주무관청(교육자원부)에 허가를 신청할 것인지 여부는 채무자인 학교법인 광 학원 재량에 달려있음.학교법인 광 학원은 처분허가서를 주무관청에 신청하지 아니함
  · - 일괄매각. 제시외건물포함
  · - 매각결정기일까지 주무관청의 취득허가서 제출요(미제출시 보증금 몰수)

소유자가 비영리 의료재단일 경우
주의사항

Q/ 이 사건은 채무자 겸 소유자가 의료재단(엘○의료재단)인데, 이 경우에 입찰하는 데 특별히 주의할 점이 있는지요?

A 의료법 제41조 제3항은 의료법인이 그 재산을 처분하거나 정관을 변경하고자 할 때에는 보건복지부 장관의 허가를 받아야 한다고 규정하고 있습니다.

이는 의료법인이 그 재산을 부당하게 감소시키는 것을 방지함으로써 항상 그 경영에 필요한 재산을 갖추고 있도록 하여, 의료법인의 건전한 발달을 도모하고 의료의 적정을 기하며 국민건강을 보호하고 증진케 하려는 데 그 목적이 있습니다.

그런데 이 사건 부동산의 채무자 겸 소유자(엘○의료재단)는 2009년 6월 5일자 농○중앙회에 담보로 제공하면서 보건복지가족부(現 보건복지부) 장관의 허가를 받아 근저당권 설정등기를 경료한 바 있고, 실제 위 부동산의 매각대금 중에서 근저당권자가 전부 우선변제 받을 수 있다는 점(대출금액 전액을 우선변제 하지 못한다고 해도 주무관청의 허가는 불필요함)에서, 보건복지가족부 장관의 허가를 별도로 받지 아니하여도 소유권을 취득하는 데에는 문제가 없을 것으로 판단됩니다. 아래에 관련 판례가 있으니 참고하시기 바랍니다.

> **◆[참고판례] 대법원 1993.7.16 선고 93다2094 판결◆**
>
> 의료법 제41조 제3항의 규정에 의한 보건사회부장관의 허가는 강제경매의 경우에도 그 효력요건으로 보아야 할 것이지만, 강제경매의 대상이 된 부동산에 보건사회부장관의 허가를 받아 소외 은행을 근저당권자로 한 근저당이 설정되었고, 그 경락대금이 모두 위 은행에 배당되어 그 근저당권이 소멸되었다면 이는 위 은행의 근저당권 실행에 의하여 임의경매가 실시된 것과 구별할 이유가 없다고 하겠고, 담보제공에 관한 보건사회부장관의 허가를 받았을 경우에 저당권의 실행으로 경락될 때에 다시 그 허가를 필요로 한다고 해석되지 아니하는 이치에서, 위와 같은 경락의 경우에도 별도의 허가를 필요로 하지 아니한다고 할 것이다.

병합/중복	2014-1151(중복-황학순)
과거사건	동부5계 2012-11789

조 회 수	(단순조회 / 5분이상 열람) ·금일 1 / 0 ·금회차공고후 373 / 82 ·누적 1,478 / 306	조회통계

소 재 지	서울 강동구 천호동 357 [일괄]-16, 437-11, 437-12, 437-23, (05327) 서울 강동구 올림픽로 684		
용 도	병원	감 정 가	**30,144,583,000**
토지면적	2,252m² (681평)	최 저 가	**15,434,026,000 (51%)**
건물면적	6,542m² (1,979평) 제시외 235.3m² (71.18평)	보 증 금	1,543,402,600 (10%)
경매구분	임의경매	소 유 자	엘■의료재단
청 구 액	5,300,211,676	채 무 자	엘■의료재단
채 권 자	한■에이엠씨 ㈜(변경전:농■협동조합자산관리회사)		
주의사항	·유치권 ·일부지분 [특수件분석신청]		

■ **감정서요약** (2014.08.22 청학감정)

토지:25,807,670,000	건물:4,286,873,000	제시외:50,040,000	기타:X	합계:30,144,583,000

소재지	구분	용도/상태	경매면적	감정가
[134-020] 천호동 357 ·총 6층 ·보존-1992.04.30 ·증축-2016.01.12	토지	대지	1913.9m² (579평)	23,158,190,000
	건물	병원	873.6m² (264.3평)	4,159,118,000
		휴게음식점(매점)	7.2m² (2.2평)	-
		병원 ·수술실,물리치료실,임상병리실,CT실,MRI실등	841.8m² (254.7평)	-
		병원 ·중환자실,입원실,간호실등	823.8m² (249.2평)	-
		병원 ·입원실,간호실등	823.8m² (249.2평)	-
		요양병원	709.2m² (214.5평)	-
		요양병원,예배실	598.2m² (181평)	-
		병원 ·장례식장,식당,주방,물리치료실, 의무기록실,창고등 일부증축	1438.6m² (435.2평)	-
		보일러실,전기실	425.8m² (128.8평)	127,755,000
		계	6116.3m² (1,850평)	4,159,118,000

【 을 구 】 (소유권 이외의 권리에 관한 사항)				
순위번호	등 기 목 적	접 수	등 기 원 인	권 리 자 및 기 타 사 항
14	근저당권설정	2009년6월5일 제36499호	2009년6월5일 설정계약	채권최고액 금6,409,000,000원 채무자 의료법인백■의료재단 서울특별시 강동구 천호동 357 근저당권자 서울축산업협동조합 114937-0000321 서울특별시 강서구 등촌동 631-6 (돈암동지점) 공동담보목록 제2009-97호

건축 중단된 부동산을 낙찰받을 경우 건축주 명의변경 방법은?

Q/ 이 사건의 토지상에 공사가 중단된 미완성 건물이 소재하는데, 유치권과 법정지상권 문제가 해결된다고 하더라도 채무자 겸 소유자 명의로 건축 중인 건축물에 대한 건축주명의변경절차를 하기 위해서는 특별한 해결방법이 있는지 궁금합니다.

A 이 사건에서 매각(낙찰)으로 소유권을 취득한 매수인(낙찰자)은 건축관계자 변경신고서에 '변경 전 건축주의 명의변경동의서' 또는 '권리관계의 변경사실을 증명할 수 있는 서류'를 첨부하여 허가권자에게 제출하여 명의를 변경할 수 있습니다.

토지와 그 토지상에 건축 중인 건축물에 대한 경매절차상의 확정된 매각허가결정서 및 그에 따른 매각대금 완납서류 등은 건축법 시행규칙 제11조 제1항상의 '권리관계의 변경사실을 증명할 수 있는 서류'에 해당한다는 점에서, 변경 전 건축주로부터 명의변경동의서를 받지 않더라도 건축 중인 부동산에 대한 건축주 명의변경이 가능하다는 점을 감안하고 입찰하시기 바랍니다. 아울러 아래의 관련 판례를 참조하시기 바랍니다.

◆[참고판례] 대법원 2010.5.13 선고 2010두2296 판결◆

건축허가는 대물적 성질을 갖는 것이어서 행정청으로서는 그 허가를 할 때에 건축주가 누구인가 등 인적 요소에 관하여는 형식적 심사만 하고, 건축허가는 허가대상 건축물에 대한 권리변동에 수반하여 자유로이 양도할 수 있는 것이다. 그에 따라 건축허가의 효과는 허가대상 건축물에 대한 권리변동에 수반하여 이전되며, 별도의 승인처분에 의하여 이전되는 것도 아니다. 민사집행법에 따른 경매절차에서 매수인은 매각대금을 다 낸 때에 매각의 목적인 권리를 취득하는 등의 사정을 종합하면, 토지와 그 토지에 건축 중인 건축물에 대한 경매절차상의 확정된 매각허가결정서 및 그에 따른 매각대금 완납서류 등은 건축관계자 변경신고에 관한 구 건축법 시행규칙(2007.12.13 건설교통부령 제594호로 개정되기 전의 것) 제11조 제1항 제1호에 규정한 '권리관계의 변경사실을 증명할 수 있는 서류'에 해당한다고 봄이 상당하다.

조 회 수	(단순조회 / 5분이상 열람) · 금일 1 / 0 · 금회차공고후 66 / 11 · 누적 338 / 65	조회통계

소 재 지	전북 김제시 흥사동 458-5 [일괄]-, -1, -3, -4, -8, 외10 (54365) 전북 김제시 하흥로 426	
용 도	전	감 정 가	2,536,820,000
토지 면적	36,167㎡ (10,941평)	최 저 가	1,243,042,000 (49%)
건물 면적	0㎡ (0평)	보 증 금	124,304,200 (10%)
경매 구분	임의경매	소 유 자	태■철강산업
청 구 액	1,407,737,207	채 무 자	태■철강산업
채 권 자	동■산농업협동조합		
주의 사항	· 유치권 · 법정지상권 · 일부맹지 · 입찰외 [특수件분석신청]	

■ 감정서요약 (2015.12.07 나라감정)

소재지	구분	용도/상태	경매면적	감정가
[576-150] 흥사동 458-5	토지	전	10639㎡ (3218.3 평)	808,564,000 1㎡당 76,000 1평당 251,239

표준공시지가 : 11,000원 / 개별공시지가 : 14,800원 / 감정지가 : 76,000원
-입찰외공사중단된미완성건물,이동용이한컨테이너,수목등소재
계획관리지역 / 개발촉진지구
▶건축허가득하여공사중단된상태　　　　▶북측12m아스팔트포장도로접함

■ 등기부현황 (열람일자:2016-04-11)

접수일자	권리종류	권리자	채권금액 예상배당액	말소	비고 NPL
2013-11-29	소유권	태■철강산업			
2014-03-31	근저당권	동■산농협	1,700,000,000 1,700,000,000	말소	말소기준등기
2014-03-31	지상권	동■산농협		말소	
2015-07-20	근저당권	송■철	727,320,000 200,153,206	말소	
2015-07-20	가등기	금■스틸		말소	
2015-07-27	가압류	(유)남■	25,736,700	말소	2015 카단 2398 전주 GO
2015-07-29	가압류	지■스스틸	79,160,958	말소	2015 카단 2316 전주 GO
2015-08-31	가압류	고■회	151,000,000	말소	2015 카단 1000656 전주 GO
2015-09-11	압류	국민건강보험 김제		말소	
2015-09-25	가처분	지■스스틸		말소	2015 카단 1422 전주 군산 송 ■철근저가 처 GO
2015-09-25	가처분	지■스스틸		말소	2015 카단 1422 전주 군산 금 ■스틸가등 가처 GO
2015-11-05	임의	동■산농협		말소	경매기입등기

등기부채권총액 : 2,683,217,658

■ 임차인현황

법원 기록상 임차인이 없습니다.

*점유관계 미상임.

체납된 전기 및
가스 요금도 승계되는가?

Q/ 이 사건의 법원 현황조사내역을 보면 "본 건 세대 출입문에 인천도시가스 주식회사의 2015년 9월 8일까지의 '가스공급 중단 예고' 스티커가 부착되어 있고, 본 건 우편함에는 한국전력공사 인천본부의 2015년 9월 7일까지의 '전기 단전 제한공급 예고' 스티커가 들어 있었다"라는 조사내용이 있습니다. 이 경우 낙찰받은 매수인이 연체된 도시가스 및 전기 요금을 승계 납부해야 하는지 궁금합니다.

A 인천도시가스 공급규정을 보면 "법원경매로 취득한 물건의 경우 소유권이전일 이전 사용자의 체납요금은 변경된 가스 사용자에게 승계되지 않는다"고 규정되어 있습니다(인천도시가스 공급규정 제8조 1항).

또한 전기사업법 제17조 제1항 소정의 '전기요금 기타 공급조건'에 구수용가가 체납한 전기료 납부의무의 승계에 관한 사항은 포함되지 않는다고 판시하여, 낙찰받은 매수인에게 연체된 전기요금을 납부할 의무가 없다는 입장입니다(대법원 92다16669 판결).

즉 이 사건에서 구사용자(소유자, 임차인 등)의 체납 전기요금 등 공공요금은 신사용자, 즉 매각으로 인하여 소유권을 취득한 매수인(낙찰자)에게 승계되지 않는 것이 원칙입니다.

그러므로 낙찰받은 건물이 전기요금이나 도시가스 요금이 연체되어 전기 또는 가스 공급이 중단되었을 때, 한국전력 각 지사나 광역자치단체별 도시가스 관리(운영)업체(서울이나 인천 등 일부는 주식회사 형태, 경기도 등 일부는 공사, 일부는 위탁관리)를 방문(전화)하여 단전 등의 조치를 해제하여 줄 것을 요청하면 되겠습니다.

다만 실무상 연체된 요금의 납부를 강요하는 곳도 있는데, 위 대법원 판례나 도시가스 공급규정 등을 제시하여 설득할 경우 원만하게 합의에 이를 수 있을 것으로 판단됩니다.

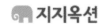
조 회 수	(단순조회 / 5분이상 열람) · 금일 1 / 0 · 금회차공고후 209 / 27 · 누적 430 / 48	조회통계

소 재 지	인천 부평구 부평동 270-61 서진파크빌 5층 502호 (21405) 인천 부평구 부평공원로 59			
용 도	다세대	감 정 가	**175,000,000**	
토지 면적	39㎡ (12평)	최 저 가	**122,500,000** (70%)	
건물 면적	75㎡ (23평)	보 증 금	12,250,000 (10%)	
경매 구분	임의경매	소 유 자	김 철	
청 구 액	131,909,039	채 무 자	김 철	
채 권 자	서울●유협동조합			

■ 감정서요약 (2015.09.04 문민감정)

소재지	구분	용도/상태	경매면적	감정가
[403-010] 부평동 270-61 5층 502호	토지	5층 대지권	307㎡ 중 39.3㎡ (11.9평)	52,500,000
	건물	5층 다세대	74.6㎡ (22.6평) 전용 74.6㎡ (22.6평) 공용 9.6㎡ (2.9평)	122,500,000
			1㎡당 2,345,845 1평당 7,743,363	계 175,000,000

준주거지역 / 과밀억제권역
▶ 도시가스보일러난방
▶ 부평공원주차장서측인근위치
▶ 차량진출입가능
▶ 대중교통이용편의도보통
▶ 동측약11m도로접합
▶ 철콘구조철콘지붕
▶ 주위다세대주택,근린생활시설등혼재
▶ 인근노선버스(정)소재
▶ 사다리형토지

· 총 5층 · 보존-2010.04.27
· 승인-2010.04.09

■ 등기부현황 (열람일자:2016-06-17)

접수일자	권리종류	권리자	채권금액 예상배당액	말소	비고
2010-06-30	소유권	김 철			
2010-06-30	근저당권	서울●유협동조합 개화산역	156,000,000 156,000,000	말소	말소기준등기
2015-08-31	임의	서울●유협동조합 개화산역		말소	경매기입등기
2015-09-09	압류	국민건강보험공단 인천부평지사		말소	

등기부채권총액 : 156,000,000

■ 임차인현황

법원 기록상 임차인이 없습니다.

현황조사차 현장에 임한 바, 폐문부재로 이해관계인을 만날 수 없어 상세한 점유 및 임대차관계는 알 수 없으나, 소유자외 전입세대는 조사되지 아니함. 본건에 대한 임차인 등의 권리신고 등을 위하여 집행관 시스템에서 출력한 `안내문`을 1층 현관 밖에 설치된 우편함에 넣어두었음. 세대출입문에 인천도시가스(주)의 2015. 9 .8.까지의 `가스공급중단 예고`스티커가 부착되어 있고, 우편함에 한국전력공사 인천본부의 2015. 9. 7.까지의 `전기 단전/제한공급 예고`스티커가 들어 있었음

■ 지지옥션 세대조사 (주민센터확인 : 2016.06.20)

세대주	전입일	비고	세대주	전입일	비고
김○○	2010.06.28				

농지경매에서 농취증을
제출해야 하는 경우와 아닌 경우

Q/ 본 사건은 지목이 전(田)인데도 법원의 매각조건에 농지취득자격증명을 제출하라는 내용이 없는데, 그럴 경우 일반법인도 농지를 취득할 수 있는지요?

A 농지법 제6조 제1항에 따라 농지는 농업인(농업경영을 할 개인 포함)과 농업법인이 자기의 농업경영에 이용하고자 하는 경우가 아니면 원칙적으로 이를 소유할 수 없도록 제한하고 있습니다.

일반법인은 원칙적으로 농업경영 목적으로 농지를 취득할 수 없으나, 예외적으로 도시지역의 주거, 상업, 공업지역 또는 도시계획시설 예정지로 지정 또는 결정된 농지 등 농식품부 장관과 미리 농지전용에 관한 협의를 완료한 농지에 대하여는 농지취득자격증명을 발급받지 않고도 농지를 취득할 수 있습니다.

도시지역 내 자연녹지지역 농지는 농지법이 전면 적용되어 농지를 취득하려면 원칙적으로 농지취득자격증명을 발급받아야 합니다.

다만 이 사건의 토지이용계획확인원을 보면, 국토의 계획 및 이용에 관한 법률에 따라 도시계획시설 중 공공문화복지시설인 '운동장'으로 지정된 사실이 있고, 법원 매각물건명세서상으로 '농취증 필요 – 미제출 시 보증금 몰수'의 매각조건이 없다는 점까지 감안하면, 농취증을 제출하지 않더라도 농지를 취득할 수 있을 것으로 보입니다.

조 회 수	(단순조회 / 5분이상 열람) · 금일 1 / 0 · 금회차공고후 148 / 16 · 누적 455 / 63	조회통계

소 재 지	서울 송파구 방이동 449-10 [일괄]-9, 도로명주소	
용 도	전	감 정 가	2,101,560,000
토지 면적	2,820㎡ (853평)	최 저 가	1,681,248,000 (80%)
건물 면적	0㎡ (0평)	보 증 금	168,124,800 (10%)
경매 구분	임의경매	소 유 자	차●수
청 구 액	1,213,609,930	채 무 자	차●수
채 권 자	영●농업협동조합		
주의 사항	· 입찰외 특수件분석신청		

■ 감정서요약 (2015.01.19 준경감정)

소재지	구분	용도/상태	경매면적	감정가
[138-050] 방이동 449-10	토지	전	1980㎡ (598.9평)	1,485,000,000 1㎡당 750,000 1평당 2,479,546

표준공시지가 : 660,000원 / 개별공시지가 : 652,000원 / 감정지가 : 750,000원
-입찰외다수의소나무식재(449-10,-9지상)
-입찰외농막,농업용비닐하우스수동소재(449-10,-9지상)
도시지역 / 자연녹지지역 / 가축사육제한구역 / 개발제한구역 / 대공방어협조구역(위탁고도:77-257m) /
비행안전구역(2구역,전술) / 과밀억제권역 / 공장설립제한지역 / 학교환경위생정화구역 / 한강폐기물매
립시설설치제한지역
▶북서측약1-2m농로접함

[138-050] 방이동 449-9	토지	전	840㎡ (254.1평)	616,560,000 1㎡당 734,000 1평당 2,426,446

표준공시지가 : 660,000원 / 개별공시지가 : 652,000원 / 감정지가 : 734,000원
도시시역 / 자연녹지지역 / 가축사육제한구역 / 개발제한구역 / 대공방어협조구역(위탁고도:77-257m) /
비행안전구역(2구역,전술) / 과밀억제권역 / 공장설립제한지역 / 학교환경위생정화구역 / 한강폐기물매
립시설설치제한지역
▶서측일부지적도상도로접하나현황인접필지통해접근가능

| 토지이용계획 열람

🏠 > 토지이용계획 > 토지이용계획 열람   도움말

지목	전	면적	1,980 ㎡
개별공시지가 (㎡당)	664,000원 (2016/01)		

지역지구등 지정여부	「국토의 계획 및 이용에 관한 법률」에 따른 지역·지구등	도시지역 ,자연녹지지역 ,운동장(세부시설이 결정된 시설로 필요시 별도확인요함)
	다른 법령 등에 따른 지역·지구등	가축사육제한구역<가축분뇨의 관리 및 이용에 관한 법률>,개발제한구역<개발제한구역의 지정 및 관리에 관한 특별조치법>,대공방어협조구역(위탁고도:77-257m)<군사기지 및 군사시설 보호법>,비행안전제2구역(전술)<군사기지 및 군사시설 보호법>,과밀억제권역<수도권정비계획법>,공장설립제한지역<수도법>,학교환경위생 정화구역<학교보건법>,(한강)폐기물매립시설 설치제한지역<한강수계 상수원수질개선 및 주민 지원 등에 관한 법률>

중도금까지 지급된 물건을
경매로 매수할 경우의 문제점은?

Q/ 경매대상 목적물 중에서 일부(200평)를 매수하고 계약금과 중도금을 지급했다는 현황조사내용이 있
는데, 낙찰받아도 사후에 문제가 없을지 궁금합니다.

A 부동산에 관한 법률행위로 인한 물권의 득실 변경은 등기를 해야만 그 효력이 생기는바(상
속, 판결, 경매, 공용징수는 예외), 소유권이전등기를 경료하지 않은 이상 부동산을 매수하고 잔금
까지 지급했더라도 제3자에게 자신의 소유권을 주장할 수 없습니다.

※ 참조 법률조문

민법 제186조(등기를 요하지 아니하는 부동산물권취득)
부동산에 관한 법률행위로 인한 물권의 득실 변경은 등기하여야 그 효력이 생긴다.
민법 제187조(등기를 요하지 아니하는 부동산물권취득)
상속, 공용징수, 판결, 경매 기타 법률의 규정에 의한 부동산에 관한 물권의 취득은 등기를 요하지 아니한다.

병합/중복	2015-12398(중복-양평농협)

조회수	(단순조회 / 5분이상 열람) ·금일 1 / 0 ·금회차공고후 132 / 23 ·누적 464 / 73	조회통계

소재지	경기 안성시 원곡면 외가천리 산45 [일괄]-5, 도로명주소		
용 도	임야	감 정 가	**3,326,680,000**
토지 면적	16,849㎡ (5,097평)	최 저 가	**2,328,676,000** (70%)
건물 면적	0㎡ (0평)	보 증 금	232,867,600 (10%)
경매 구분	임의경매	소 유 자	황⬤대
청 구 액	520,000,000	채 무 자	심⬤수
채 권 자	김⬤훈(양도인:이⬤복의 승계인 강⬤중)		
주의 사항	·일부맹지 ·분묘기지권 ·입찰외 특수件분석신청		

■ 등기부현황 (열람일자:2015-09-25)

접수일자	권리종류	권리자	채권금액 예상배당액	말소	비고
2014-07-09	근저당권	양평농협	2,080,000,000 2,080,000,000	말소	말소기준등기
2014-07-09	지상권	양평농협		말소	
2014-12-26	근저당권	이⬤복	520,000,000 520,000,000	말소	
2015-02-23	근저당권	김⬤연	650,000,000 107,415,665	말소	
2015-03-19	임의	이⬤복		말소	경매기입등기
2015-05-13	가압류	이⬤열	60,000,000	말소	2015 카단 10215 수원 평택 GO
2015-08-20	가압류	장⬤순	100,000,000	말소	2015 카단 10394 수원 평택 GO

등기부채권총액 : 3,410,000,000
산45번지

■ 임차인현황

법원 기록상 임차인이 없습니다.

<산45번지> 인접 부동산인 235-1대와 접한 부분에 목측상 약 200평정도의 면적을 배나무를 제거하고 토목공사를 진행하여 주차장 등으로 사용하고 있음.위 토목공사 진행부분의 점유는 235-1에서 식당을 운영하는 장⬤순이 식당 주차장으로 사용하면서 점유하고 있음.위 장⬤순의 진술에 의하면 본건 부동산의 소유주인 황⬤대로부터 매입하고 중도금까지 지급하였으며 잔금 지급일은 2015.9.30.이라며 황⬤대와의 간에 성립된 매매계약서 사본과 장⬤순의 주민등록증 사본을 제출함. 나머지 부분은 점유자를 만나지 못하여 조사불능임.660평방미터는 소유주 황⬤대와 매입자 장⬤순간에 2014.9.23.금140,000,000원에 매매계약이 체결되어 계약금 20,000,000원 및 중도금 80,000,000원이 지급되고, 잔금 40,000,000원은 기급기일이 도래하지 아니하여 지급되지 아니한 상태라는 장⬤순의 진술이 있었고, 그 근거로 매매계약서를 제출함
<산45-5번지> 점유자를 만나지 못하여 조사불능

■참고사항

·제시외 배나무 300주 포함. 지상에 분묘 수기가 소재하는 바 분묘기지권 성립여부 불분명. 목록1 현황 과수원 및 일부 자연림. 목록2는 현황 자연림.

아파트 공용관리비의 연체료도
인수해야 할까?

Q 이 사건의 아파트에 대하여 지지옥션이 조사한 관리비 미납내역을 보면 '2016년 4월 현재 약 1,360만 원 정도 미납'한 것으로 조사되었습니다. 이 경우 낙찰을 받아 소유권을 취득한 매수인(낙찰자)은 연체된 관리비 전부를 인수해야 하는지 궁금합니다.

A 집합건물의 소유 및 관리에 관한 법률 제18조(공용부분에 관하여 발생한 채권의 효력)에서는 "공유자가 공용부분에 관하여 다른 공유자에 대하여 가지는 채권은 그 특별승계인에 대하여도 행사할 수 있다"고 규정하고 있습니다. 이는 집합건물의 공용부분은 전체 공유자의 이익에 공여하는 것이므로 공동으로 유지·관리되어야 하고, 그에 대한 적정한 유지·관리를 도모하기 위해 소요되는 경비에 대한 공유자 간의 채권은 이를 특히 보장할 필요가 있는바, 공유자의 특별승계인에게 그 승계의사의 유무에 관계없이 청구할 수 있도록 하기 위하여 특별규정을 둔 것입니다. 따라서 관리규약 중 공용부분 관리비의 경우, 전 구분소유자의 특별승계인(매수인)에게 전 구분소유자의 체납관리비를 승계하도록 하는 것은 유효하다는 것입니다.

반면 관리비 납부를 연체할 경우 부과되는 연체료는 위약벌의 일종이고, 전 구분소유자의 특별승계인이 체납된 공용부분 관리비를 승계한다고 하여 전 구분소유자가 관리비 납부를 연체함으로 인해 이미 발생하게 된 법률효과까지 그대로 승계하는 것은 아니므로, 공용부분 관리비에 대한 연체료는 특별승계인에게 승계되는 공용부분 관리비에 포함되지 않는다는 것이 판례입니다(대법원 2004다3598, 3604 판결).

따라서 매수인은 연체관리비 중 연체료를 제외한 공용부분 관리비만을 인수하면 되는 것이므로 관리사무소와 협의를 통해 원만히 해결하시기 바랍니다.

조 회 수	（ 단순조회 / 5분이상 열람 ）　·금일 1 / 0　·금회차공고후 116 / 19　·누적 259 / 32		조회통계

소 재 지	경기 부천시 송내동 368 뉴서울 109동 7층 701호 (14721) 경기 부천시 중동로71번길 39		
용　도	아파트	감 정 가	**436,000,000**
토지 면적	61㎡ (19평)	최 저 가	**305,200,000 (70%)**
건물 면적	165㎡ (50평)	보 증 금	30,520,000 (10%)
경매 구분	임의경매	소 유 자	양■심
청 구 액	404,577,336	채 무 자	양■심
채 권 자	부천농업협동조합		

■ **감정서요약** (2015.07.23 유일용감정)

소재지	용도/상태	경매면적	감정가
[422-040] 송내동 368	7층 대지권	39536.2㎡ 중 61.4㎡　(18.6평)	113,360,000
	109동 701호[60평형]	165㎡　　(49.9평) 전용 165㎡　(49.9평) 공용 26.6㎡　(8평)	322,640,000
		1㎡당 2,642,424　1평당 8,737,475	계 436,000,000

3종일반주거지역 / 지구단위계획구역(송내역세권지구단위계획구역) / 과밀억제권역 / 상대정화구역(목화유치원,부천서초,송일초,열린유치원-교육청문의) / 절대정화구역(열린유치원-교육청문의)
- 총 18층 · 보존-1995.12.30
- 승인-1995.10.31

▶지하철1호선중동역남서측인근위치　▶주위아파트단지,다세대주택,근린시설등혼재
▶차량접근가능,대중교통사정대체보통　▶인근노선버스(정)소재
▶도시가스설비,난방설비　▶부정형의광평수지
▶소로1류(10-12m,소로1-41,1-42)접합
▶본건외곽공도접해있으며단지내도로통해차량진출입원활

■ **등기부현황** (열람일자:2016-04-11)

접수일자	권리종류	권리자	채권금액 예상배당액	말소	비고
2006-09-01	소유권	양■심			
2006-09-01	근저당권	부천농협 괴안동	494,000,000 355,461,142	말소	말소기준등기
2015-07-17	임의	부천농협		말소	경매기입등기
2015-09-09	압류	부천시원미구		말소	
2015-12-09	압류	부천시소사구		말소	
등기부채권총액 : 494,000,000					

■ **임차인현황**

법원 기록상 임차인이 없습니다.

현황조사차 방문하였으나 폐문관계로 거주자등을 만나지 못했으며 전입세대열람결과 아무런 전입세대가 없음. 상세한 임대차 관계는 미상임

■ 본 물건에 대한 이해관계인 및 회원의 제보를 받습니다. [제보하기]

관리비미납	·13,588,593원　16년2월분까지 미납액임. 전기수도포함.971세대(현 거주중) (2016.04.12 현재)　·관리사무소 ☎ 032-612-0665

지식산업센터(아파트형공장)를
임대수익 목적으로 취득할 수 있는가?

Q 이 사건의 경매물건은 지식산업센터 내의 아파트형공장으로, 토지이용계획확인원을 보면 매각대상 부동산을 포함해 주변 일대가 지방산업단지 등으로 지정되어 있는데, 낙찰을 받아 공장임대 수익을 목적으로 취득하는 데 문제가 없는지 궁금합니다.

A 지식산업센터(아파트형공장)에 입주할 수 있는 시설은 제조업과 지식기반산업, 정보통신, 벤처기업과 그 밖에 입주업체의 생산활동을 지원하는 금융, 기숙사, 근린생활시설 등으로 제한됩니다.

법원경매를 통해 취득하는 경우 역시 해당 공장을 실사용할 자가 아닌 투자가가 매매차익이나 임대수익 목적으로 취득하는 것을 허용할 수 없습니다.

그러므로 지방산업단지 내에 소재하는 지식산업센터(아파트형공장)는 임대를 목적으로 취득하기는 불가능하며, 제조업 등 입주가 가능한 업종을 경영할 자만이 제한적으로 취득이 가능할 것으로 판단됩니다.

산업집적법 제38조 제3항은 산업단지에 입주해 제조업 외의 업종(연구개발업, 발전업, 정보통신산업 등)으로 실사용할 자를 위해 마련된 조항(제조업 공장등록이 아닌 비제조업 사업개시신고 대상)이며, 임대사업을 하려는 자는 산업집적법 제38조의2의 적용대상입니다(《산업집적법 유권해설집》 참조).

조 회 수	(단순조회 / 5분이상 열람) · 금일 1 / 0 · 금회차공고후 54 / 5 · 누적 99 / 11		조회통계

소 재 지	경기 김포시 양촌읍 학운리 2979 메카존 나동 7층 740호 (10048) 경기 김포시 양촌읍 황금로 117		
용 도	아파트형공장	감 정 가	**310,000,000**
토지 면적	74㎡ (22평)	최 저 가	**217,000,000** (70%)
건물 면적	202㎡ (61평)	보 증 금	21,700,000 (10%)
경매 구분	임의경매	소 유 자	이
청 구 액	250,410,148	채 무 자	이
채 권 자	중소기업진흥공단		

개발 정보 ⓝ	일반지방산업단지(김포양촌일반산업단지) - 경기도 김포시 양촌읍 일대 자세히보기 단지기본정보 · 시행단계 – 준공

■ **감정서요약** (2015.07.09 바다감정)

소재지	구분	용도/상태	경매면적	감정가
[415-843] 양촌읍 학운리 2979 나동 7층 740호	토지	7층 공장용지	51195.6㎡ 중 74.1㎡ (22.4평)	62,000,000
	건물	7층 아파트형공장	201.7㎡ (61평) 전용 201.7㎡ (61평) 공용 122.7㎡ (37.1평)	248,000,000
			계	310,000,000

도시지역 / 일반공업지역 / 군사기지및군사시설보호구역(육군17사단관할지역) / 제한보호구역(전방지역 25km,위탁지역50m) / 성장관리권역 / 성장관리지역

· 총 8층 · 보존-2009.03.24
· 승인-2009.03.10

▶공장및2종근린생활시설　　　　　　▶김포양촌일반상업단지내위치
▶주변공업용이주된이용을보이는공업지대　▶차량접근용이,제반교통사정보통
▶인근노선버스(정)소재　　　　　　▶3필일단의유사장방형광평수지
▶지방산업단지(경제진흥과확인)
▶본건은지방산업단지내아파트형공장으로사용가능한업종이제한될수있으니경매진행시유의바람(김포시 경제진흥과문의)
▶2979-1,-2번지:중로2류(15-20m)접합
▶2979번지:대로3류(25-30m,집산도로)접합,중로2류(15-20m,국지도로)접합
▶북측30m,동측과서측으로각각15m의아스팔트등포장도로접합

■ **등기부현황** (열람일자:2016-05-04)

접수일자	권리종류	권리자	채권금액 예상배당액	말소	비고
2011-06-30	소유권	이			
2011-06-30	근저당권	중소기업진흥공단 경기북부	286,800,000 220,442,505	말소	말소기준등기
2014-08-20	가압류	기술신용보증기금 김포기술	72,000,000	말소	2014 카단 10435 인천 부천ⓖⓞ
2014-11-18	압류	국민건강보험공단 김포지사		말소	
2015-01-26	압류	김포세무서		말소	
2015-02-03	압류	김포시		말소	
2015-06-11	임의	중소기업진흥공단		말소	경매기입등기
등기부채권총액 : 358,800,000					

타인 토지경계 침범의
문제점과 대응방안

Q 법원 매각물건명세서를 보면 매각대상인 "토지 중 일부는 타인이 점유 중이고, 매각대상인 제시 외 건물(주택과 창고 약 15평)은 일부 타 지상에 소재하고 있다"는 내용이 있습니다. 이 경우 낙찰받았을 때 경계를 침범당했다면 어떻게 해야 하는지 궁금합니다.

A 토지와 건물(제시 외 건물 포함)을 일괄 매각하는 임의경매사건인데, 감정평가서 등 법원기록을 보면 매각대상 일부 토지는 인접지 건물로부터 경계를 침범당한 것으로 보이고, 매각대상인 제시 외 건물(미등기건물)의 일부는 인접지 경계를 침범한 것으로 추정됩니다.

인접지 건물로부터 경계를 침범당한 경우에는 인접지 건물 소유자와 협의하여 적정 지료를 지급받는 것으로 타협하거나 소유물반환청구권에 의거하여 토지인도, 건물철거, 지료청구소송을 제기하여 침범당한 토지에 대한 권리를 회복할 수 있습니다. 단, 재판과정에서 경계측량과 지료감정 비용이 발생할 수 있습니다.

반대로 인접지 경계를 침범한 경우에는 인접한 토지 소유자와 지료액에 대하여 합의점을 찾아보는 것이 선행적인 대응방법이 되겠습니다. 만약 합의에 이르지 못한다면 침범을 당한 인접지 토지 소유자가 매수인을 상대로 소유물반환청구소송이나 지료지급청구소송도 제기할 수 있다는 점을 참고하시기 바랍니다.

진주1계 2014-8461 금곡면 단독주택

 지지옥션

조 회 수	(단순조회 / 5분이상 열람) · 금일 1 / 0 · 금회차공고후 175 / 22 · 누적 395 / 44		조회통계

소 재 지	경남 진주시 금곡면 정자리 232-1 (52842) 경남 진주시 금곡면 월아산로480번길 41-4		
용 도	단독주택	감 정 가	**65,375,200**
토지 면적	564㎡ (171평)	최 저 가	**52,300,000 (80%)**
건물 면적	67㎡ (20평) 제시외 49.2㎡ (14.88평)	보 증 금	5,230,000 (10%)
경매 구분	임의경매	소 유 자	하⬛보
청 구 액	22,524,097	채 무 자	하⬛보
채 권 자	㈜ 동⬛알엔씨 (근저당권이전전:한⬛자산관리대부(주))		

■ 감정서요약 (2014.09.30 삼일감정)

소재지	구분	용도/상태	경매면적	감정가
[660-833] 금곡면 정자리 232-1 · 총 1층 · 보존-2011.03.14 · 승인-1952	토지	대지 · 일부타인점유	564㎡ (170.6평)	60,348,000
	건물	주택 · 실:44.62	66.5㎡ (20.1평)	4,462,000
	제시외	주택,창고 · 미등재 일부타지상	24㎡ (7.3평)	288,000
		창고 · 미등재	25.2㎡ (7.6평)	277,200
		계	49.2㎡ (15평)	565,200
				계 65,375,200

표준공시지가 : 34,000원 / 개별공시지가 : 29,000원 / 감정지가 : 107,000원
계획관리지역
▶유류보일러난방　　　　　　　　　　　▶목조슬레이트지붕
▶시평마을내위치　　　　　　　　　　　▶주위농촌취락및농경지대형성
▶차량출입곤란　　　　　　　　　　　　▶제반교통사정보통
▶부정형평지　　　　　　　　　　　　　▶동측2m도로접함

■ 건물등기부 (열람일자:2016-09-01) ※ 건물의 권리관계로만 분석되었으므로, 실제와 차이가 있을 수 있습니다. (토지등기부 확인필)

접수일자	권리종류	권리자	채권금액 예상배당액	말소	비고　NPL
2011-03-14	소유권	하⬛보			
2012-10-31	근저당권	동⬛알엔씨	28,000,000 28,000,000	말소	말소기준등기
2014-08-05	임의	유니온상호저축은행	22,524,097 22,524,097	말소	경매기입등기
2014-09-03	질권	대신저축은행 대구	28,000,000 17,305,994	말소	
등기부채권총액 : 56,000,000					

■ 참고사항

· 관련사건▷ 창원지방법원 2014개회30016
· 제시외건물포함, 토지중일부는타인점유중, [목록1:공부상과실측상건물면적상이함], 제시외건물 2-1은 일부타지상에 소재.

매각허가결정 후에도
취하 가능할까?

Q 매각기일이 2016년 7월 21일이었는데 당일 15명의 경쟁을 이기고 낙찰을 받았고, 7월 28일에 매각허가결정까지 받았습니다. 그런데도 소유자가 낙찰자와 상의 없이 취하할 수 있는지요?

A 결론부터 말한다면 최고가 매수신고인(낙찰자)이 매각대금을 납부할 때까지 채무자(소유자)는 경매절차를 취하할 수 있는데, 그 이유는 간단합니다. 경매는 채권자의 신청에 따라 빚을 갚지 못한 채무자(소유자)의 재산을 압류한 후에 강제로 매각하여 채권자들의 우선순위에 따라 배당(변제)해 주는 절차인데, 채무자가 자진해서 빚을 갚겠다고 한다면 강제로 매각할 필요(원인)가 없어지게 되기 때문입니다.

다만 너무 쉽게 취하할 수 있도록 하는 것은 경매 진행절차 지연수단 등으로 악용할 수 있기 때문에 일정한 요건을 갖추어야만 취하할 수 있습니다. 먼저 매수신고(매수인 결정)가 있기 전에는 신청채권자가 언제든지 임의로 취하할 수 있고, 매수신고가 이루어진 후에는 최고가 매수신고인과 차순위 매수신고인으로부터 '취하동의서'를 받으면 그 즉시 취하할 수 있습니다(민사집행법 제93조 참고).

문제는 최고가 매수신고인이 '취하동의서'에 합의해 주지 않는 경우인데, 이때에도 취하할 수는 있습니다. 임의경매일 때에는 ① 담보권의 등기가 말소된 등기사항증명서 ② 담보권 등기를 말소하도록 명한 확정판결의 정본 ③ 담보권이 없거나 소멸되었다는 취지의 확정판결의 정본 ④ 채권자가 담보권을 실행하지 아니하기로 하거나 경매신청을 취하하겠다는 취지 또는 피담보채권을 변제받았거나 그 변제를 미루도록 승낙한다는 취지를 적은 서류 ⑤ 담보권 실행을 일시 정지하도록 명한 재판의 정본이 경매법원에 제출되면 법원은 경매절차를 정지합니다(민사집행법 제266조 제1항).

강제경매일 때에는 채무자가 청구이의의 소를 제기함과 동시에 집행정지결정(잠정처분)을 받은 다음, 본안소송에서 승소판결을 받아 그 판결정본을 집행법원에 제출하고 취하할 수 있습니다(민사집행법 제44조 참고). 임의경매나 강제경매 모두 별도의 집행정지신청을 하고 취하절차를 밟아야 합니다.

과거사건	부천1계 2013-20842

조 회 수	(단순조회 / 5분이상 열람) · 금일 **1** / 0 · 금회차공고후 **173** / 29 · 누적 **282** / 37	조회통계

소 재 지	경기 부천시 고강동 390-1 뉴월드맨션 2동 2층 202호 (14408) 경기 부천시 역곡로490번길 84-1		
용 도	다세대	감 정 가	**172,000,000**
토지 면적	35㎡ (11평)	최 저 가	**120,400,000** (70%)
건물 면적	60㎡ (18평)	보 증 금	12,040,000 (10%)
경매 구분	강제경매	소 유 자	고●주
청 구 액	31,760,793	채 무 자	고●주
채 권 자	㈜국민은행		

■ 진행과정

구분	일자	접수일~
경매개시일	2016.02.18	2일
감정평가일	2016.02.24	8일
배당종기일	2016.05.03	77일
최초경매일	2016.06.16	121일
경매종결일	2016.09.20	217일

■ 매각과정

회차	매각기일	최저가	비율	상태	접수일~
①	2016.06.16 (10:00)	172,000,000	100%	유찰	121일
②	↓30%	120,400,000	70%	매각	156일
	2016.07.21 (10:00)	매수인 김●덕 / 응찰 15명 매각가 172,000,000 (100.00%) 2위 155,011,000 (90.12%) 3위 151,515,000 (88.09%) ▶MORE			대금미납
	2016.09.20			취하	217일

■ 등기부현황 (열람일자:2016-09-20)

접수일자	권리종류	권리자	채권금액 예상배당액	말소	비고
1999-10-27	소유권	고●주			
2010-11-03	근저당권	오정농협 성곡	105,600,000 105,600,000	말소	말소기준등기
2013-03-05	압류	부천시오정구		말소	
2013-08-06	압류	국민건강보험공단 부천북부지사		말소	
2013-10-02	가압류	국민은행 여신관리집중	33,616,400 13,414,342	말소	2013 카단 67525 서울중앙 GO
2014-11-25	압류	부천시		말소	
2016-02-18	강제	국민은행 여신관리센터		말소	경매기입등기

등기부채권총액 : 139,216,400
압류말소(접수97544호),소유이전(접수97555호)외2신청사건처리중

■ 임차인현황

법원 기록상 임차인이 없습니다.

현장에 임하였으나 이해관계인을 만나지 못하여 점유관계를 확인하지 못하였으며, 안내문을 현관 출입문 틈에 끼워 두었음.상세한 점유관계는 별도의 확인이 필요함.동사무소에서 전입세대열람 결과 소유자의 가족 이외에는 주민등록 전입자가 없었음

■ 지지옥션 세대조사 (주민센터확인 : 2016.06.01)

세대주	전입일	비고	세대주	전입일	비고
고○○	1999.10.15				

낙찰 후 경매 취하방법

취하동의서가 없으면 개시결정에 대한 이의신청

경매신청에 따라서 집행법원이 경매절차를 개시하는 결정을 내리면 동시에 그 부동산에 대한 압류를 명하게 되는데, 경매신청이 취하되면 압류의 효력도 소멸된다. 경매신청 후 매각기일에 적법한 매수신고가 있기 전까지 경매를 신청한 채권자는 언제든지 다른 채권자의 동의 없이 임의로 취하할 수 있다(민사집행법 제93조).

다만 매각기일에 매수신고가 이루어진 뒤에 경매신청을 취하하고자 하는 경우에는 최고가 매수신고인 또는 차순위 매수신고인의 '취하동의서'를 받아야만 취하할 수 있다. 즉 적법한 매수신고가 이루어진 후에 취하하고자 할 때에는 매수신고인의 취하동의서가 있어야만 가능하다는 것이 원칙이다.

대표이사 확인절차

법인 명의로 입찰 시에는 등기사항증명서(등기부등본)를 제출해야

법인 명의로 입찰하면서 기일입찰표에 대표자 표시를 누락하고 법인인감증명서만 첨부하여 입찰한 경우에 그 입찰은 무효라는 대법원 판결이 나왔다.

대법원 판결에 따르면 "입찰절차에서 요구되는 신속성, 명확성 등을 감안할 때 법인등기사항증명서로 자격을 증명하는 원칙은 획일적으로 적용되어야 하므로, 경매절차에서 법인 대표자의 자격은 법인 등기사항증명서(등기부등본)에 의하여 증명하여야 한다. 그 외에 법인의 인감증명서는 인감(도장)의 동일성을 증명하는 서류일 뿐, 법인 대표자의 자격을 증명하는 서류로 볼 수 없기 때문에 법인인감증명서로 법인의 대표자를 증명할 수는 없다"고 판시하고 있다(대법원 2014마682 결정). 따라서 법인 입찰 시 이 점을 반드시 주의해야 한다.

경매로 매각되어도
양도세를 내야 하는가?

Q 부동산이 경매에 넘어갔을 때에도 양도소득세를 내야 한다는 말이 있는데, 이해할 수가 없습니다. 빚을 갚지 못하여 강제경매로 넘어갔고, 소유자 본인의 의사와 관계없이 낙찰된 것인데도 양도소득세를 내야 하는지 궁금합니다. 내야 한다면 얼마를 내야 하며, 재산이 없으면 안 내도 되는지요?

A 부동산이 경매절차를 통하여 매각(낙찰)된 경우에도 소득세법에서 말하는 양도에 해당합니다. 그러므로 양도가격(낙찰가격)에서 취득가격과 모든 필요경비 등을 공제한 후에 양도소득이 발생하였다면, 양도소득세를 신고납부기간(양도일이 속한 달의 말일부터 2개월 이내) 내에 자진해서 신고납부 해야 하고, 신고납부기간 내에 신고납부 하지 않으면 추징을 당할 수밖에 없습니다.

납세의무자에게 재산이 없을 경우에도 현실적 추징 가능성과 별개로 납세의무자의 납세의무가 면해지는 것이 아닌바, 잔존채무에 대한 국세청의 추징은 지속될 수 있습니다.

국세청 홈택스(www.hometax.go.kr)를 방문하면 양도소득세 자동계산 프로그램을 활용하여 간단하게 자신의 양도소득세를 계산해 볼 수 있습니다.

기본공식은 다음과 같습니다.

양도가격 - 취득가격 - 필요경비 = 양도차익

양도차익 - 3년 이상 장기보유특별공제 = 양도소득

양도소득 - 기본공제(1인당 1년 1회 250만 원) = 과세표준금액

과세표준금액×누진세율 = 양도소득세(지방소득세 10% 별도)

양도소득 누진세율(2년 이상 보유한 부동산[주택은 1년 이상]의 기본세율임)

입찰 시 법인대표 자격을
법인인감증명서로 증명할 수 있는가?

Q 법인 명의로 경매에 참여하려고 하는데, 법인으로부터 위임받은 회사 직원이 대리입찰 하고자 할 때 법인 대표자의 자격을 증명하는 서류를 법인인감증명서로 대체할 수 있는지 궁금합니다.

A 입찰절차에서 요구되는 신속성, 명확성 등을 감안할 때 법인 등기사항전부증명서로 그 자격을 증명하는 원칙은 획일적으로 적용되어야 하므로, 경매절차에서 법인 대표자의 자격은 법인 등기사항전부증명서에 의하여 증명하여야 합니다. 법인인감증명서는 인감(도장)의 동일성을 증명하는 서류일 뿐 대표자의 자격을 증명하는 서류로 볼 수 없으므로 법인인감증명서로 증명할 수는 없습니다.

즉 집행관은 입찰표에 대표자 표시를 누락하고 법인인감증명서만 제출하였을 뿐이고, 법인 등기사항전부증명서를 제출하지 않아 대표자의 자격을 확인할 수 없다는 이유로 그 입찰 참여자를 개찰에서 제외하였고, 집행관이 입찰마감 후 최고가 매수신고인 결정을 하기 전까지 입찰 참여자에게 법인 등기사항전부증명서를 제출할 기회를 부여해야 할 의무가 있다고 볼 수 없다고 한 것은 정당하다는 것이 판례의 입장입니다(대법원 2014마682 결정).

공동입찰을 할 경우
지분비율을 정해야 하는가?

Q 공동입찰을 할 경우에 공동입찰표상에 지분비율을 결정해야 하는지, 그리고 정하지 않을 경우에 지분비율은 어떻게 결정하는지 궁금합니다. 아울러 법인과 개인이 농지에 공동입찰을 할 수 있는지도 궁금합니다.

A 2인 이상 공동입찰을 할 경우 법원에 비치된 공동입찰자 목록에 해당 지분비율을 기재해야 합니다. 만약 기재하지 않으면 동등한 비율로 간주됩니다. 즉 지분비율을 기재하였다면 기재한 대로 인정하고, 지분비율을 누락하는 등 기재하지 않았다면 공동입찰자 수에 따라 동등하게 안분한 비율로 입찰한 것으로 간주하게 됩니다. 그러므로 입찰비율을 달리하여 공동입찰 하고자 할 때에는 공동입찰자 목록에 해당 공유지분을 반드시 기재하여 입찰하여야 합니다.

매각대상 토지의 지목이 농지(전, 답, 과수원)인 경우에는 원칙적으로 농업경영을 목적으로 하는 개인 또는 농업법인 외에 일반법인은 입찰을 할 수 없습니다. 그러므로 입찰하고자 하는 법인이 농업(영농)법인이 아니라면 단독입찰은 물론이고 공동입찰도 할 수 없습니다.

입찰표에 입찰가격을 잘못 기재 시, 수정하고 날인하면 유효처리 될까?

Q 매각기일에 입찰할 때 입찰표에 매각가격을 결정하여 기입하였으나 입찰보증금 난과 입찰가격 난을 바꿔 작성하는 실수를 한 경우, 수정하여 도장 날인한 후 입찰표를 제출하여도 문제 되지 않는지 궁금합니다.

A 입찰표를 작성할 때 입찰가격은 어떠한 경우에도 수정할 수 없습니다. 만약 입찰가격을 수정한 후에 수정 날인을 했어도 무효로 처리될 것입니다. 수정한다는 도장을 날인하여 표시한 경우도 마찬가지로 허용되지 않습니다.

입찰가격 수정을 금지하는 것은 사후에 입찰가격을 수정하는 비리를 예방하기 위한 것으로, 입찰표 주의사항 난에 기재되어 있습니다. 따라서 입찰가격을 수정하고자 할 경우에는 반드시 입찰표를 다시 교부받아 새롭게 작성하여 제출해야 합니다.

다만 입찰가격 외에 입찰표상에 기재하는 주소 등 인적사항이나 매수신청(입찰) 보증금 난을 수정하고자 할 경우에는 두 줄을 긋고 수정인을 날인하여 제출해도 무효처리 되지는 않습니다.

입찰표를 작성할 때에는 입찰표 아래에 나와 있는 주의사항을 먼저 읽어 보고 작성하는 것이 실수를 줄일 수 있는 방법입니다.

내 집 마련 평균연령 41세

민사집행법 제2절
부동산에 대한 강제집행

민사집행법

[시행 2015.11.19.] [법률 제13286호, 2015.5.18., 일부개정]

제2절 부동산에 대한 강제집행

제1관 통칙

제78조(집행방법) ①부동산에 대한 강제집행은 채권자의 신청에 따라 법원이 한다.

②강제집행은 다음 각호의 방법으로 한다.

1. 강제경매

2. 강제관리

③채권자는 자기의 선택에 의하여 제2항 각호 가운데 어느 한 가지 방법으로 집행하게 하거나 두 가지 방법을 함께 사용하여 집행하게 할 수 있다.

④강제관리는 가압류를 집행할 때에도 할 수 있다.

제79조(집행법원) ①부동산에 대한 강제집행은 그 부동산이 있는 곳의 지방법원이 관할한다.

②부동산이 여러 지방법원의 관할구역에 있는 때에는 각 지방법원에 관할권이 있다. 이 경우 법원이 필요하다고 인정한 때에는 사건을 다른 관할 지방법원으로 이송할 수 있다.

제2관 강제경매

제80조(강제경매신청서) 강제경매신청서에는 다음 각호의 사항을 적어야 한다.

1. 채권자·채무자와 법원의 표시

2. 부동산의 표시

3. 경매의 이유가 된 일정한 채권과 집행할 수 있는 일정한 집행권원

제81조(첨부서류) ①강제경매신청서에는 집행력 있는 정본 외에 다음 각호 가운데 어느 하나에 해당하는 서류를 붙여야 한다. 〈개정 2011.4.12.〉

1. 채무자의 소유로 등기된 부동산에 대하여는 등기사항증명서

2. 채무자의 소유로 등기되지 아니한 부동산에 대하여는 즉시 채무자명의로 등기할 수 있다는 것을 증명할 서류. 다만, 그 부동산이 등기되지 아니한 건물인 경우에는 그 건물이 채무자의 소유임을 증명할 서류, 그 건물의 지번·구조·면적을 증명할 서류 및 그 건물에 관한 건축허가 또는 건축신고를 증명할 서류

②채권자는 공적 장부를 주관하는 공공기관에 제1항제2호 단서의 사항들을 증명하여 줄 것을 청구할 수 있다.

③제1항제2호 단서의 경우에 건물의 지번·구조·면적을 증명하지 못한 때에는, 채권자는 경매신청과 동시에 그 조사를 집행법원에 신청할 수 있다.

④제3항의 경우에 법원은 집행관에게 그 조사를 하게 하여야 한다.

⑤강제관리를 하기 위하여 이미 부동산을 압류한 경우에 그 집행기록에 제1항 각호 가운데 어느 하나에 해당하는 서류가 붙어 있으면 다시 그 서류를 붙이지 아니할 수 있다.

제82조(집행관의 권한) ①집행관은 제81조제4항의 조사를 위하여 건물에 출입할 수 있고, 채무자 또는 건물을 점유하는 제3자에게 질문하거나 문서를 제시하도록 요구할 수 있다.

②집행관은 제1항의 규정에 따라 건물에 출입하기 위하여 필요한 때에는 잠긴 문을 여는 등 적절한 처분을 할 수 있다.

제83조(경매개시결정 등) ①경매절차를 개시하는 결정에는 동시에 그 부동산의 압류를 명하여야 한다.

②압류는 부동산에 대한 채무자의 관리·이용에 영향을 미치지 아니한다.

③경매절차를 개시하는 결정을 한 뒤에는 법원은 직권으로 또는 이해관계인의 신청에 따라 부동산에 대한 침해행위를 방지하기 위하여 필요한 조치를 할 수 있다.

④압류는 채무자에게 그 결정이 송달된 때 또는 제94조의 규정에 따른 등기가 된 때에 효력이 생긴다.

⑤강제경매신청을 기각하거나 각하하는 재판에 대하여는 즉시항고를 할 수 있다.

제84조(배당요구의 종기결정 및 공고) ①경매개시결정에 따른 압류의 효력이 생긴 때(그 경매개시결정전에 다른 경매개시결정이 있는 경우를 제외한다)에는 집행법원은 절차에 필요한 기간을 감안하여 배당요구를 할 수 있는 종기(終期)를 첫 매각기일 이전으로 정한다.

②배당요구의 종기가 정하여진 때에는 법원은 경매개시결정을 한 취지 및 배당요구의 종기를 공고하고, 제91조제4항 단서의 전세권자 및 법원에 알려진 제88조제1항의 채권자에게 이를 고지하여야 한다.

③제1항의 배당요구의 종기결정 및 제2항의 공고는 경매개시결정에 따른 압류의 효력이 생긴 때부터 1주 이내에 하여야 한다.

④법원사무관등은 제148조제3호 및 제4호의 채권자 및 조세, 그 밖의 공과금을 주관하는 공공기관에 대하여 채권의 유무, 그 원인 및 액수(원금·이자·비용, 그 밖의 부대채권(附帶債權)을 포함한다)를 배당요구의 종기까지 법원에 신고하도록 최고하여야 한다.

⑤제148조제3호 및 제4호의 채권자가 제4항의 최고에 대한 신고를 하지 아니한 때에는 그 채권자의 채권액은 등기사항증명서 등 집행기록에 있는 서류와 증빙(證憑)에 따라 계산한다. 이 경우 다시 채권액을 추가하지 못한다.〈개정 2011.4.12.〉

⑥법원은 특별히 필요하다고 인정하는 경우에는 배당요구의 종기를 연기할 수 있다.

⑦제6항의 경우에는 제2항 및 제4항의 규정을 준용한다. 다만, 이미 배당요구 또는 채권신고를 한 사람에 대하여는 같은 항의 고지 또는 최고를 하지 아니한다.

제85조(현황조사) ①법원은 경매개시결정을 한 뒤에 바로 집행관에게 부동산의 현상, 점유관계, 차임(借賃) 또는 보증금의 액수, 그 밖의 현황에 관하여 조사하도록 명하여야 한다.

②집행관이 제1항의 규정에 따라 부동산을 조사할 때에는 그 부동산에 대하여 제82조에 규정된 조치를 할 수 있다.

제86조(경매개시결정에 대한 이의신청) ①이해관계인은 매각대금이 모두 지급될 때까지 법원에 경매개시결정에 대한 이의신청을 할 수 있다.

②제1항의 신청을 받은 법원은 제16조제2항에 준하는 결정을 할 수 있다.

③제1항의 신청에 관한 재판에 대하여 이해관계인은 즉시항고를 할 수 있다.

제87조(압류의 경합) ①강제경매절차 또는 담보권 실행을 위한 경매절차를 개시하는 결정을 한 부동산에 대하여 다른 강제경매의 신청이 있는 때에는 법원은 다시 경매개시결정을 하고, 먼저 경매개시결정을 한 집행절차에 따라 경매한다.

②먼저 경매개시결정을 한 경매신청이 취하되거나 그 절차가 취소된 때에는 법원은 제91조제1항의 규정에 어긋나지 아니하는 한도 안에서 뒤의 경매개시결정에 따라 절차를 계속 진행하여야 한다.

③제2항의 경우에 뒤의 경매개시결정이 배당요구의 종기 이후의 신청에 의한 것인 때에는 집행법원은 새로이 배당요구를 할 수 있는 종기를 정하여야 한다. 이 경우 이미 제84조제2항 또는 제4항의 규정에 따라 배당요구 또는 채권신고를 한 사람에 대하여는 같은 항의 고지 또는 최고를 하지 아니한다.

④먼저 경매개시결정을 한 경매절차가 정지된 때에는 법원은 신청에 따라 결정으로 뒤의 경매개시결정(배당요구의 종기까지 행하여진 신청에 의한 것에 한한다)에 기초하여 절차를 계속하여 진행할 수 있다. 다만, 먼저 경매개시결정을 한 경매절차가 취소되는 경우 제105조제1항제3호의 기재사항이

바뀔 때에는 그러하지 아니하다.

⑤제4항의 신청에 대한 재판에 대하여는 즉시항고를 할 수 있다.

제88조(배당요구) ①집행력 있는 정본을 가진 채권자, 경매개시결정이 등기된 뒤에 가압류를 한 채권자, 민법·상법, 그 밖의 법률에 의하여 우선변제청구권이 있는 채권자는 배당요구를 할 수 있다.

②배당요구에 따라 매수인이 인수하여야 할 부담이 바뀌는 경우 배당요구를 한 채권자는 배당요구의 종기가 지난 뒤에 이를 철회하지 못한다.

제89조(이중경매신청 등의 통지) 법원은 제87조제1항 및 제88조제1항의 신청이 있는 때에는 그 사유를 이해관계인에게 통지하여야 한다.

제90조(경매절차의 이해관계인) 경매절차의 이해관계인은 다음 각호의 사람으로한다.

1. 압류채권자와 집행력 있는 정본에 의하여 배당을 요구한 채권자

2. 채무자 및 소유자

3. 등기부에 기입된 부동산 위의 권리자

4. 부동산 위의 권리자로서 그 권리를 증명한 사람

제91조(인수주의와 잉여주의의 선택 등) ①압류채권자의 채권에 우선하는 채권에 관한 부동산의 부담을 매수인에게 인수하게 하거나, 매각대금으로 그 부담을 변제하는 데 부족하지 아니하다는 것이 인정된 경우가 아니면 그 부동산을 매각하지못한다.

②매각부동산 위의 모든 저당권은 매각으로 소멸된다.

③지상권·지역권·전세권 및 등기된 임차권은 저당권·압류채권·가압류채권에 대항할 수 없는 경우에는 매각으로 소멸된다.

④제3항의 경우 외의 지상권·지역권·전세권 및 등기된 임차권은 매수인이 인수한다. 다만, 그중 전세권의 경우에는 전세권자가 제88조에 따라 배당요구를 하면 매각으로 소멸된다.

⑤매수인은 유치권자(留置權者)에게 그 유치권(留置權)으로 담보하는 채권을 변제할 책임이 있다.

제92조(제3자와 압류의 효력) ①제3자는 권리를 취득할 때에 경매신청 또는 압류가 있다는 것을 알았을 경우에는 압류에 대항하지 못한다.

②부동산이 압류채권을 위하여 의무를 진 경우에는 압류한 뒤 소유권을 취득한 제3자가 소유권을 취득할 때에 경매신청 또는 압류가 있다는 것을 알지 못하였더라도 경매절차를 계속하여 진행하여야 한다.

제93조(경매신청의 취하) ①경매신청이 취하되면 압류의 효력은 소멸된다.

②매수신고가 있은 뒤 경매신청을 취하하는 경우에는 최고가매수신고인 또는 매수인과 제114조의 차순위매수신고인의 동의를 받아야 그 효력이 생긴다.

③제49조제3호 또는 제6호의 서류를 제출하는 경우에는 제1항 및 제2항의 규정을, 제49조제4호의 서류를

제출하는 경우에는 제2항의 규정을 준용한다.

제94조(경매개시결정의 등기) ①법원이 경매개시결정을 하면 법원사무관등은 즉시 그 사유를 등기부에 기입하도록 등기관(登記官)에게 촉탁하여야 한다.

②등기관은 제1항의 촉탁에 따라 경매개시결정사유를 기입하여야 한다.

제95조(등기사항증명서의 송부) 등기관은 제94조에 따라 경매개시결정사유를 등기부에 기입한 뒤 그 등기사항증명서를 법원에 보내야 한다. 〈개정 2011.4.12.〉

[제목개정 2011.4.12.]

제96조(부동산의 멸실 등으로 말미암은 경매취소) ①부동산이 없어지거나 매각 등으로 말미암아 권리를 이전할 수 없는 사정이 명백하게 된 때에는 법원은 강제경매의 절차를 취소하여야 한다.

②제1항의 취소결정에 대하여는 즉시항고를 할 수 있다.

제97조(부동산의 평가와 최저매각가격의 결정) ①법원은 감정인(鑑定人)에게 부동산을 평가하게 하고 그 평가액을 참작하여 최저매각가격을 정하여야 한다.

②감정인은 제1항의 평가를 위하여 필요하면 제82조제1항에 규정된 조치를 할 수 있다.

③감정인은 제7조의 규정에 따라 집행관의 원조를 요구하는 때에는 법원의 허가를 얻어야 한다.

제98조(일괄매각결정) ①법원은 여러 개의 부동산의 위치·형태·이용관계 등을 고려하여 이를 일괄매수하게 하는 것이 알맞다고 인정하는 경우에는 직권으로 또는 이해관계인의 신청에 따라 일괄매각하도록 결정할 수 있다.

②법원은 부동산을 매각할 경우에 그 위치·형태·이용관계 등을 고려하여 다른 종류의 재산(금전채권을 제외한다)을 그 부동산과 함께 일괄매수하게 하는 것이 알맞다고 인정하는 때에는 직권으로 또는 이해관계인의 신청에 따라 일괄매각하도록 결정할 수 있다.

③제1항 및 제2항의 결정은 그 목적물에 대한 매각기일 이전까지 할 수 있다.

제99조(일괄매각사건의 병합) ①법원은 각각 경매신청된 여러 개의 재산 또는 다른 법원이나 집행관에 계속된 경매사건의 목적물에 대하여 제98조제1항 또는 제2항의 결정을 할 수 있다.

②다른 법원이나 집행관에 계속된 경매사건의 목적물의 경우에 그 다른 법원 또는 집행관은 그 목적물에 대한 경매사건을 제1항의 결정을 한 법원에 이송한다.

③제1항 및 제2항의 경우에 법원은 그 경매사건들을 병합한다.

제100조(일괄매각사건의 관할) 제98조 및 제99조의 경우에는 민사소송법 제31조에 불구하고 같은 법 제25조의 규정을 준용한다. 다만, 등기할 수 있는 선박에 관한 경매사건에 대하여서는 그러하지 아니하다.

제101조(일괄매각절차) ①제98조 및 제99조의 일괄매각결정에 따른 매각절차는 이 관의 규정에 따라

행한다. 다만, 부동산 외의 재산의 압류는 그 재산의 종류에 따라 해당되는 규정에서 정하는 방법으로 행하고, 그 중에서 집행관의 압류에 따르는 재산의 압류는 집행법원이 집행관에게 이를 압류하도록 명하는 방법으로 행한다.

②제1항의 매각절차에서 각 재산의 대금액을 특정할 필요가 있는 경우에는 각 재산에 대한 최저매각가격의 비율을 정하여야 하며, 각 재산의 대금액은 총대금액을 각 재산의 최저매각가격비율에 따라 나눈 금액으로 한다. 각 재산이 부담할 집행비용액을 특정할 필요가 있는 경우에도 또한 같다.

③여러 개의 재산을 일괄매각하는 경우에 그 가운데 일부의 매각대금으로 모든 채권자의 채권액과 강제집행비용을 변제하기에 충분하면 다른 재산의 매각을 허가하지 아니한다. 다만, 토지와 그 위의 건물을 일괄매각하는 경우나 재산을 분리하여 매각하면 그 경제적 효용이 현저하게 떨어지는 경우 또는 채무자의 동의가 있는 경우에는 그러하지 아니하다.

④제3항 본문의 경우에 채무자는 그 재산 가운데 매각할 것을 지정할 수 있다.

⑤일괄매각절차에 관하여 이 법에서 정한 사항을 제외하고는 대법원규칙으로 정한다.

제102조(남을 가망이 없을 경우의 경매취소) ①법원은 최저매각가격으로 압류채권자의 채권에 우선하는 부동산의 모든 부담과 절차비용을 변제하면 남을 것이 없겠다고 인정한 때에는 압류채권자에게 이를 통지하여야 한다.

②압류채권자가 제1항의 통지를 받은 날부터 1주 이내에 제1항의 부담과 비용을 변제하고 남을 만한 가격을 정하여 그 가격에 맞는 매수신고가 없을 때에는 자기가 그 가격으로 매수하겠다고 신청하면서 충분한 보증을 제공하지 아니하면, 법원은 경매절차를 취소하여야 한다.

③제2항의 취소 결정에 대하여는 즉시항고를 할 수 있다.

제103조(강제경매의 매각방법) ①부동산의 매각은 집행법원이 정한 매각방법에 따른다.

②부동산의 매각은 매각기일에 하는 호가경매(呼價競賣), 매각기일에 입찰 및 개찰하게 하는 기일입찰 또는 입찰기간 이내에 입찰하게 하여 매각기일에 개찰하는 기간입찰의 세가지 방법으로 한다.

③부동산의 매각절차에 관하여 필요한 사항은 대법원규칙으로 정한다.

제104조(매각기일과 매각결정기일 등의 지정) ①법원은 최저매각가격으로 제102조제1항의 부담과 비용을 변제하고도 남을 것이 있다고 인정하거나 압류채권자가 제102조제2항의 신청을 하고 충분한 보증을 제공한 때에는 직권으로 매각기일과 매각결정기일을 정하여 대법원규칙이 정하는 방법으로 공고한다.

②법원은 매각기일과 매각결정기일을 이해관계인에게 통지하여야 한다.

③제2항의 통지는 집행기록에 표시된 이해관계인의 주소에 대법원규칙이 정하는 방법으로 발송할 수 있다.

④기간입찰의 방법으로 매각할 경우에는 입찰기간에 관하여도 제1항 내지 제3항의 규정을 적용한다.

제105조(매각물건명세서 등) ①법원은 다음 각호의 사항을 적은 매각물건명세서를 작성하여야 한다.

  1. 부동산의 표시

  2. 부동산의 점유자와 점유의 권원, 점유할 수 있는 기간, 차임 또는 보증금에 관한 관계인의 진술

  3. 등기된 부동산에 대한 권리 또는 가처분으로서 매각으로 효력을 잃지 아니하는 것

  4. 매각에 따라 설정된 것으로 보게 되는 지상권의 개요

②법원은 매각물건명세서·현황조사보고서 및 평가서의 사본을 법원에 비치하여 누구든지 볼 수 있도록 하여야 한다.

제106조(매각기일의 공고내용) 매각기일의 공고내용에는 다음 각호의 사항을 적어야 한다.

  1. 부동산의 표시

  2. 강제집행으로 매각한다는 취지와 그 매각방법

  3. 부동산의 점유자, 점유의 권원, 점유하여 사용할 수 있는 기간, 차임 또는 보증금약정 및 그 액수

  4. 매각기일의 일시·장소, 매각기일을 진행할 집행관의 성명 및 기간입찰의 방법으로 매각할 경우에는 입찰기간·장소

  5. 최저매각가격

  6. 매각결정기일의 일시·장소

  7. 매각물건명세서·현황조사보고서 및 평가서의 사본을 매각기일 전에 법원에 비치하여 누구든지 볼 수 있도록 제공한다는 취지

  8. 등기부에 기입할 필요가 없는 부동산에 대한 권리를 가진 사람은 채권을 신고하여야 한다는 취지

  9. 이해관계인은 매각기일에 출석할 수 있다는 취지

제107조(매각장소) 매각기일은 법원안에서 진행하여야 한다. 다만, 집행관은 법원의 허가를 얻어 다른 장소에서 매각기일을 진행할 수 있다.

제108조(매각장소의 질서유지) 집행관은 다음 각호 가운데 어느 하나에 해당한다고 인정되는 사람에 대하여 매각장소에 들어오지 못하도록 하거나 매각장소에서 내보내거나 매수의 신청을 하지 못하도록 할 수 있다.

  1. 다른 사람의 매수신청을 방해한 사람

  2. 부당하게 다른 사람과 담합하거나 그 밖에 매각의 적정한 실시를 방해한 사람

  3. 제1호 또는 제2호의 행위를 교사(教唆)한 사람

  4. 민사집행절차에서의 매각에 관하여 형법 제136조·제137조·제140조·제140조의2·제142조·

제315조 및 제323조 내지 제327조에 규정된 죄로 유죄판결을 받고 그 판결확정일부터 2년이 지나지 아니한 사람

제109조(매각결정기일) ①매각결정기일은 매각기일부터 1주 이내로 정하여야 한다.

②매각결정절차는 법원안에서 진행하여야 한다.

제110조(합의에 의한 매각조건의 변경) ①최저매각가격 외의 매각조건은 법원이 이해관계인의 합의에 따라 바꿀 수 있다.

②이해관계인은 배당요구의 종기까지 제1항의 합의를 할 수 있다.

제111조(직권에 의한 매각조건의 변경) ①거래의 실상을 반영하거나 경매절차를 효율적으로 진행하기 위하여 필요한 경우에 법원은 배당요구의 종기까지 매각조건을 바꾸거나 새로운 매각조건을 설정할 수 있다.

②이해관계인은 제1항의 재판에 대하여 즉시항고를 할 수 있다.

③제1항의 경우에 법원은 집행관에게 부동산에 대하여 필요한 조사를 하게 할 수 있다.

제112조(매각기일의 진행) 집행관은 기일입찰 또는 호가경매의 방법에 의한 매각기일에는 매각물건명세서·현황조사보고서 및 평가서의 사본을 볼 수 있게 하고, 특별한 매각조건이 있는 때에는 이를 고지하며, 법원이 정한 매각방법에 따라 매수가격을 신고하도록 최고하여야 한다.

제113조(매수신청의 보증) 매수신청인은 대법원규칙이 정하는 바에 따라 집행법원이 정하는 금액과 방법에 맞는 보증을 집행관에게 제공하여야 한다.

제114조(차순위매수신고) ①최고가매수신고인 외의 매수신고인은 매각기일을 마칠 때까지 집행관에게 최고가매수신고인이 대금지급기한까지 그 의무를 이행하지 아니하면 자기의 매수신고에 대하여 매각을 허가하여 달라는 취지의 신고(이하 "차순위매수신고"라 한다)를 할 수 있다.

②차순위매수신고는 그 신고액이 최고가매수신고액에서 그 보증액을 뺀 금액을 넘는 때에만 할 수 있다.

제115조(매각기일의 종결) ①집행관은 최고가매수신고인의 성명과 그 가격을 부르고 차순위매수신고를 최고한 뒤, 적법한 차순위매수신고가 있으면 차순위매수신고인을 정하여 그 성명과 가격을 부른 다음 매각기일을 종결한다고 고지하여야 한다.

②차순위매수신고를 한 사람이 둘 이상인 때에는 신고한 매수가격이 높은 사람을 차순위매수신고인으로 정한다. 신고한 매수가격이 같은 때에는 추첨으로 차순위매수신고인을 정한다.

③최고가매수신고인과 차순위매수신고인을 제외한 다른 매수신고인은 제1항의 고지에 따라 매수의 책임을 벗게 되고, 즉시 매수신청의 보증을 돌려 줄 것을 신청할 수 있다.

④기일입찰 또는 호가경매의 방법에 의한 매각기일에서 매각기일을 마감할 때까지 허가할 매수가격의 신고가 없는 때에는 집행관은 즉시 매각기일의 마감을 취소하고 같은 방법으로 매수가격을 신고하도록 최고할 수 있다.

⑤제4항의 최고에 대하여 매수가격의 신고가 없어 매각기일을 마감하는 때에는 매각기일의 마감을 다시 취소하지 못한다.

제116조(매각기일조서) ①매각기일조서에는 다음 각호의 사항을 적어야 한다.

1. 부동산의 표시

2. 압류채권자의 표시

3. 매각물건명세서·현황조사보고서 및 평가서의 사본을 볼 수 있게 한 일

4. 특별한 매각조건이 있는 때에는 이를 고지한 일

5. 매수가격의 신고를 최고한 일

6. 모든 매수신고가격과 그 신고인의 성명·주소 또는 허가할 매수가격의 신고가 없는 일

7. 매각기일을 마감할 때까지 허가할 매수가격의 신고가 없어 매각기일의 마감을 취소하고 다시 매수가격의 신고를 최고한 일

8. 최종적으로 매각기일의 종결을 고지한 일시

9. 매수하기 위하여 보증을 제공한 일 또는 보증을 제공하지 아니하므로 그 매수를 허가하지 아니한 일

10. 최고가매수신고인과 차순위매수신고인의 성명과 그 가격을 부른 일

②최고가매수신고인 및 차순위매수신고인과 출석한 이해관계인은 조서에 서명날인하여야 한다. 그들이 서명날인할 수 없을 때에는 집행관이 그 사유를 적어야 한다.

③집행관이 매수신청의 보증을 돌려 준 때에는 영수증을 받아 조서에 붙여야 한다.

제117조(조서와 금전의 인도) 집행관은 매각기일조서와 매수신청의 보증으로 받아 돌려주지 아니한 것을 매각기일부터 3일 이내에 법원사무관등에게 인도하여야 한다.

제118조(최고가매수신고인 등의 송달영수인신고) ①최고가매수신고인과 차순위매수신고인은 대한민국안에 주소·거소와 사무소가 없는 때에는 대한민국안에 송달이나 통지를 받을 장소와 영수인을 정하여 법원에 신고하여야 한다.

②최고가매수신고인이나 차순위매수신고인이 제1항의 신고를 하지 아니한 때에는 법원은 그에 대한 송달이나 통지를 하지 아니할 수 있다.

③제1항의 신고는 집행관에게 말로 할 수 있다. 이 경우 집행관은 조서에 이를 적어야 한다.

제119조(새 매각기일) 허가할 매수가격의 신고가 없이 매각기일이 최종적으로 마감된 때에는 제91조제1항의 규정에 어긋나지 아니하는 한도에서 법원은 최저매각가격을 상당히 낮추고 새 매각기일을 정하여야 한다. 그 기일에 허가할 매수가격의 신고가 없는 때에도 또한 같다.

제120조(매각결정기일에서의 진술) ①법원은 매각결정기일에 출석한 이해관계인에게 매각허가에 관한

의견을 진술하게 하여야 한다.

②매각허가에 관한 이의는 매각허가가 있을 때까지 신청하여야 한다. 이미 신청한 이의에 대한 진술도 또한 같다.

제121조(매각허가에 대한 이의신청사유) 매각허가에 관한 이의는 다음 각호 가운데 어느 하나에 해당하는 이유가 있어야 신청할 수 있다.

1. 강제집행을 허가할 수 없거나 집행을 계속 진행할 수 없을 때

2. 최고가매수신고인이 부동산을 매수할 능력이나 자격이 없는 때

3. 부동산을 매수할 자격이 없는 사람이 최고가매수신고인을 내세워 매수신고를 한 때

4. 최고가매수신고인, 그 대리인 또는 최고가매수신고인을 내세워 매수신고를 한 사람이 제108조 각호 가운데 어느 하나에 해당되는 때

5. 최저매각가격의 결정, 일괄매각의 결정 또는 매각물건명세서의 작성에 중대한 흠이 있는 때

6. 천재지변, 그 밖에 자기가 책임을 질 수 없는 사유로 부동산이 현저하게 훼손된 사실 또는 부동산에 관한 중대한 권리관계가 변동된 사실이 경매절차의 진행중에 밝혀진 때

7. 경매절차에 그 밖의 중대한 잘못이 있는 때

제122조(이의신청의 제한) 이의는 다른 이해관계인의 권리에 관한 이유로 신청하지못한다.

제123조(매각의 불허) ①법원은 이의신청이 정당하다고 인정한 때에는 매각을 허가하지 아니한다.

②제121조에 규정한 사유가 있는 때에는 직권으로 매각을 허가하지 아니한다. 다만, 같은 조 제2호 또는 제3호의 경우에는 능력 또는 자격의 흠이 제거되지 아니한 때에 한한다.

제124조(과잉매각되는 경우의 매각불허가) ①여러 개의 부동산을 매각하는 경우에 한 개의 부동산의 매각대금으로 모든 채권자의 채권액과 강제집행비용을 변제하기에 충분하면 다른 부동산의 매각을 허가하지 아니한다. 다만, 제101조제3항 단서에 따른 일괄매각의 경우에는 그러하지 아니하다.

②제1항 본문의 경우에 채무자는 그 부동산 가운데 매각할 것을 지정할 수 있다.

제125조(매각을 허가하지 아니할 경우의 새 매각기일) ①제121조와 제123조의 규정에 따라 매각을 허가하지 아니하고 다시 매각을 명하는 때에는 직권으로 새 매각기일을 정하여야 한다.

②제121조제6호의 사유로 제1항의 새 매각기일을 열게 된 때에는 제97조 내지 제105조의 규정을 준용한다.

제126조(매각허가여부의 결정선고) ①매각을 허가하거나 허가하지 아니하는 결정은 선고하여야 한다.

②매각결정기일조서에는 민사소송법 제152조 내지 제154조와 제156조 내지 제158조 및 제164조의 규정을 준용한다.

③제1항의 결정은 확정되어야 효력을 가진다.

제127조(매각허가결정의 취소신청) ①제121조제6호에서 규정한 사실이 매각허가결정의 확정 뒤에 밝혀진 경우에는 매수인은 대금을 낼 때까지 매각허가결정의 취소신청을 할 수 있다.

②제1항의 신청에 관한 결정에 대하여는 즉시항고를 할 수 있다.

제128조(매각허가결정) ①매각허가결정에는 매각한 부동산, 매수인과 매각가격을 적고 특별한 매각조건으로 매각한 때에는 그 조건을 적어야 한다.

②제1항의 결정은 선고하는 외에 대법원규칙이 정하는 바에 따라 공고하여야 한다.

제129조(이해관계인 등의 즉시항고) ①이해관계인은 매각허가여부의 결정에 따라 손해를 볼 경우에만 그 결정에 대하여 즉시항고를 할 수 있다.

②매각허가에 정당한 이유가 없거나 결정에 적은 것 외의 조건으로 허가하여야 한다고 주장하는 매수인 또는 매각허가를 주장하는 매수신고인도 즉시항고를 할 수 있다.

③제1항 및 제2항의 경우에 매각허가를 주장하는 매수신고인은 그 신청한 가격에 대하여 구속을 받는다.

제130조(매각허가여부에 대한 항고) ①매각허가결정에 대한 항고는 이 법에 규정한 매각허가에 대한 이의신청사유가 있다거나, 그 결정절차에 중대한 잘못이 있다는 것을 이유로 드는 때에만 할 수 있다.

②민사소송법 제451조제1항 각호의 사유는 제1항의 규정에 불구하고 매각허가 또는 불허가결정에 대한 항고의 이유로 삼을 수 있다.

③매각허가결정에 대하여 항고를 하고자 하는 사람은 보증으로 매각대금의 10분의 1에 해당하는 금전 또는 법원이 인정한 유가증권을 공탁하여야 한다.

④항고를 제기하면서 항고장에 제3항의 보증을 제공하였음을 증명하는 서류를 붙이지 아니한 때에는 원심법원은 항고장을 받은 날부터 1주 이내에 결정으로 이를 각하하여야 한다.

⑤제4항의 결정에 대하여는 즉시항고를 할 수 있다.

⑥채무자 및 소유자가 한 제3항의 항고가 기각된 때에는 항고인은 보증으로 제공한 금전이나 유가증권을 돌려 줄 것을 요구하지 못한다.

⑦채무자 및 소유자 외의 사람이 한 제3항의 항고가 기각된 때에는 항고인은 보증으로 제공한 금전이나, 유가증권을 현금화한 금액 가운데 항고를 한 날부터 항고기각결정이 확정된 날까지의 매각대금에 대한 대법원규칙이 정하는 이율에 의한 금액(보증으로 제공한 금전이나, 유가증권을 현금화한 금액을 한도로 한다)에 대하여는 돌려 줄 것을 요구할 수 없다. 다만, 보증으로 제공한 유가증권을 현금화하기 전에 위의 금액을 항고인이 지급한 때에는 그 유가증권을 돌려 줄 것을 요구할 수 있다.

⑧항고인이 항고를 취하한 경우에는 제6항 또는 제7항의 규정을 준용한다.

제131조(항고심의 절차) ①항고법원은 필요한 경우에 반대진술을 하게 하기 위하여 항고인의 상대방을 정할 수 있다.

②한 개의 결정에 대한 여러 개의 항고는 병합한다.

③항고심에는 제122조의 규정을 준용한다.

제132조(항고법원의 재판과 매각허가여부결정) 항고법원이 집행법원의 결정을 취소하는 경우에 그 매각허가여부의 결정은 집행법원이 한다.

제133조(매각을 허가하지 아니하는 결정의 효력) 매각을 허가하지 아니한 결정이 확정된 때에는 매수인과 매각허가를 주장한 매수신고인은 매수에 관한 책임이 면제된다.

제134조(최저매각가격의 결정부터 새로할 경우) 제127조의 규정에 따라 매각허가결정을 취소한 경우에는 제97조 내지 제105조의 규정을 준용한다.

제135조(소유권의 취득시기) 매수인은 매각대금을 다 낸 때에 매각의 목적인 권리를 취득한다.

제136조(부동산의 인도명령 등) ①법원은 매수인이 대금을 낸 뒤 6월 이내에 신청하면 채무자·소유자 또는 부동산 점유자에 대하여 부동산을 매수인에게 인도하도록 명할 수 있다. 다만, 점유자가 매수인에게 대항할 수 있는 권원에 의하여 점유하고 있는 것으로 인정되는 경우에는 그러하지 아니하다.

②법원은 매수인 또는 채권자가 신청하면 매각허가가 결정된 뒤 인도할 때까지 관리인에게 부동산을 관리하게 할 것을 명할 수 있다.

③제2항의 경우 부동산의 관리를 위하여 필요하면 법원은 매수인 또는 채권자의 신청에 따라 담보를 제공하게 하거나 제공하게 하지 아니하고 제1항의 규정에 준하는 명령을 할 수 있다.

④법원이 채무자 및 소유자 외의 점유자에 대하여 제1항 또는 제3항의 규정에 따른 인도명령을 하려면 그 점유자를 심문하여야 한다. 다만, 그 점유자가 매수인에게 대항할 수 있는 권원에 의하여 점유하고 있지 아니함이 명백한 때 또는 이미 그 점유자를 심문한 때에는 그러하지 아니하다.

⑤제1항 내지 제3항의 신청에 관한 결정에 대하여는 즉시항고를 할 수 있다.

⑥채무자·소유자 또는 점유자가 제1항과 제3항의 인도명령에 따르지 아니할 때에는 매수인 또는 채권자는 집행관에게 그 집행을 위임할 수 있다.

제137조(차순위매수신고인에 대한 매각허가여부결정) ①차순위매수신고인이 있는 경우에 매수인이 대금지급기한까지 그 의무를 이행하지 아니한 때에는 차순위매수신고인에게 매각을 허가할 것인지를 결정하여야 한다. 다만, 제142조제4항의 경우에는 그러하지 아니하다.

②차순위매수신고인에 대한 매각허가결정이 있는 때에는 매수인은 매수신청의 보증을 돌려 줄 것을 요구하지 못한다.

제138조(재매각) ①매수인이 대금지급기한 또는 제142조제4항의 다시 정한 기한까지 그 의무를 완전히 이행하

지 아니하였고, 차순위매수신고인이 없는 때에는 법원은 직권으로 부동산의 재매각을 명하여야 한다.

②재매각절차에도 종전에 정한 최저매각가격, 그 밖의 매각조건을 적용한다.

③매수인이 재매각기일의 3일 이전까지 대금, 그 지급기한이 지난 뒤부터 지급일까지의 대금에 대한 대법원규칙이 정하는 이율에 따른 지연이자와 절차비용을 지급한 때에는 재매각절차를 취소하여야 한다. 이 경우 차순위매수신고인이 매각허가결정을 받았던 때에는 위 금액을 먼저 지급한 매수인이 매매목적물의 권리를 취득한다.

④재매각절차에서는 전의 매수인은 매수신청을 할 수 없으며 매수신청의 보증을 돌려 줄 것을 요구하지 못한다.

제139조(공유물지분에 대한 경매) ①공유물지분을 경매하는 경우에는 채권자의 채권을 위하여 채무자의 지분에 대한 경매개시결정이 있음을 등기부에 기입하고 다른 공유자에게 그 경매개시결정이 있다는 것을 통지하여야 한다. 다만, 상당한 이유가 있는 때에는 통지하지 아니할 수 있다.

②최저매각가격은 공유물 전부의 평가액을 기본으로 채무자의 지분에 관하여 정하여야 한다. 다만, 그와 같은 방법으로 정확한 가치를 평가하기 어렵거나 그 평가에 부당하게 많은 비용이 드는 등 특별한 사정이 있는 경우에는 그러하지 아니하다.

제140조(공유자의 우선매수권) ①공유자는 매각기일까지 제113조에 따른 보증을 제공하고 최고매수신고가격과 같은 가격으로 채무자의 지분을 우선매수하겠다는 신고를 할 수 있다.

②제1항의 경우에 법원은 최고가매수신고가 있더라도 그 공유자에게 매각을 허가하여야 한다.

③여러 사람의 공유자가 우선매수하겠다는 신고를 하고 제2항의 절차를 마친 때에는 특별한 협의가 없으면 공유지분의 비율에 따라 채무자의 지분을 매수하게 한다.

④제1항의 규정에 따라 공유자가 우선매수신고를 한 경우에는 최고가매수신고인을 제114조의 차순위매수신고인으로 본다.

제141조(경매개시결정등기의 말소) 경매신청이 매각허가 없이 마쳐진 때에는 법원사무관등은 제94조와 제139조제1항의 규정에 따른 기입을 말소하도록 등기관에게 촉탁하여야 한다.

제142조(대금의 지급) ①매각허가결정이 확정되면 법원은 대금의 지급기한을 정하고, 이를 매수인과 차순위매수신고인에게 통지하여야 한다.

②매수인은 제1항의 대금지급기한까지 매각대금을 지급하여야 한다.

③매수신청의 보증으로 금전이 제공된 경우에 그 금전은 매각대금에 넣는다.

④매수신청의 보증으로 금전 외의 것이 제공된 경우로서 매수인이 매각대금중 보증액을 뺀 나머지 금액만을 낸 때에는, 법원은 보증을 현금화하여 그 비용을 뺀 금액을 보증액에 해당하는 매각

대금 및 이에 대한 지연이자에 충당하고, 모자라는 금액이 있으면 다시 대금지급기한을 정하여 매수인으로 하여금 내게 한다.

⑤제4항의 지연이자에 대하여는 제138조제3항의 규정을 준용한다.

⑥차순위매수신고인은 매수인이 대금을 모두 지급한 때 매수의 책임을 벗게 되고 즉시 매수신청의 보증을 돌려 줄 것을 요구할 수 있다.

제143조(특별한 지급방법) ①매수인은 매각조건에 따라 부동산의 부담을 인수하는 외에 배당표(配當表)의 실시에 관하여 매각대금의 한도에서 관계채권자의 승낙이 있으면 대금의 지급에 갈음하여 채무를 인수할 수 있다.

②채권자가 매수인인 경우에는 매각결정기일이 끝날 때까지 법원에 신고하고 배당받아야 할 금액을 제외한 대금을 배당기일에 낼 수 있다.

③제1항 및 제2항의 경우에 매수인이 인수한 채무나 배당받아야 할 금액에 대하여 이의가 제기된 때에는 매수인은 배당기일이 끝날 때까지 이에 해당하는 대금을 내야 한다.

제144조(매각대금 지급 뒤의 조치) ①매각대금이 지급되면 법원사무관등은 매각허가결정의 등본을 붙여 다음 각 호의 등기를 촉탁하여야 한다.

1. 매수인 앞으로 소유권을 이전하는 등기

2. 매수인이 인수하지 아니한 부동산의 부담에 관한 기입을 말소하는 등기

3. 제94조 및 제139조제1항의 규정에 따른 경매개시결정등기를 말소하는 등기

② 매각대금을 지급할 때까지 매수인과 부동산을 담보로 제공받으려고 하는 사람이 대법원규칙으로 정하는 바에 따라 공동으로 신청한 경우, 제1항의 촉탁은 등기신청의 대리를 업으로 할 수 있는 사람으로서 신청인이 지정하는 사람에게 촉탁서를 교부하여 등기소에 제출하도록 하는 방법으로 하여야 한다. 이 경우 신청인이 지정하는 사람은 지체 없이 그 촉탁서를 등기소에 제출하여야 한다. 〈신설 2010.7.23.〉

③제1항의 등기에 드는 비용은 매수인이 부담한다. 〈개정 2010.7.23.〉

제145조(매각대금의 배당) ①매각대금이 지급되면 법원은 배당절차를 밟아야 한다.

②매각대금으로 배당에 참가한 모든 채권자를 만족하게 할 수 없는 때에는 법원은 민법·상법, 그 밖의 법률에 의한 우선순위에 따라 배당하여야 한다.

제146조(배당기일) 매수인이 매각대금을 지급하면 법원은 배당에 관한 진술 및 배당을 실시할 기일을 정하고 이해관계인과 배당을 요구한 채권자에게 이를 통지하여야 한다. 다만, 채무자가 외국에 있거나 있는 곳이 분명하지 아니한 때에는 통지하지 아니한다.

제147조(배당할 금액 등) ①배당할 금액은 다음 각호에 규정한 금액으로 한다.

1. 대금

2. 제138조제3항 및 제142조제4항의 경우에는 대금지급기한이 지난 뒤부터 대금의 지급·충당까지의 지연이자

3. 제130조제6항의 보증(제130조제8항에 따라 준용되는 경우를 포함한다.)

4. 제130조제7항 본문의 보증 가운데 항고인이 돌려 줄 것을 요구하지 못하는 금액 또는 제130조제7항 단서의 규정에 따라 항고인이 낸 금액(각각 제130조제8항에 따라 준용되는 경우를 포함한다.)

5. 제138조제4항의 규정에 의하여 매수인이 돌려줄 것을 요구할 수 없는 보증(보증이 금전 외의 방법으로 제공되어 있는 때에는 보증을 현금화하여 그 대금에서 비용을 뺀 금액)

②제1항의 금액 가운데 채권자에게 배당하고 남은 금액이 있으면, 제1항제4호의 금액의 범위안에서 제1항제4호의 보증 등을 제공한 사람에게 돌려준다.

③제1항의 금액 가운데 채권자에게 배당하고 남은 금액으로 제1항제4호의 보증 등을 돌려주기 부족한 경우로서 그 보증 등을 제공한 사람이 여럿인 때에는 제1항제4호의 보증 등의 비율에 따라 나누어 준다.

제148조(배당받을 채권자의 범위) 제147조제1항에 규정한 금액을 배당받을 채권자는 다음 각호에 규정된 사람으로 한다.

1. 배당요구의 종기까지 경매신청을 한 압류채권자

2. 배당요구의 종기까지 배당요구를 한 채권자

3. 첫 경매개시결정등기전에 등기된 가압류채권자

4. 저당권·전세권, 그 밖의 우선변제청구권으로서 첫 경매개시결정등기전에 등기되었고 매각으로 소멸하는 것을 가진 채권자

제149조(배당표의 확정) ①법원은 채권자와 채무자에게 보여 주기 위하여 배당기일의 3일전에 배당표원안(配當表原案)을 작성하여 법원에 비치하여야 한다.

②법원은 출석한 이해관계인과 배당을 요구한 채권자를 심문하여 배당표를 확정하여야 한다.

제150조(배당표의 기재 등) ①배당표에는 매각대금, 채권자의 채권의 원금, 이자, 비용, 배당의 순위와 배당의 비율을 적어야 한다.

②출석한 이해관계인과 배당을 요구한 채권자가 합의한 때에는 이에 따라 배당표를 작성하여야 한다.

제151조(배당표에 대한 이의) ①기일에 출석한 채무자는 채권자의 채권 또는 그 채권의 순위에 대하여 이의할 수 있다.

②제1항의 규정에 불구하고 채무자는 제149조제1항에 따라 법원에 배당표원안이 비치된 이후 배당기일이 끝날 때까지 채권자의 채권 또는 그 채권의 순위에 대하여 서면으로 이의할 수 있다.

③기일에 출석한 채권자는 자기의 이해에 관계되는 범위 안에서는 다른 채권자를 상대로 그의 채권 또는 그 채권의 순위에 대하여 이의할 수 있다.

제152조(이의의 완결) ①제151조의 이의에 관계된 채권자는 이에 대하여 진술하여야 한다.

②관계인이 제151조의 이의를 정당하다고 인정하거나 다른 방법으로 합의한 때에는 이에 따라 배당표를 경정(更正)하여 배당을 실시하여야 한다.

③제151조의 이의가 완결되지 아니한 때에는 이의가 없는 부분에 한하여 배당을 실시하여야 한다.

제153조(불출석한 채권자) ①기일에 출석하지 아니한 채권자는 배당표와 같이 배당을 실시하는 데에 동의한 것으로 본다.

②기일에 출석하지 아니한 채권자가 다른 채권자가 제기한 이의에 관계된 때에는 그 채권자는 이의를 정당하다고 인정하지 아니한 것으로 본다.

제154조(배당이의의 소 등) ①집행력 있는 집행권원의 정본을 가지지 아니한 채권자(가압류채권자를 제외한다)에 대하여 이의한 채무자와 다른 채권자에 대하여 이의한 채권자는 배당이의의 소를 제기하여야 한다.

②집행력 있는 집행권원의 정본을 가진 채권자에 대하여 이의한 채무자는 청구이의의 소를 제기하여야 한다.

③이의한 채권자나 채무자가 배당기일부터 1주 이내에 집행법원에 대하여 제1항의 소를 제기한 사실을 증명하는 서류를 제출하지 아니한 때 또는 제2항의 소를 제기한 사실을 증명하는 서류와 그 소에 관한 집행정지재판의 정본을 제출하지 아니한 때에는 이의가 취하된 것으로 본다.

제155조(이의한 사람 등의 우선권 주장) 이의한 채권자가 제154조제3항의 기간을 지키지 아니한 경우에도 배당표에 따른 배당을 받은 채권자에 대하여 소로 우선권 및 그 밖의 권리를 행사하는 데 영향을 미치지 아니한다.

제156조(배당이의의 소의 관할) ①제154조제1항의 배당이의의 소는 배당을 실시한 집행법원이 속한 지방법원의 관할로 한다. 다만, 소송물이 단독판사의 관할에 속하지 아니할 경우에는 지방법원의 합의부가 이를 관할한다.

②여러 개의 배당이의의 소가 제기된 경우에 한 개의 소를 합의부가 관할하는 때에는 그 밖의 소도 함께 관할한다.

③이의한 사람과 상대방이 이의에 관하여 단독판사의 재판을 받을 것을 합의한 경우에는 제1항 단서와 제2항의 규정을 적용하지 아니한다.

제157조(배당이의의 소의 판결) 배당이의의 소에 대한 판결에서는 배당액에 대한 다툼이 있는 부분에 관하여 배당을 받을 채권자와 그 액수를 정하여야 한다. 이를 정하는 것이 적당하지 아니하다고 인정한 때에는 판결에서 배당표를 다시 만들고 다른 배당절차를 밟도록 명하여야 한다.

제158조(배당이의의 소의 취하간주) 이의한 사람이 배당이의의 소의 첫 변론기일에 출석하지 아니한 때에는 소를 취하한 것으로 본다.

제159조(배당실시절차·배당조서) ①법원은 배당표에 따라 제2항 및 제3항에 규정된 절차에 의하여 배당을 실시하여야 한다.

②채권 전부의 배당을 받을 채권자에게는 배당액지급증을 교부하는 동시에 그가 가진 집행력 있는 정본 또는 채권증서를 받아 채무자에게 교부하여야 한다.

③채권 일부의 배당을 받을 채권자에게는 집행력 있는 정본 또는 채권증서를 제출하게 한 뒤 배당액을 적어서 돌려주고 배당액지급증을 교부하는 동시에 영수증을 받아 채무자에게 교부하여야 한다.

④제1항 내지 제3항의 배당실시절차는 조서에 명확히 적어야 한다.

제160조(배당금액의 공탁) ①배당을 받아야 할 채권자의 채권에 대하여 다음 각호 가운데 어느 하나의 사유가 있으면 그에 대한 배당액을 공탁하여야 한다.

1. 채권에 정지조건 또는 불확정기한이 붙어 있는 때

2. 가압류채권자의 채권인 때

3. 제49조제2호 및 제266조제1항제5호에 규정된 문서가 제출되어 있는 때

4. 저당권설정의 가등기가 마쳐져 있는 때

5. 제154조제1항에 의한 배당이의의 소가 제기된 때

6. 민법 제340조제2항 및 같은 법 제370조에 따른 배당금액의 공탁청구가 있는 때

②채권자가 배당기일에 출석하지 아니한 때에는 그에 대한 배당액을 공탁하여야 한다.

제161조(공탁금에 대한 배당의 실시) ①법원이 제160조제1항의 규정에 따라 채권자에 대한 배당액을 공탁한 뒤 공탁의 사유가 소멸한 때에는 법원은 공탁금을 지급하거나 공탁금에 대한 배당을 실시하여야 한다.

②제1항에 따라 배당을 실시함에 있어서 다음 각호 가운데 어느 하나에 해당하는 때에는 법원은 배당에 대하여 이의하지 아니한 채권자를 위하여서도 배당표를 바꾸어야 한다.

1. 제160조제1항제1호 내지 제4호의 사유에 따른 공탁에 관련된 채권자에 대하여 배당을 실시할 수 없게 된 때

2. 제160조제1항제5호의 공탁에 관련된 채권자가 채무자로부터 제기당한 배당이의의 소에서 진 때

3. 제160조제1항제6호의 공탁에 관련된 채권자가 저당물의 매각대가로부터 배당을 받은 때

③제160조제2항의 채권자가 법원에 대하여 공탁금의 수령을 포기하는 의사를 표시한 때에는 그

채권자의 채권이 존재하지 아니하는 것으로 보고 배당표를 바꾸어야 한다.

④제2항 및 제3항의 배당표변경에 따른 추가 배당기일에 제151조의 규정에 따라 이의할 때에는 종전의 배당기일에서 주장할 수 없었던 사유만을 주장할 수 있다.

제162조(공동경매) 여러 압류채권자를 위하여 동시에 실시하는 부동산의 경매절차에는 제80조 내지 제161조의 규정을 준용한다.

제3관 강제관리

제163조(강제경매규정의 준용) 강제관리에는 제80조 내지 제82조, 제83조제1항·제3항 내지 제5항, 제85조 내지 제89조 및 제94조 내지 제96조의 규정을 준용한다.

제164조(강제관리개시결정) ①강제관리를 개시하는 결정에는 채무자에게는 관리사무에 간섭하여서는 아니되고 부동산의 수익을 처분하여서도 아니된다고 명하여야 하며, 수익을 채무자에게 지급할 제3자에게는 관리인에게 이를 지급하도록 명하여야 한다.

②수확하였거나 수확할 과실(果實)과, 이행기에 이르렀거나 이르게 될 과실은 제1항의 수익에 속한다.

③강제관리개시결정은 제3자에게는 결정서를 송달하여야 효력이 생긴다.

④강제관리신청을 기각하거나 각하하는 재판에 대하여는 즉시항고를 할 수 있다.

제165조(강제관리개시결정 등의 통지) 법원은 강제관리를 개시하는 결정을 한 부동산에 대하여 다시 강제관리의 개시결정을 하거나 배당요구의 신청이 있는 때에는 관리인에게 이를 통지하여야 한다.

제166조(관리인의 임명 등) ①관리인은 법원이 임명한다. 다만, 채권자는 적당한 사람을 관리인으로 추천할 수 있다.

②관리인은 관리와 수익을 하기 위하여 부동산을 점유할 수 있다. 이 경우 저항을 받으면 집행관에게 원조를 요구할 수 있다.

③관리인은 제3자가 채무자에게 지급할 수익을 추심(推尋)할 권한이 있다.

제167조(법원의 지휘·감독) ①법원은 관리에 필요한 사항과 관리인의 보수를 정하고, 관리인을 지휘·감독한다.

②법원은 관리인에게 보증을 제공하도록 명할 수 있다.

③관리인에게 관리를 계속할 수 없는 사유가 생긴 경우에는 법원은 직권으로 또는 이해관계인의 신청에 따라 관리인을 해임할 수 있다. 이 경우 관리인을 심문하여야 한다.

제168조(준용규정) 제3자가 부동산에 대한 강제관리를 막을 권리가 있다고 주장하는 경우에는 제48조의 규정을 준용한다.

제169조(수익의 처리) ①관리인은 부동산수익에서 그 부동산이 부담하는 조세, 그 밖의 공과금을 뺀 뒤에 관리비용을 변제하고, 그 나머지 금액을 채권자에게 지급한다.

②제1항의 경우 모든 채권자를 만족하게 할 수 없는 때에는 관리인은 채권자 사이의 배당협의에 따라 배당을 실시하여야 한다.

③채권자 사이에 배당협의가 이루어지지 못한 경우에 관리인은 그 사유를 법원에 신고하여야 한다.

④제3항의 신고가 있는 경우에는 제145조·제146조 및 제148조 내지 제161조의 규정을 준용하여 배당표를 작성하고 이에 따라 관리인으로 하여금 채권자에게 지급하게 하여야 한다.

제170조(관리인의 계산보고) ①관리인은 매년 채권자·채무자와 법원에 계산서를 제출하여야 한다. 그 업무를 마친 뒤에도 또한 같다.

②채권자와 채무자는 계산서를 송달받은 날부터 1주 이내에 집행법원에 이에 대한 이의신청을 할 수 있다.

③제2항의 기간 이내에 이의신청이 없는 때에는 관리인의 책임이 면제된 것으로 본다.

④제2항의 기간 이내에 이의신청이 있는 때에는 관리인을 심문한 뒤 결정으로 재판하여야 한다. 신청한 이의를 매듭 지은 때에는 법원은 관리인의 책임을 면제한다.

제171조(강제관리의 취소) ①강제관리의 취소는 법원이 결정으로 한다.

②채권자들이 부동산수익으로 전부 변제를 받았을 때에는 법원은 직권으로 제1항의 취소결정을 한다.

③제1항 및 제2항의 결정에 대하여는 즉시항고를 할 수 있다.

④강제관리의 취소결정이 확정된 때에는 법원사무관등은 강제관리에 관한 기입등기를 말소하도록 촉탁하여야 한다.

제3편 담보권 실행 등을 위한 경매

제264조(부동산에 대한 경매신청) ①부동산을 목적으로 하는 담보권을 실행하기 위한 경매신청을 함에는 담보권이 있다는 것을 증명하는 서류를 내야 한다.

②담보권을 승계한 경우에는 승계를 증명하는 서류를 내야 한다.

③부동산 소유자에게 경매개시결정을 송달할 때에는 제2항의 규정에 따라 제출된 서류의 등본을 붙여야 한다.

제265조(경매개시결정에 대한 이의신청사유) 경매절차의 개시결정에 대한 이의신청사유로 담보권이 없다는 것 또는 소멸되었다는 것을 주장할 수 있다.

제266조(경매절차의 정지) ①다음 각호 가운데 어느 하나에 해당하는 문서가 경매법원에 제출되면 경매절차를 정지하여야 한다. 〈개정 2011.4.12.〉

1. 담보권의 등기가 말소된 등기사항증명서

2. 담보권 등기를 말소하도록 명한 확정판결의 정본

3. 담보권이 없거나 소멸되었다는 취지의 확정판결의 정본

4. 채권자가 담보권을 실행하지 아니하기로 하거나 경매신청을 취하하겠다는 취지 또는 피담보채권을 변제받았거나 그 변제를 미루도록 승낙한다는 취지를 적은 서류

5. 담보권 실행을 일시정지하도록 명한 재판의 정본

②제1항제1호 내지 제3호의 경우와 제4호의 서류가 화해조서의 정본 또는 공정증서의 정본인 경우에는 경매법원은 이미 실시한 경매절차를 취소하여야 하며, 제5호의 경우에는 그 재판에 따라 경매절차를 취소하지 아니한 때에만 이미 실시한 경매절차를 일시적으로 유지하게 하여야 한다.

③제2항의 규정에 따라 경매절차를 취소하는 경우에는 제17조의 규정을 적용하지 아니한다.

제267조(대금완납에 따른 부동산취득의 효과) 매수인의 부동산 취득은 담보권 소멸로 영향을 받지 아니한다.

제268조(준용규정) 부동산을 목적으로 하는 담보권 실행을 위한 경매절차에는 제79조 내지 제162조의 규정을 준용한다.

제269조(선박에 대한 경매) 선박을 목적으로 하는 담보권 실행을 위한 경매절차에는 제172조 내지 제186조, 제264조 내지 제268조의 규정을 준용한다.

제270조(자동차 등에 대한 경매) 자동차·건설기계·소형선박(「자동차 등 특정동산 저당법」 제3조제2호에 따른 소형선박을 말한다) 및 항공기(「자동차 등 특정동산 저당법」 제3조제4호에 따른 항공기 및 경량항공기를 말한다)를 목적으로 하는 담보권 실행을 위한 경매절차는 제264조부터 제269조까지, 제271조 및 제272조의 규정에 준하여 대법원규칙으로 정한다. 〈개정 2007.8.3., 2009.3.25., 2015.5.18.〉

제271조(유체동산에 대한 경매) 유체동산을 목적으로 하는 담보권 실행을 위한 경매는 채권자가 그 목적물을 제출하거나, 그 목적물의 점유자가 압류를 승낙한 때에 개시한다.

제272조(준용규정) 제271조의 경매절차에는 제2편 제2장 제4절 제2관의 규정과 제265조 및 제266조의 규정을 준용한다.

제273조(채권과 그 밖의 재산권에 대한 담보권의 실행) ①채권, 그 밖의 재산권을 목적으로 하는 담보권의 실행은 담보권의 존재를 증명하는 서류(권리의 이전에 관하여 등기나 등록을 필요로 하는 경우에는 그 등기사항증명서 또는 등록원부의 등본)가 제출된 때에 개시한다. 〈개정 2011.4.12.〉

②민법 제342조에 따라 담보권설정자가 받을 금전, 그 밖의 물건에 대하여 권리를 행사하는 경우에도 제1항과 같다.

③제1항과 제2항의 권리실행절차에는 제2편 제2장 제4절 제3관의 규정을 준용한다.

제274조(유치권 등에 의한 경매) ①유치권에 의한 경매와 민법·상법, 그 밖의 법률이 규정하는 바에 따른 경매(이

하 "유치권등에 의한 경매"라 한다)는 담보권 실행을 위한 경매의 예에 따라 실시한다.

②유치권 등에 의한 경매절차는 목적물에 대하여 강제경매 또는 담보권 실행을 위한 경매절차가 개시된 경우에는 이를 정지하고, 채권자 또는 담보권자를 위하여 그 절차를 계속하여 진행한다.

③제2항의 경우에 강제경매 또는 담보권 실행을 위한 경매가 취소되면 유치권 등에 의한 경매절차를 계속하여 진행하여야 한다.

제275조(준용규정) 이 편에 규정한 경매 등 절차에는 제42조 내지 제44조 및 제46조 내지 제53조의 규정을 준용한다.

부칙 〈제13286호, 2015.5.18.〉 이 법은 공포 후 6개월이 경과한 날부터 시행한다.